南北朝隋唐宋
方言学史料考论

王耀东　著

科 学 出 版 社

北 京

内 容 简 介

南北朝隋唐时期为古代方言研究的衰微期，宋代逐渐走出低谷，开始回升。上述时期的方言学史料极其零散，有北魏王长孙《河洛语音》、北魏刘昞《方言》、隋释智骞《方言注》、唐李商隐《蜀尔雅》、宋王浩《方言》、宋王资深《方言》等数部方言专书，但均已亡佚。《世说新语》《匡谬正俗》《酉阳杂俎》《容斋随笔》《困学纪闻》《癸辛杂识》等笔记杂谈蕴含了一些方言论述，话题有方言观、各地方言、南北方言、方言名源、方言本音本字和诗文中的方言等。大量的方言记载散见于《玉篇》《汉书注》《慧琳音义》《广韵》《梦溪笔谈》《老学庵笔记》《淳熙三山志》等文献，主要涉及秦晋、赵魏、幽燕、齐鲁、巴蜀、荆楚、吴越和闽粤等地域。

本书主要面向汉语言文字学专业、语言学及应用语言学专业的研究生，以及高等院校和科研院所的相关专业研究人员。

图书在版编目（CIP）数据

南北朝隋唐宋方言学史料考论/王耀东著. —北京：科学出版社，2022.8
ISBN 978-7-03-072165-5

Ⅰ.①南… Ⅱ.①王… Ⅲ.①汉语方言-汉语史-研究-魏晋南北朝时代 ②汉语方言-汉语史-研究-隋唐时代 ③汉语方言-汉语史-研究-宋代 Ⅳ.①H17-09

中国版本图书馆 CIP 数据核字（2022）第 072414 号

责任编辑：杨 英 / 责任校对：贾伟娟
责任印制：李 彤 / 封面设计：蓝正设计

科 学 出 版 社 出版
北京东黄城根北街 16 号
邮政编码：100717
http://www.sciencep.com

北京中科印刷有限公司印刷
科学出版社发行 各地新华书店经销
*

2022 年 8 月第 一 版　开本：720×1000 1/16
2022 年 8 月第一次印刷　印张：16
字数：330 000
定价：108.00 元
（如有印装质量问题，我社负责调换）

序 言

　　"语言学是经验学科，语言学史研究的是历史经验。历史经验在哪里？在文本，在史料。"①语言学史研究离不开史料，方言学史研究亦不例外。近代以还，学者们一直重视汉语活方言的研究，据聂建民、李琦《汉语方言研究文献目录》，在1900—1992年，这方面的论文和专著逾4000种，但关于古代方言和古人方言研究的成果则不多。②究其原因，一是进入20世纪，在西方语言学理论影响下，我国方言研究发生了转向，最主要的是由旧日的注重文字的研究转向注重言语的研究③；二是古籍浩繁，方言学史料难以搜采和勘实。

　　我国古代的方言研究按照它本身所形成的阶段性特点可以分为周秦汉魏晋、南北朝隋唐宋、元明、清至民初四个时期。④第一阶段的方言学史料，华学诚《周秦汉晋方言研究史》已搜采备至且论之甚详。本书拟步其踵武，对第二阶段的方言学史料进行全面钩稽和系统整理。

　　南北朝隋唐宋方言研究是汉语方言学史承上启下的重要环节。该时期的方言学史料相当零散，长期以来无人搜采。《周秦汉晋方言研究史》指出："这一时期的一些学者如颜之推、陆德明、孔颖达、颜师古、欧阳修、叶梦得、王应麟、罗大经、陆游等人，关于方言以及方言研究的一些观点值得重视，这类材料尽管不是很多，但是它们反映了这个时期学者们的学术思考，仍然是非常宝贵的，方言学史理应对之作出评说。"⑤20世纪60年代，周祖谟指出："宋人笔记中有论及当时四方语音者，惜皆零散不备，而所指方域亦不甚明确，但是可略知当时方

---

　　① 何九盈：《中国古代语言学史》，北京：北京大学出版社，2006年，第17页。

　　② 聂建民、李琦：《汉语方言研究文献目录》，南京：江苏教育出版社，1994年。

　　③ 王福堂：《二十世纪的汉语方言学》，载刘坚主编：《二十世纪的中国语言学》，北京：北京大学出版社，1998年，第507-536页。

　　④ 华学诚：《汉语方言学史及其研究论略》，《扬州大学学报（人文社会科学版）》2002年第1期，第60-66页。

　　⑤ 华学诚：《周秦汉晋方言学研究史》（修订本），上海：复旦大学出版社，2007年，第6页。

音与今日方言之异同……考音论史者不可以其零散而忽之也。"①21 世纪初，赵振铎说："唐人笔记里面有一些方俗读音材料，它们应该是当时方言俗读的真实写照，吉光片羽，信足珍贵。"②依据前哲时贤的学术观点，本书把方言学史料分为方言专书、方言论述和方言记载③三大类。

在当前重视历史方言及相关文献研究的学术背景下，全面搜集和系统整理南北朝隋唐宋方言学史料具有如下意义：

一、有助于完成对古代方言学文献的全面整理

华学诚教授主持的国家社科基金重大项目"中国古代方言学文献集成"（项目编号：16ZDA202）把我国古代方言学文献分为扬雄《方言》校注、广续《方言》和散存资料、非音韵类方言专书、方言韵书韵图、历代方志中的方言资料等五类。其中散存资料的搜集难度最大，但这项工作是全面整理古代方言学文献不可或缺的部分。截至目前，古代散存方言资料集成之作尚未出现，整理范式亦尚未确立，而收集和整理南北朝隋唐宋散存方言资料是这方面的重要尝试。

二、为研究南北朝隋唐宋时期的方言学史、方言和方言史提供材料和参考

南北朝隋唐宋方言学史料是研究该时期方言学史的直接材料。何耿镛《汉语方言研究小史》："这一时期关于方言研究的专门著作几乎没有。"④但据史志杂著，该时期出现过王长孙《河洛语音》、刘昞《方言》、颜之推《证俗音》、智骞⑤《方言注》、李商隐《蜀尔雅》、吴良辅《方言释音》、王浩《方言》、王资深《方言》等数部方言著作。研究南北朝隋唐宋方言同样离不开该时期的方言学史料。鲁国尧通过韵文证明宋代闽方言"高"读如"歌"⑥，但陆游《老学庵笔记》卷六"闽人讹'高'字，则谓'高'为'歌'，谓'劳'为'罗'"的记载则更明确可靠。

研究方言史也要依靠方言学史料。《集韵·皓韵》："稻：土皓切。秔也。关西语。"据此，秦陇方言全浊声母读送气的历史可上溯到北宋。

---

① 周祖谟：《问学集》，北京：中华书局，1966 年，第 662 页。

② 赵振铎：《唐人笔记里面的方俗读音（一）》，载四川大学汉语史研究所编：《汉语史研究集刊》第二辑，成都：巴蜀书社，2000 年，第 346 页。

③ 包括有明确地域名的方言记载和某一方言使用状况的记载。

④ 何耿镛：《汉语方言研究小史》，太原：山西人民出版社，1994 年，第 28 页。

⑤ 古文献中亦题为道骞，今人考定为智骞，除引文外，本书统一改为智骞。

⑥ 鲁国尧：《宋代福建词人用韵考》，载《语言学文集：考证、义理、辞章》，上海：上海人民出版社，2008 年，第 117-153 页。

三、为研究南北朝隋唐宋汉语史提供材料和参考

汉语方言是汉语发展不同历史阶段的活化石，能折射出汉语史的局部面貌。南北朝隋唐宋方言学史料能为该时期汉语语音、词汇、语法提供一些材料和参考。《慧琳音义》卷七十四："宕：徒浪反，宕犹上也，高昌人语之讹耳。"①此条材料可为"禅母古读定"提供一条佐证。沈括《梦溪笔谈》卷三："今夔、峡、湖、湘，及南、北江獠人，凡禁咒句尾皆称'些'，此乃楚人旧俗。"沈说可这样理解，"些"字楚语很早就有，是句末语气词，主要用于禁咒语中。洪兴祖《楚辞补注》就采用了沈氏之说②。姚宽《西溪丛语》卷上："今人不善乘船，谓之苦船；北人谓之苦车。苦音库。"③此处体现的是古汉语变调构词现象。

前人对南北朝隋唐宋方言学史料的辑录和引用，既不成系统，又存在局限。2013 年，笔者基于博士学位论文《唐宋方言学材料考论》，申报了教育部人文社会科学研究规划项目"南北朝唐宋方言学史料辑考"（项目编号：13YJA740057）并获批。研究报告于 2018 年完成，并于 2021 年获甘肃省第十六次哲学社会科学优秀成果二等奖。本书是在研究报告基础上，调整结构、重组内容、核校材料、反复打磨而成的。笔者认为，相较于以往的研究，本书主要有两方面的创新：

（一）首次对南北朝隋唐宋方言学史料进行大范围的搜采

本书对《四库全书》和《续修四库全书》中的南北朝隋唐宋文献，《唐五代韵书集存》《原本玉篇残卷》《唐钞文选集注汇存》等敦煌遗书和海外汉籍，以及部分元明清文献中的南北朝隋唐宋佚文进行了考察，全面搜采了其中的方言学史料。如此大范围的断代材料搜集在学界尚属首次，有一定的实践意义和学术价值。

（二）首次全面描述和评价了南北朝隋唐宋方言学史料

南北朝隋唐宋时期的方言学史料很零散，一直没有引起足够的重视，只在方言学、方言史、小学史等性质的专著和论文中偶有述及。本书在大范围考察南北朝隋唐宋文献的基础上，通过排比材料、分析材料，全面描述和评价了南北朝隋唐宋的方言学史料。

承蒙导师华学诚教授的厚爱和提携，笔者主持了国家社科基金重大项目"中国古代方言学文献集成"的子项目"广续《方言》整理、散存资料辑佚和专题研

---

① 本书引用的古籍多达四五百部，且很多古籍多处引用，故书中无法一一注明，图书版本信息详见书后"主要引用与参考文献"的古籍部分。

② （宋）洪兴祖注，卞岐整理：《楚辞补注》卷九《招魂》，南京：凤凰出版社，2007 年，第 176 页。

③ 袁文《瓮牖闲评》卷六引，今本《西溪丛语》与此不同。

究"。子项目的研究与本书的写作互相促进、相得益彰，书中有些观点是华老师平时传授的，在此特别说明并致谢。

本书题名为"南北朝隋唐宋方言学史料考论"，其中"考"是辑考，辑考的是文献中的方言学史料；"论"是论述，论述的是搜集和整理材料过程的体会和对材料的述评。在有限的时间内搜集数百部古籍中的方言学史料，并对其性质进行甄别，对其内容和文字进行核校，然后分类编排，这项工作费时费工，异常艰辛。加之平时教学任务繁重，管理工作琐细，所以拙著中的疏漏之处，敬请同人不吝赐教。

王耀东

2021 年 8 月 14 日于兰州交通大学

目 录

序言

第一节　辑录南北朝隋唐宋方言学史料的几点思考

辑录南北朝隋唐宋方言学史料需解决一系列理论问题和实践问题，对于这些问题，笔者有如下几点思考：

一、要限定"方言"的内涵和外延

1915 年版的《辞源》将"方言"释为："土俗语也。囿于一方，不能通行各地，故曰方言。"①沈步洲《言语学概论》："故方言者乃同一种语言中由历史所经之情境而发生，非两种源流不相同之语言由历史之机会而接触者也。因地而殊，莫为之界；因时而异，难辨其期：废之不可，减之甚难者也。"②这是现代学者对"方言"的界定，其仅指通语的地域变体，不包括少数民族语、外国语、社会方言和通行区域不明确的俗语以及地名（反映方音的除外）和风俗词。本书采用这种观点，具体而言：

（一）本书所说的方言不包括少数民族语和外国语

古代所说的方言包括少数民族语和外国语。扬雄《方言》就有少数民族语，其中个别"吴越"方言词可能不是汉语。清人《续方言》系列书也辑有少数民族语和外国语，张慎仪《方言别录》中有僚语、壮语、苗语、瑶语、羌语、吐蕃语、西夏语、南诏语、匈奴语、鲜卑语、突厥语、蒙语、满语、朝鲜语、阇婆语、梵语、波斯语、拂林语、拉丁语、英语等。

南北朝隋唐宋文献中出现的"方言"有时也指少数民族语和外国语。《大唐西域记·序》："备尝艰险，陋博望之非远，嗤法显之为局。游践之处，毕究方

---

① 陆尔逵等编：《辞源》，上海：商务印书馆，1915 年，卯集，第 187 页。
② 沈步洲：《言语学概论》，上海：商务印书馆，1931 年，第 164 页。

言，镌求幽赜，妙穷津会。"《岭外代答》卷四："方言，古人有之，乃若广西之蒌语，如称官为沟主，母为米囊，外祖母为低，仆使曰斋㳀，呼饭为报崖，若此之类，当待译而后通。"《大唐众经音义·序》（终南太一山释氏）："今所作者，全异恒论，随字删定，随音征引，并显唐梵方言，翻度雅郑，推十代之纰紊，定一朝之风法。"①《文昌杂录》卷一："阇婆国方言谓真珠为没爹虾啰。"

若按古代所说的方言，《鲜卑语》②《蕃尔雅》③《鸡林类事》④亦属方言专书，但按现代方言的定义，此三书均非方言专书。

（二）本书所说的方言不包括社会方言

现代学者赋予方言一个新内涵——语言的社会变体。英国人戴维·克里斯特尔编纂的《现代语言学词典》说："（方言是）一种语言地域上或社会上有自身特点的一种变体，可从一批特殊的词和语法结构来识别。口说的方言通常带有独特的发音或口音。只要说一种语言的人数相当多，尤其当人群之间有地理上的阻隔，或有社会等级的差别时，就会有方言产生。"⑤他认为，方言学是语言学的分支，以研究民族语言内部的差异为其主要任务，它有两个门类：一是方言地理学，即传统的方言学；二是社会方言学，即狭义的社会语言学。前者研究语言的地区性差异，后者研究语言的社会性差异。方言地理学在解释语言的差异时通常从历史、地理、政治和文化等中找原因，社会方言学则从社会和心理等中找原因。

社会方言在古代同样存在，宋代曾慥《类说》卷四引唐佚名《秦京杂记》云："市语：长安市人语各不同，有葫芦语、锁子语、纽语、练语、三折语，通名市语。"社会方言属于现代概念，不属于通语的地域变体，不是严格意义上的方言，当代学者研究古代方言时通常不予考虑。

（三）本书所说的方言不包括俗语

方言和俗语互相交叉，纠缠不清。方言与通语相对而言，俗语与雅言相对而言。俗语通行范围较广，没有明确的地域，与方言的概念不同。唐代学者颜师古已把二者区别对待。《匡谬正俗》卷八"骨鹿"："问曰：'俗谓鸧为骨鹿，此语有何典故？'答曰：'《尔雅》云：鸧，麋鸹，然则鸧一名鸹，今人云骨鹿者，是鸹鹿耳。以鹿配鸹者，盖象其鸣声以呼之，亦由子规、蜘蟟、鹅、鸭、鸠、鸽

①（唐）玄应撰：（清）庄炘等校：《一切经音义》（《丛书集成初编》），上海：商务印书馆，1936年。
②《隋书·经籍志》著录，撰人不详。
③晁公武《郡斋读书志》卷二下："《蕃尔雅》一卷，右不载撰人姓名，以夏人语，依《尔雅》体译以华言。"
④北宋使臣孙穆出使高丽时所记，载有当时的朝鲜词语数百条。
⑤戴维·克里斯特尔编，沈家煊译：《现代语言学词典》，北京：商务印书馆，2000年，第107页。

之类也。今山东俗谓之鸹，此亦象其鸣声。固知字并为鸹，不得呼为骨傍辄加鸟者，此字乃是鹖雕，不关鸽事也。'"今人胡竹安《略论方言、方俗对训诂的作用》一文分为"古代方言对训诂所起的作用"和"方俗在解释词语上的作用"两部分①，也把方言和方俗区别对待。

本书不收无地域名的俗语，但地志中的俗语和通行地域可考的俗语例外。《岭表录异》卷中："蟛蜞，乃蟹之巨而异者。蟹螯上有细毛如苔，身有八足。蟛蜞则螯无毛，足后两小足薄而阔（俗谓之拨掉子）。与蟹有殊，其大如升，南人皆呼为蟹。"此处俗语指岭表（两广）俗语。《封氏闻见记》卷四"匦使"："天宝中，玄宗以匦字声如鬼，改匦使为献纳使，乾元初复其旧名。"这条材料反映唐代北方语音或关中语音。俗语专书通常可以考见通行区域，故本书姑且将其视为方言专书。

（四）本书所说的方言不包括地名（反映方音的除外）和风俗词

地名材料如不涉及语音变化，就不属于方言学史料。《元和郡县志》卷九："韦城县：京观在县北二百步，王莽篡汉，东郡太守翟义举兵，莽遣将王邑等八将败义于此，乃筑焉，俗号髑髅台。"《建康实录》卷十三："今县北十三里，见有古池，南俗呼为饮马塘。""髑髅台"和"饮马塘"属一地特有，非通语的地域变体，故不能看作方言。《壶中赘录》（《佩文斋广群芳谱》卷二引）："闽中以二月二日为踏青节，蜀中以为踏草节。"②"踏青节"和"踏草节"是专用名词，亦非通语的地域变体，也不能视为方言词。

二、要明确南北朝隋唐宋方言学史料的搜集路径

方言学史料主要有方言专书、方言论述和方言记载，不包括客观上反映方言的韵文、韵书、韵图、音切、对音材料、外国借字和俗文学中的别字异文等。

搜集南北朝隋唐宋方言学史料，确定目标文献是关键。不同的方言学史料蕴含于不同类型的文献中，搜集者一定要心里有数，否则事倍功半。

（一）在史志、书目和笔记等文献中稽考方言专书材料

南北朝隋唐宋时期出现的方言专书虽有几部，但均已亡佚。我们只能从《隋书》《旧唐书》《新唐书》《直斋书录解题》《中兴馆阁目录》《遂初堂书目》《通志》《宋史》《文献通考》等史志书目中稽考这些方言专书的著录情况，还可

①　胡竹安：《略论方言、方俗对训诂的作用》，《人文杂志》1981年第1期，第106-110页。

②（清）汪灏：《佩文斋广群芳谱》（《景印文渊阁四库全书》本），台北：台湾商务印书馆，2008年。

从唐宋元明清文人笔记杂谈中考察它们的通行情况。如《蜀尔雅》，马端临《文献通考·经籍考》卷十六："《蜀尔雅》三卷，陈氏曰：'不著撰人名氏，《馆阁书目》。按：李邯郸云：唐李商隐采蜀语为之。当必有据。'"①章如愚《群书考索》卷十："李商隐以蜀语为《蜀尔雅》。"②《宋史·艺文志》亦载李商隐《蜀尔雅》。清张澍《蜀方言·序》云："林闾博学好问，辆轩子云师之，乃作《方言》……商隐《蜀雅》，踵此为根，掇拾遗佚。夐矣斯存。"综合上述记载，我们可以基本确定《蜀尔雅》的作者及性质。

南北朝隋唐宋时期可考的方言专书有北魏王长孙《河洛语音》、北魏刘昞《方言》、北齐颜之推《证俗音》、隋释智骞《方言注》、唐李商隐《蜀尔雅》、宋吴良辅《方言释音》、王浩《方言》、王资深《方言》、佚名《北中方言》、佚名《释常谈》、龚养正《续释常谈》和施君英《别释常谈》等，民间可能还印行方言小册子。《释常谈》（三卷）、《续释常谈》（二十七卷）、《别释常谈》（三卷）等俗语字书至今留存。元代黄溍《黄氏笔记》云："龚养正《续释常谈》最号详博。'按酒'二字出《仪礼注》，乃遗而弗及，盖其所释者，当时南方之常谈耳。"

稽考方言专书佚文是本书的难点。释智骞的《方言注》和《楚辞音》均失传，但残卷佚文仍存。《方言注》史志无载，周祖谟认为："骞师之《方言注》盖即方言音义之类。"③《慧琳音义》卷二十三《新译大方广佛华严经音义》卷六十六："风黄淡热"条下注："《文字集略》曰：'淡为胸中液也。'骞师注《方言》曰：'淡字又作痰也。'"《隋书·经籍志》："《楚辞音》一卷，释道骞撰。"敦煌写本《楚辞音》残卷（伯2494）注音280多条，所举叶韵有7条，日本古钞本《文选集注》引公孙罗《文选音决》亦有4条骞师音。虽然这些材料弥足珍贵，惜乎本书在这方面的收获不多。

（二）在笔记杂谈和古籍序文等文献中搜罗方言论述

南北朝隋唐宋学者关于方言的论述很多，从不同的侧面表达了他们对方言的认知，是我们了解当时方言研究状况的主要材料。

蕴含方言论述较多的南北朝隋唐宋文献有《世说新语》《颜氏家训》《经典释文》《切韵》《匡谬正俗》《史通》《封氏闻见记》《大唐新语》《唐国史补》《酉阳杂俎》《资暇集》《北户录》《刊误》《蛮书》《岭表录异》《苏氏演义》

---

① （元）马端临：《文献通考·经籍考》，上海：华东师范大学出版社，1985年，第393页。

② 金沛霖主编：《四库全书子部精要》（下），天津：天津古籍出版社；北京：中国世界语出版社，1998年，第220页。

③ 周祖谟：《问学集·骞公楚辞音之协韵说与楚音》，北京：中华书局，1966年，第171页。

《北梦琐言》《兼明书》《宋景文公笔记》《贡父诗话》《梦溪笔谈》《青箱杂记》《侯鲭录》《遁斋闲览》《冷斋夜话》《避暑录话》《鸡肋编》《萍洲可谈》《学林》《猗觉寮杂记》《能改斋漫录》《容斋随笔》《老学庵笔记》《岭外代答》《慈湖诗传》《云麓漫抄》《野客丛书》《耆旧续闻》《鹤林玉露》《方舆胜览》《困学纪闻》《癸辛杂识》等190余部。

（三）在小学书、经籍注疏、佛经音义、笔记杂纂、地志、医药书、诗文等文献中爬梳方言记载

方言记载虽只言片语，但也反映古代学者对方言的了解和认识，是重要的方言学史料。方言记载比较集中的南北朝隋唐宋文献有《世说新语注》《南越志》《水经注》《重修玉篇》《颜氏家训》《匡谬正俗》《汉书注》《唐本草》《玄应音义》《周礼注疏》《文选音决》《文选注》《后汉书注》《本草拾遗》《慧琳音义》《大唐新语》《北户录》《岭表录异》《北梦琐言》《清异录》《兼明书》《南部新书》《龙龛手鉴》《广韵》《墨客挥犀》《增修互注礼部韵略》《集韵》《宋景文公笔记》《类篇》《本草图经》《贡父诗话》《青箱杂记》《梦溪笔谈》《杨公笔录》《遁斋闲览》《侯鲭录》《证类本草》《类说》《舆地广记》《鸡肋编》《绀珠集》《枫窗小牍》《碧溪诗话》《韵补》《能改斋漫录》《墨庄漫录》《西溪丛语》《苕溪渔隐丛话》《老学庵笔记》《桂海虞衡志》《吴船录》《朱子语类》《岭外代答》《麈史》《淳熙三山志》《离骚草木疏》《慈湖诗传》《九家集注杜诗》《中吴纪闻》《独醒杂志》《补注杜诗》《云麓漫抄》《游宦纪闻》《五百家注昌黎文集》《四声篇海》《五音集韵》《六经正误》《鹤林玉露》《方舆胜览》《齐东野语》《溪蛮丛笑》等250余部。

对已亡佚的南北朝隋唐宋文献，需通过各种渠道钩稽其中的方言记载。如，在《慧琳音义》《初学记》《太平御览》等书中钩稽《纂文》的方言记载；在《证类本草》《本草纲目》中钩稽《唐本草》《本草拾遗》的方言记载；在清人辑佚书《玉函山房辑佚书》《小学钩沉》《小学钩沉续编》等书中钩稽《证俗音》《纂要》《纂文》的方言记载等。

三、要确定辑录材料的原则

如何看待和处理文献中的方言学史料，对材料最终呈现的数量和质量起决定作用。本书确定了辑录材料的四条原则：

（一）搜集第一手材料

第一手材料是学术研究的基础，没有可靠的基础就得不出正确的结论。辑录

南北朝隋唐宋方言学史料，必须坚持搜集第一手材料的原则。

清人《续方言》系列书存在误判方言材料、文字错讹脱漏、截取方言句段不当、所注出处有误、有原始出处却未交代、自乱其例、所检之书尚有遗漏七个不足，因此不可完全据信。《〈续方言〉新校补》卷上："吴人呼瞬目为恂目。《列子·黄帝篇》张湛注引《纂文》。（张补）。"东晋的张湛不可能引用南朝宋何承天的《纂文》，张湛注当为殷敬顺《列子·释文》①。《广续方言》卷一："今太原俗呼痛而呻吟谓之通唤。《匡谬正俗》卷六。"此条对原文删改过多。原文为："恫，今太原俗呼痛而呻吟谓之通唤何？答曰：《尔雅》云：'恫，痛也。'郭景纯音呻，恫音通。亦音恫，字或作侗。《周书》云：'恫瘝乃身。'并是其义。今痛而呻者，江南俗谓之呻唤，关中俗谓之呻恫，音同，鄙俗言失。恫者，呻声之急耳。太原俗谓恫唤云通，此亦以痛而呻吟，其义一也。郭景纯既有呻恫之音，盖旧语耳。"

华学诚教授在《周秦汉晋方言研究史》中写道："由于本课题完成时间的限制，有极少部分材料不得不利用清人辑本，这是著者深感遗憾的。"②是为心得之言。

（二）合理截取方言学史料

截取方言学史料要遵循以下三点：

一是方言信息完足。《汉书·广川惠王越传》注："师古曰：'尊章犹言舅姑也。今关中俗妇呼舅为钟。钟者，章声之转也。'"后一句反映作者对方言的分析，不可缺。《续方言》卷上："关中俗妇呼舅为钟。《汉书·广川王传》注。"辑录不全。

二是语句不枝不蔓。《续方言》卷下："鹎，鶝也，江南呼之为鹎。善捉雀，因名云。郭注《释鸟》。""善捉雀，因名云"对应《尔雅·释鸟》："鹎，负雀"。当删。

三是保留原文面貌，不采用"述意"做法。《礼记·缁衣》注："资当为至，齐鲁之语声之误也；祈之言是也，齐西偏之语也。"清人辑录仅是述意，《续方言》卷上："齐鲁以至为资，齐西偏以是为祈。《礼记·缁衣》注。"

（三）内容相同或相似的材料兼收并蓄

1. 出处不同、内容基本相同的材料全部收录

《龙龛手鉴·木部》："枸：木名，子可食，江南谓之木蜜。能薄酒味。"《广

---

① （晋）张湛注，（唐）卢重玄解，（唐）殷敬顺、（宋）陈景元释文，陈明校点：《列子》，上海：上海古籍出版社，2014年，第46页。释文："何承天《纂要》云：'吴人呼瞬目为恂目。'"今按：《纂要》当为《纂文》。

② 华学诚：《周秦汉晋方言研究史》（修订本），上海：复旦大学出版社，2007年，第28页。

韵·虞韵》："枸：木名，出蜀，子可食，江南谓之木蜜。其木近酒，能薄酒味也。"《重修玉篇》《切韵》《广韵》《集韵》《类篇》《五音集韵》等小学书方言记载重复较多，因其共时性难以遽断，故全部收录。

2. 出处不同、内容相似的材料分别收录

《履斋示儿编》卷十五："闽俗呼父为郎罢。"《青箱杂记》卷六："闽人谓父为郎罢。"又，《丁卯诗集》卷下："南方呼市为虚。"《青箱杂记》卷三："岭南谓村市为虚。"《南部新书》卷八："端州以南三日一市，谓之趁虚。"《北户录》卷一：龟图注："南人呼市为虚，今三日一虚。"这些相似的材料能起到互证或互补的作用，故需分别收录。

3. 出处相同、内容相似的材料分别收录

《慧琳音义》相似音注较多，卷九："髀：蒲米反，北人行此音；又方尔反，江南行此音。"《慧琳音义》卷二十六："髀：蒲米反，北人用此音；又必尔反，江南行此音。"方尔反和必尔反同音，则方（非母）和必（帮母）声母相同，可见唐初江南话轻重唇尚未分化。这类材料分别收录，对汉语史研究大有裨益。

（四）未注出处的方言记载视为共时材料

明确标注出处的方言记载不属于共时材料。引自《方言》《说文解字》《毛诗草木鸟兽虫鱼疏》《方言注》《尔雅注》等书的方言记载不在本书收集之列，如《文选·景福殿赋》李善注："《说文》曰：'榱，桷。秦名屋绵联，楚谓之梠也。榱，频移切。'《尔雅·释草》：'须，葑苁。'陆玑云：'又谓之苁，吴人谓葑苁蔓菁，幽州人或谓之芥。'"引用的前人成说亦不在本书收集之列，如《汉书·地理志》："民俗懁忣。"注："坚也。瓒曰：'今北土名强直为懁忣。'"

未标注出处的方言记载基本属于共时材料，原则上全部收录。但其中个别材料也可能反映前代方言。《集韵·豪韵》："瘹：朝鲜谓中毒曰瘹。"《方言》卷十二："凡饮药傅药而毒，南楚之外谓之瘌，北燕朝鲜之间谓之瘹。"唐宋时期朝鲜半岛有新罗、高丽等国，故此条材料有可能承袭《方言》。

四、要最大限度地穷尽现存常见文献

收集整理南北朝隋唐宋方言学史料，使之成为较完备的资料汇编，就必须最大限度地穷尽现存常见文献。

本书取材于《四库全书》《续修四库全书》中的南北朝隋唐宋文献，还有元明清丛书、辑佚书所收南北朝隋唐宋文献，如《说郛》《小学钩沉》《小学钩沉续编》《玉函山房辑佚书》《小方壶斋丛书》等。《唐五代韵书集存》《原本玉篇残卷》《唐钞文选集注汇存》等敦煌遗书和海外汉籍亦在考察之列。

五、要确保所辑材料准确可靠

辑录南北朝隋唐宋方言学史料的主要目的在于为研究历史方言学、历史方言、现代方言和汉语史提供材料，故不按一般辑录要求去寻求原书面目的恢复，只要求材料准确可靠。要做到这一点，底本选择很重要，除孤本或版本情况简单的以外，辑录时尽量选用精校精注本、通行本、善本。就常见古籍而言，《四部丛刊》本优于《四库全书》本，而精校精注本又优于《四部丛刊》本。要保证所辑材料准确可靠，还需做好两项工作：

（一）甄别材料

辑录南北朝隋唐宋方言学史料，确定其为汉语材料是首要问题。有些材料较易分辨，明显不是汉语，如《宋书·鲜卑吐谷浑传》："鲜卑呼兄为阿干。"《南史·西域传》："其俗呼帽为突何。"有些材料前人已指出不是汉语，如《后汉书·西南夷列传》"哀牢夷"："谓背为九，谓坐为隆。"（藏缅语族的词）[1]《广韵·铣韵》："䴛：蜀人呼盐。"（白语的词）[2]

但少数材料需要我们考证，如《越绝书三》："越人谓船为须虑。"《越绝书八》："越人谓盐曰余。"《水经注》卷三十二"沘水"："楚人谓冢为琴矣。"考证思路有三：一是从语音角度考察其与汉语词的关系；二是从字义及构词角度判断其是否为汉语；三是从移民史和其他资料探究这些词的来源。

（二）核校材料

核校对象包括文字、引文起讫等。

1. 核校文字

核校讹误文字或各本互异的文字，依据精校本和善本即可。对于出自不同文献的相同材料，则需认真对比、分析和判断。如：

---

① 闻宥：《哀牢与南诏》，《边政公论》1941 年第 1 卷第 2 期，第 24-26 页，转引自（清）张慎仪著，张永言点校：《〈续方言〉新校补 方言别录 蜀方言》，成都：四川人民出版社，1987 年，《〈续方言〉新校补》"点校前言"，第 16 页。

② 闻宥：《论蛮书所记白蛮语》，《史学季刊》1940 年第 1 卷第 1 期，第 51 页，转引自《〈续方言〉新校补》"点校前言"，第 16 页。

①《证类本草》卷三："白师子，主白虎病，向东人呼为历节风，置白师子于病者前自愈，此压伏之义也。"

②《普济方》卷一百二十："陈藏器云：'白狮子，主白虎病，广东人呼为历骨风，置白狮子于病者前自愈，此压伏之义也。'"

③《本草纲目》卷十一："白狮子石：《拾遗》藏器曰：'主白虎病，江东人呼为历节风是也。置此于病者前自愈，亦厌伏之意也。'"①

按：此条材料的原始出处是唐代陈藏器《本草拾遗》（已佚）。同一条材料中的地名，三本书各不相同。"向东"非地名，"广东"之名起于宋代，《本草纲目》引作"江东"，是也。

2. 核校引文起讫

有些方言记载是否具有共时性，取决于是否为引文。材料在引文之内，是前代方言；若不属于引文，则为今方言。核校引文起讫，主要依据原书；无原书的，利用内证和外证及其他相关知识对引文起讫进行识断。

（1）据原书核校

④《慧琳音义》卷三十九："鲵鱼：上艺鸡反。杜预注《春秋》云：'鲵，大鱼也。'郭注《尔雅》：'鲵鱼似鲇，四脚，声如小儿，大者长八九尺。'今江东呼为役，荆州呼为鳎。《古今正字》：'从鱼，儿声。'鳎音汤蜡反。"

按："今江东呼为某"是郭注《尔雅》常用语，但此条材料不出郭注，郭注到"八九尺"而止，故其为共时材料。

（2）综合判断

⑤《慧琳音义》卷五十六："鼾睡：下旦反。《说文》：'卧息声也。'《字苑》：'呼干反。'江南行此音也。"

按：马国翰认为此条材料出东晋葛洪《要用字苑》②。但《要用字苑》是字书，只讲音义，不提方言。且"江南行此音"是《慧琳音义》常用语，全书共有26条。故此条为共时材料。

⑥《慧琳音义》卷七十三："骹：又作垸，同。胡灌反。《通俗文》：'烧骨以桼曰垸。'《苍颉训诂》：'垸，以桼和之。'今中国人言垸，江南言髋，音瑞。桼，古漆字。"

---

① 以上三个例句均出自《景印文渊阁四库全书》本。
②（清）马国翰辑：《玉函山房辑佚书》，上海：上海古籍出版社，1990年，第2345页。

按：《经籍籑诂》卷十四："垸，以桼和之。《一切经音义》十八引《苍颉训诂》。"未述及方言材料。刘知几《史通·言语》："唐初语称中原为中国。"《苍颉训诂》是东汉初期杜林所作，不可能有"中国人"之语。"中国"是异族或外国人对中原的称呼，是佛经音义对中原独有的指称。《慧琳音义》中"中国"与"江南"经常对举，所以，"今中国人言垸，江南言髓"当为《慧琳音义》文。

六、要科学合理编纂材料

传统方言学从文献研究方言，其主要目的是为解释经典服务。我们收集和整理南北朝隋唐宋方言学史料，旨在为研究历史方言学、历史方言、现代方言和汉语史提供材料和参考，故材料编纂须符合语言学和文献学的双重学术要求，选择恰当的方式编次，建构创造性的文本形态。

本书把方言学史料按南北朝隋唐、宋代两个历史阶段编排。每个阶段占两章，一章是方言专书和方言论述，一章是方言记载。方言专书按成书年代或作者生活年代逐一介绍。方言论述先按方言观、各地方言、南北方言、方言本音本字、方言名源、诗文中的方言等7个主题分类，每个主题中的材料复按年代先后编排；各地方言涉及几地的，分置各处。方言记载先按北方、秦晋、赵魏、幽燕、齐鲁、南方、巴蜀、荆楚、吴越、闽粤和其他等11个地域分类，每个地域的材料复按年代先后编排；涉及几个地域的材料，各处复现。方言论述中包含方言记载的，方言记载另行列出。

《慧琳音义》已含《玄应音义》和《慧苑音义》，三部音义书的材料及其卷数辑录时以《慧琳音义》为准。在材料相同的情况下只注《慧琳音义》的卷次，《玄应音义》独有材料则标"《玄应音义》"。

第二节 前人对南北朝隋唐宋方言学 史料的辑录和引用

前人对南北朝隋唐宋方言学史料的考察主要采用了两种方式：辑录和引用。现分述如下：

一、辑录

最早辑录南北朝隋唐宋方言学史料的是清代学者。他们以续补扬雄《方言》

为目的，钩稽文献中的方言学史料，主要有戴震《续方言》（手稿二卷）、杭世骏《续方言》（二卷）、程际盛《〈续方言〉补正》（一卷）、徐乃昌《〈续方言〉又补》（两卷）、钱坫《异语》（十九卷）、赵齐婴《广方言》（一卷）、程先甲《广续方言》（四卷）和《〈广续方言〉拾遗》（一卷）、陶宪曾《广方言》（一卷）、袁鹏图《续方言》（卷数不明）①、张慎仪《〈续方言〉新校补》（二卷）和《方言别录》（四卷）等。这些著作主要辑录六朝以前的材料。辑录唐宋材料最多的著作是《方言别录》，该书原名为《唐宋元明方言、国朝方言》。

20 世纪初至 20 世纪 80 年代的主要成果有：张亮采《中国风俗史》辑录了一些南北朝隋唐宋方言词，但更多的是俗语②；洪惠畴《明代以前之中国方言考略》有"魏晋南北朝隋的方言""唐代的方言""五代的方言""宋代的方言"等内容，罗列了作者认为的方言词，但绝大多数没有通行区域③；崔骥《方言考》提到《蜀尔雅》三卷和《释常谈》三卷④；丁介民《方言考》提到刘昞《方言》三卷、吴良辅《方言释音》、释智骞《方言骞师注》、李商隐《蜀尔雅》、王浩《方言》十四卷等方言专书。⑤

20 世纪 80 年代以后的主要成果有：张永言《〈水经注〉中语音史料点滴》涉及几条方音材料⑥；汪寿明《〈广韵〉与〈方言〉》把《广韵》中的方言材料做了分类⑦；李恕豪《论颜之推的方言研究》讨论了《颜氏家训·音辞》⑧；赵振铎《唐人笔记里面的方俗读音》⑨共收方言材料 60 余条，其中大多数没有地域名。马重奇《〈类篇〉方言考——兼评张慎仪〈方言别录〉所辑唐宋方言》⑩、刘红花《〈广

① 据丁介民《方言考》（台北：台湾中华书局，1969 年），此书《台州经籍志》著录，未见传本。但经笔者检视，《台州经籍志》未著录此书。

② 张亮采：《中国风俗史》，长沙：湖南大学出版社，2014 年，第 84-131 页。

③ 洪惠畴：《明代以前之中国方言考略》，《学风》1936 年第 2 期，第 57-79 页。

④ 崔骥：《方言考》，《图书馆学季刊》1931 年第 2 期，第 143-254 页。

⑤ 丁介民：《方言考》，台北：台湾中华书局，1969 年，第 66 页，第 131 页，第 43 页，第 99 页，第 66 页。释智骞《方言注》在此书中提及时用的是《方言骞师注》，两书为同一本书。

⑥ 张永言：《〈水经注〉中语音史料点滴》，《中国语文》1983 年第 2 期，第 131 页。

⑦ 汪寿明：《〈广韵〉与〈方言〉》，《华东师范大学学报（哲学社会科学版）》1991 年第 6 期，第 33-38 页。

⑧ 李恕豪：《论颜之推的方言研究》，《天府新论》1998 年第 3 期，第 60-63 页。

⑨ 赵振铎：《唐人笔记里面的方俗读音（一）》，载四川大学汉语史研究所编：《汉语史研究集刊》第二辑，成都：巴蜀书社，2000 年，第 346-359 页；赵振铎：《唐人笔记里面的方俗读音（二）》，载四川大学汉语史研究所编：《汉语史研究集刊》第三辑，成都：巴蜀书社，2000 年，第 268-283 页。

⑩ 马重奇：《〈类篇〉方言考——兼评张慎仪〈方言别录〉所辑唐宋方言》，《语言研究》1993 年第 1 期，第 136-143 页。

韵〉方言词研究》①、王智群《〈急就篇〉颜注引方俗语研究》②、冯庆莉《〈广韵〉和〈集韵〉方言词比较研究》③、李小婧《〈水经注〉方俗语词研究》④等属于专书方言词研究。王耀东《唐宋方言学材料考论》⑤首次对唐宋方言学史料进行了大范围搜集和系统讨论，但敦煌文献、海外汉籍等未做考察；游帅《古注中的魏晋南北朝俗语词辑证》⑥讨论了 528 条方言俗语词。

前人辑录存在的不足主要有：

（一）方言标准过宽

方言是通语的地域变体。如果材料中没有地域名，则不宜确定为方言学史料。洪惠畴《明代以前之中国方言考略》第五部分收录南北朝隋唐宋代方言词 100 多个，但绝大部分无通行地域；赵振铎《唐人笔记里面的方俗读音》所收方言亦无通行地域。至于清人《续方言》系列书把地名和风俗词当作方言，则就更为泛化了。辑录方言的标准过宽，导致材料良莠不齐，对研究南北朝隋唐宋方言和方言学极为不利。

（二）主要辑录方言记载

受扬雄《方言》及杭世骏《续方言》影响，清人辑录的南北朝隋唐宋方言学史料主要是方言记载，对方言论述关注不够。即便是方言论述，也被辑录者加以改编，以方言记载的形式出现。颜师古《匡谬正俗》是一本关于方言和俗语辨证的专著，书中每个方言词条的讨论都是方言研究的成果，但辑录者却把它们压缩成方言记载，作者对方言的认识和思考几乎被抹杀了。

（三）搜采的范围有限

清人《续方言》系列书搜采范围主要是经史小学类常见之书，少则十数本（如杭世骏《续方言》），多则数十本（如程先甲《广续方言》），而南北朝隋唐宋文献中有方言学史料的逾 300 部。今人辑录的方言学史料多限于专书，材料更为有限。蕴含南北朝隋唐宋方言学史料的元明清丛书、小学辑佚书一直未被前人考虑在内。

---

① 刘红花：《〈广韵〉方言词研究》，湖南师范大学 2002 年硕士学位论文。

② 王智群：《〈急就篇〉颜注引方俗语研究》，《长江大学学报（社会科学版）》2008 年第 5 期，第 102-104 页。

③ 冯庆莉：《〈广韵〉和〈集韵〉方言词比较研究》，首都师范大学 2008 年硕士学位论文。

④ 李小婧：《〈水经注〉方俗语词研究》，首都师范大学 2008 年硕士学位论文。

⑤ 王耀东：《唐宋方言学材料考论》，北京语言大学 2011 年博士学位论文。

⑥ 游帅：《古注中的魏晋南北朝俗语词辑证》，北京语言大学 2017 年博士学位论文。

二、引用

学者们在撰写方言学、方言学史或小学史等性质的专著或论文时，通常要引用一些南北朝隋唐宋方言学史料。这种引用也可以视为对方言学史料的搜集和讨论。

20 世纪 20 年代至 80 年代的主要成果有：何仲英《中国方言学概论》一文第七部分"中国学者的方言研究"提及慧琳《慧琳音义》、颜师古《匡谬正俗》、陆法言《切韵》系韵书等文献，还提及《佩觿》《鸡肋编》《宣和遗事》等书中的方言学史料[①]；周祖谟《问学集》与南北朝隋唐宋方言学有关的内容有《骞公楚辞音之协韵说与楚音》《论〈文选音〉残卷之作者及其方音》《〈颜氏家训·音辞篇〉注补》《关于唐代方言中四声读法之一些资料》《宋代汴洛语音考》《宋代方音》等文章。[②]此类成果还有周法高《中国方言学发凡》[③]、章璐《中古方音差别问题》[④]等。

20 世纪 80 年代以来的主要成果有：许宝华、汤珍珠《略说汉语方言研究的历史发展》只提到了《切韵》[⑤]；何耿镛《汉语方言研究小史》第四章提及颜之推《颜氏家训》、陆德明《经典释文》和陆法言《切韵》，唐宋时期的对音材料和韵书[⑥]；周振鹤、游汝杰《方言与中国文化》在讨论宋金时期的方言区划时引用了方言学史料[⑦]；游汝杰《汉语方言学导论》第九章"方言学史概要"述及南北朝隋唐宋方言学史料[⑧]；李如龙《汉语方言的比较研究》中"晋南、关中的全浊送气与唐宋西北方音"一文引用方言学史料[⑨]；刘晓南《从历史文献的记述看早期闽语》通过宋代笔记、文集、诗话等文献中的闽语材料讨论闽语的形成及特征[⑩]；储泰松《唐代音义所见方音考》采用了五种佛经音义和两种传注的方言材料[⑪]；刘晓南《汉语历史方言研究》中"朱熹与闽方言"引用了方言学史料[⑫]；刘晓南《从历史文

① 何仲英：《中国方言学概论》，《东方杂志》1924 年第 21 卷第 2 号，第 31-63 页。

② 周祖谟：《问学集》，北京：中华书局，1966 年，上册，第 168-500 页；下册，第 581-662 页。

③ 周法高：《中国方言学发凡》，《中国语文研究》（第三版），台北：台湾中华文化出版事业委员会，1955 年，第 82-97 页。

④ 章璐：《中古方音差别问题》，《中国语文》1957 年第 10 期，封底。

⑤ 许宝华、汤珍珠：《略说汉语方言研究的历史发展》，《语文研究》1982 年第 2 期，第 122-132 页。

⑥ 何耿镛：《汉语方言研究小史》，太原：山西人民出版社，1994 年，第 28-48 页。

⑦ 周振鹤、游汝杰《方言与中国文化》，上海：上海教育出版社，1986 年，第 91-92 页。

⑧ 游汝杰：《汉语方言学导论》（修订本），上海：上海教育出版社，2018 年，第 215-216 页。

⑨ 李如龙：《汉语方言的比较研究》，北京：商务印书馆，2001 年，第 211-226 页。

⑩ 刘晓南：《从历史文献的记述看早期闽语》，《语言研究》2003 年第 1 期，第 61-69 页。

⑪ 储泰松：《唐代音义所见方音考》，《语言研究》2004 年第 2 期，第 73-83 页。

⑫ 刘晓南：《汉语历史方言研究》，上海：上海人民出版社，2008 年，第 133-161 页。

献看宋代四川方言》讨论宋代四川方音时引用了一些方言学史料①；华学诚《汉语方言学史及其研究论略》对南北朝隋唐宋的方言研究做了宏观论述，认为我们有必要对这个时期的方言研究史料进行收集和评述②；柳玉宏《六朝唐宋方言研究综述》谈到了搜寻唐宋方言研究材料的几种路径③。相关论文还有邓少君《从方言词论〈切韵〉的性质》④、汪启明《魏晋南北朝方言及研究》⑤、谢荣娥《20 世纪以来南北朝汉语方言研究述评》⑥以及汪启明、史维生、郑源《20 世纪以来魏晋南北朝方言研究的回顾与前瞻》⑦等。

上述成果只是例举性地引用了南北朝隋唐宋方言学史料，而且所引材料大多数都是别人称引过的。由于材料有限而单调，所以前人关于南北朝隋唐宋方言和方言学的论述大多没有新意，一谈唐宋方言状况，就只提《老学庵笔记》中"四方之音"一条；一说唐宋方言研究，又皆举《困学纪闻》，而颜师古《匡谬正俗》、李商隐《蜀尔雅》、王浩《方言》等重要内容却鲜有述及。

总之，前人对南北朝隋唐宋方言学史料的辑录和引用，无论数量还是质量都极其有限，不足以支持对南北朝隋唐宋方言学史的研究。2000 年以来，越来越多的汉语史专家和青年学子开始关注历史方言学和历史方言。华学诚及其弟子致力于方言学文献的整理与研究，鲁国尧及其弟子致力于历史方言的探讨。由此可见，当前研究历史方言学和历史方言的热潮方兴未艾。

第三节 清代《续方言》系列书辑录 南北朝隋唐宋方言学史料之失

清代《续方言》系列书主要有戴震《续方言》（手稿二卷）、杭世骏《续方言》（二卷）、程际盛《〈续方言〉补正》（一卷）、徐乃昌《〈续方言〉又补》

---

① 刘晓南：《从历史文献看宋代四川方言》，《四川大学学报（哲学社会科学版）》2008 年第 2 期，第 36-46 页。

② 华学诚：《汉语方言学史及其研究论略》，《扬州大学学报（人文社会科学版）》2002 年第 1 期，第 60-66 页。

③ 柳玉宏：《六朝唐宋方言研究综述》，《宁夏大学学报（人文社会科学版）》2006 年第 6 期，第 46-49 页。

④ 邓少君：《从方言词论〈切韵〉的性质》，《上海师范大学学报（哲学社会科学版）》1988 年第 3 期，第 117-158 页。

⑤ 汪启明：《魏晋南北朝方言及研究》，载南京大学汉语言文字学学科《南大语言学》编委会编：《南大语言学》第四编，北京：商务印书馆，2012 年，第 111-133 页。

⑥ 谢荣娥：《20 世纪以来南北朝汉语方言研究述评》，载罗漫主编：《学术一甲子—中南民族大学文学与新闻传播学院 60 年论文选》，广州：世界图书出版广东有限公司，2011 年，第 319-325 页。

⑦ 汪启明、史维生、郑源：《20 世纪以来魏晋南北朝方言研究的回顾与前瞻》，载四川大学俗文化研究中心、四川大学汉语史研究所编：《汉语史研究集刊》第十九辑，成都：巴蜀书社，第 422-441 页。

（两卷）、钱坫《异语》（十九卷）、赵齐婴《广方言》（一卷）、程先甲《广续方言》（四卷）和《〈广续方言〉拾遗》（一卷）、陶宪曾《广方言》（一卷）、袁鹏图《续方言》（卷数不明）、张慎仪《〈续方言〉新校补》（二卷）和《方言别录》（四卷）等。虽然这些辑本为我们利用南北朝隋唐宋方言学史料提供了极大便利，但辑校粗疏，舛误颇多。杭氏《续方言》辑得 525 条材料，《〈续方言〉补正》即校正 66 条。《〈续方言〉新校补》是杭辑程补的订补本，其《略例》云："是正者十之七八，芟补者十之四五。"该书虽经张永言点校，但错讹仍未刊尽，其余尚未点校的辑本可以想见。

本书对杭氏《续方言》《〈续方言〉补正》《〈续方言〉又补》《广续方言》《〈广续方言〉拾遗》《〈续方言〉新校补》《方言别录》7 部辑本[①]所辑南北朝隋唐宋方言学史料做了全面检校[②]，归纳了清人辑本的七点不足：

一、误判方言材料

地名和风俗词不是通语的地域变体，如不涉及方音，则不能视为方言。《方言》未收地名和风俗词，然清人辑本未遵扬氏旧例。如《方言别录》：

①卷上之一："广州有五仙人骑五色羊，负五谷，广南谓之五羊城。《南部新书》引《旧志》。"

②卷上之二："闽俗以二月二日为踏青节，蜀中以是日为踏草节。《壶中赘录》。"

对于《方言别录》这种情况，丁介民批其"义界不严，故所收颇病于滥"[③]。

二、文字错讹脱漏

《续方言》系列书刊刻失误较多。《〈续方言〉又补》卷上："今江南谓靴无颈者为靸。《四分律音义》三十九。"据《慧琳音义》卷五十九《四分律音义》第三十九卷，"颈"当作"头"，"颈"与"头"繁体形近而误。《〈续方言〉补正》卷上："比目鱼，今江东呼为拔鱼。《边让传》注。""拔鱼"当作"板鱼"。《后汉书·边让传》注："比目鱼，一名鲽，一名王余，不比不行，今江东呼为板鱼。""板鱼"可能是"鳊鱼"（板，古音帮纽元部；鳊，古音滂纽

---

① 李学勤主编：《中华汉语工具书书库·方言部》，合肥：安徽教育出版社，2002 年。

②《中华汉语工具书书库·方言部》七种辑本所据版本依次为：《续方言》《〈续方言〉补正》，艺海珠尘本；《〈续方言〉又补》，光绪十二六徐氏刻本；《广续方言》，光绪二十三年排印本；《〈广续方言〉拾遗》，江陵陈氏刊本；《〈续方言〉新校补》《方言别录》，蒉园丛书本。

③ 丁介民：《方言考》，台北：台湾中华书局，1969 年，第 61 页。

元部；板鳊音近而通假），这种鱼体形扁平，因而得名。

本书主要讨论与方言相关的文字问题。这种问题，或使方言不确切，或使方言共时性不易确定，或使语句逻辑不通。如：

①《广续方言》卷四："梁州以豕为猪（之于反），河南谓之彘，吴楚谓之豨，渔阳以猪为豝，齐秦以小猪为豵（仕主反）。《初学记》二十九引何承天《纂文》。《御览》九百三引作：'梁州以豕为豨（之涉反）。'余并同。《小学钩沈》①辑第四句'猪'上有'大'字。"

按：齐秦相去甚远，不相连属，"齐秦"当作"齐徐"。《初学记》卷二十九引作"齐徐"，《本草纲目·兽部》卷五十"豕"条下引同。《四库提要·续方言》："《初学记》及《太平御览》引《纂文》云：'梁州以豕为豨，河南谓之彘，渔阳以猪为豝，齐徐以小猪为豵。'"

②《〈续方言〉又补》卷下："关西呼蚕溲为蚑。《大智度论音义》四。"

按："蚑"后脱"蛛"字。《玄应音义》卷九《大智度论音义》第四卷无"关西呼蚕溲为蚑"之语。《慧琳音义》卷四十六《大智度论音义》第十八卷："《通俗文》：'矜求谓之蚑蛛。'关西呼蚕溲为蚑蛛。"《玄应音义》卷二十《字经抄》："关西谓蚕溲为蚑蛛。"

③《续方言》卷上："江南谓刀击为刜。《左·昭二十六年》疏。"

按："江南"前脱"今"字，后脱"犹"字。《左传·昭公二十六年》："苑子刜林雍，断其足。"正义："今江南犹谓刀击为刜。""今""犹"二字对方言共时性起决定作用。

④《〈广续方言〉拾遗》："藤，江东呼为招豆藤。唐陈藏器《本草》。"

按："藤"前脱"紫"字。《本草拾遗》已佚，《证类本草》卷十三引："紫藤，江东呼为招豆藤。"《本草纲目》卷三"紫藤"条引同。

三、截取方言句段不当

清人截取方言句段有时违背学理，这方面的问题主要有三类：

（一）目标词脱遗

方言材料如果缺少目标词，则语句不完整或语意不明。如：

①《广续方言》卷四："今江南言林琴柰，熟而粉碎谓之糫也。《慧琳音义》七十三。"

---

① 《小学钩沈》应为《小学钩沉》，原文沉作沈。

按：《慧琳音义》卷七十三《随相论》："潄糗：搜皱反，下丘久反。今江南言林琴柰，熟而粉碎谓之糗也。"

②《〈广续方言〉拾遗》："山东人呼蜘蛛，一名蜘蛆。苏恭《唐本草》。"

按：《唐本草》已佚，《证类本草》卷二十二引："蝍蛆：山东人呼蜘蛛，一名蜘蛆。"

还有列错目标词的。《〈续方言〉补正》卷上："象窦数者，今关中俗亦呼为寄生。《东方朔传》注。"《汉书·东方朔传》："朔曰：'是窦薮也。'"颜师古注："窦数，戴器也，以盆盛物戴于头者，则以窦数荐之，今卖白团饼人所用者是也。寄生者，芝菌之类，淋潦之日，著树而生，形有周圆象窦数者，今关中俗亦呼为寄生。非为茑之寄生、寓木、宛童有枝叶者也。故朔云：'著树为寄生，盆下为窦数。'"据此，"象窦数"不能列为目标词。

（二）方言信息缺漏

如材料中方言信息缺漏，则直接影响使用者对材料的认识和判断。

③《〈续方言〉补正》卷上："南人谓陆为陵。《定·六年》疏。"

按：《左传·定公六年》正义曰："上云'舟师，水战'，此言'陵师，陆军'，南人谓陆为陵，此时犹然。""此时犹然"属重要方言信息，表明这种现象唐代仍存，不可节略。

④《〈续方言〉又补》卷上："削，江南音啸。《四分律音义》五十一。"

按：《慧琳音义》卷五十九《四分律音义》第五十一卷："刀鞘：《方言》：'剑削，关东谓之削，关西谓之鞞。'音饼。江南音啸，中国音笑。""中国音笑"亦为方言信息，佛经音义中的"中国"泛指中原地区。

（三）文字冗余

有些材料截取了与方言无关的内容，显得不伦不类。如：

⑤《〈续方言〉新校补》卷上："兖州人以相欺为訑人。音汤和反。訑，避也。释玄应《一切经音义》八引《纂文》。（张补）"

按：《玄应音义》卷八《佛遗日摩尼宝经》："谀訑：下太可反。《纂文》云：'訑，太可反，兖州人以相欺为訑人。又音汤和反。訑，避也。'""訑，避也"与方言无关，当节略。

四、所注出处有误

《续方言》辑本中，方言材料出处有误主要有三种情形：

（一）误以正文为引文

有些属于正文的材料，被辑录者误认为是引文，从而使材料出现的时代被错误地提前。

①《方言别录》卷上之一："蜀人呼衣系带为穿，俗因改穿作船。《续〈演繁露〉》。《正字通》：'蜀俗以船为襟穿。'"

按：《正字通·未集下·舟部》："船：俗以船为襟穿。《续〈演繁露〉》云：'杜诗：天子呼来不上船。或言衣襟为船，误。'按：蜀人呼衣系带为穿，俗因改穿作船。旧注衣领曰船。"《续〈演繁露〉》卷四"天子呼来不上船"条至"误"字止，其后为《正字通》正文。

《续方言》辑本经常取材于《康熙字典》，有时把字典正文误当引文。如：

②《方言别录》卷上之一："北人称我曰俺。《集韵》。"

按：《集韵》去声艳韵"俺"字下无此语。《康熙字典·子集中·人部》："俺：《广韵》于验切，《集韵》于赡切，并音俺。我也，北人称我曰俺。"因材料据《康熙字典》，故张氏未能标出韵目。而《方言别录》引《集韵》通常标注韵目，如卷上之一："傑：吴人呼彼称，通作渠。《集韵》平声一、九鱼。"

③《方言别录》卷上之二："吴楚间方言，土之平阜曰塝，沟塍之畦畔处亦曰塝。《集韵》。"

按：《集韵》去声宕韵"塝"字下无此语。《康熙字典·丑集中·土部》："塝：《集韵》蒲浪切。音傍，地畔也。吴楚间方语，土之平阜曰塝，沟塍之畦畔处亦曰塝。"

④《方言别录》卷上之二："江淮间水高于田，筑堤而扞水曰圩。《史记》司马贞注。○圩，云俱切。"

按：《史记·孔子世家》："生而首上圩顶。"索隐："圩顶言顶上窊也，故孔子顶如反宇。"无"江淮间"之语。《康熙字典·丑集中·土部》："《史记·孔子世家》：'孔子生而圩顶，故名丘。'司马贞曰：'窊也。江淮间水高于田，筑堤而扞水曰圩。'"《康熙字典》引自《正字通》，《正字通·丑集中·土部》："《史记》'孔子生而首上圩。'

司马贞曰：'窊也'。今江淮间水高于田，筑堤扞水而甸之曰圩田。"
"今江淮间"之语是《正字通》正文，《康熙字典》引用时脱"今"字，
令材料归属模糊，导致张氏误判。

（二）误以二手材料为原文

清人在当朝文献中辑录前代材料，有时不就原书核对，误以二手材料为原
文。如：

⑤《方言别录》卷上之一："蜀人呼僧为师，葬所为塔。《老学庵
笔记》。"

按：《老学庵笔记》卷九："予在成都，偶以事至犀浦，过松林甚
茂，问驭卒：'此何处？'答曰：'师塔也。'盖谓僧所葬之塔。于是
乃悟杜诗'黄师塔前江水东'之句。"仇兆鳌《杜甫全集》卷三："陆
游《老学庵笔记》：'余以事至犀浦，过松林甚茂，问驭卒：此何处？
答曰：师塔也。'蜀人呼僧为师，葬所为塔，乃悟少陵'黄师塔前'之
句。""蜀人呼僧为师，葬所为塔"为仇氏演绎《老学庵笔记》之语，
张氏误以为陆氏原文。

⑥《方言别录》卷上之二："今北方人谓花朵未开者曰胍朏。音孤
都。《宋景文笔记》。《通雅》四二：'花蕊谓之栟榈，或转为巨鸁，
北人谓之孤涛音若孤都。'"

按：《宋景文公笔记》卷上"释俗"："关中人谓腹大者为胍朏，
上孤下都；俗因谓杖头大者亦为胍朏，后讹为骨朵。"无"今北方人"
之语。钱大昕《恒言录》卷二"迭字类"："胍朏（音孤都）。《广韵》：
'胍朏，大腹。'《类篇》：'胍朏，大腹貌。'一云椎之大者，故俗谓
杖头大为胍朏（当是骨朵二字之声讹）。今北方人谓花朵未开者曰胍朏（鉴
按：'一云'以下见《宋景文笔记》[①]）。"张氏可能受张鉴按语影响而
误判。

（三）出处张冠李戴或卷次错乱

因核校材料不够审慎，《续方言》辑本存在出处张冠李戴、卷次错乱等
现象。如：

---

① （清）钱大昕、陈鳣：《恒言录、恒言广证》，北京：商务印书馆，1958年，第49页。《恒言录》附清
人张鉴补注。

⑦《〈续方言〉又补》卷上："今江南谓有齿者谓杷。①《成实论音义》十三。"

按：《玄应音义》卷十八《成实论音义》第十三卷无注。《慧琳音义》卷七十三《鞞婆沙阿毗昙论》第十三卷："铁杷，又作色，同。平加反。《方言》：'杷谓之渠挐。'郭璞曰：'有齿曰杷，无齿曰朳。'朳音八。今江南有齿者为杷。挐字从木，挐音女于反。"

⑧《方言别录》卷上之一："蜀人呼鱼鲊为苞芦。《尔雅翼》。"

按：《尔雅翼》无此语。黄希、黄鹤《补注杜诗》卷十一："苏曰：'蜀人呼鱼鲊为苞芦。'"《四库总目提要》："而当时所称伪苏注者，乃并见采缀。"苏指苏轼。

⑨《〈续方言〉又补》卷上："床，禾稼也。关西谓之床，冀州谓之稼也。《大般涅盘经》三十二。"

按：材料见《玄应音义》卷二《大般涅盘经》第三十三卷，亦见《慧琳音义》卷二十六《大般涅盘经》第三十三卷，而非第三十二卷。

五、有原始出处却未交代

《续方言》辑本中，有些材料原始出处明确，但辑录者未作交代，使材料的共时性难以判断。《续方言》卷上："北土名强直为懻中。颜师古注《汉书·地理志》。"材料引自臣瓒，《汉书·地理志下》："民俗懻忮。"注："瓒曰：'懻音冀。今北土名强直为懻中。'"

《〈续方言〉补正》亦有此类问题：

①卷上："皇氏云：'秦人谓疾风为盲风。'"

按：《礼记·月令》正义："皇氏云：'秦人谓疾风为盲风。'"

②卷上："今河南俗语，治生求利，少有所得，皆言可用藉手矣。《成二年》疏。"

按：《左传·成公二年》正义："服虔云：'今河南俗语，治生求利，少有所得，皆言可用藉手矣。'"

《〈续方言〉又补》亦复如此：

③卷上："南方谓凝牛、羊、鹿血为鲊，以薑啖之消酒。《北户录》。"

④卷上："今江南呼饊饭，已煎米以糖饼之者为浮梳也。音浮流。《北户录》。"

---

① "谓"当为"为"。

⑤卷下："鯖，吴人呼为鲫鱼。《北户录》。"

其实，这些材料出自《北户录》段公路注引颜之推《证俗音》。

⑥《北户录》卷二注："按：《证俗音》云：'南方谓凝牛、羊、鹿血为蛒，以蘁噉之消酒。'"

⑦《北户录》卷二注："《证俗音》云：'今江南呼馓饭，已煎米以糖饼之者为粢糇也。音浮流。'"

⑧《北户录》卷一注："（鯖），《证俗音》曰：'吴人呼为鲫鱼。'"

《〈续方言〉新校补》对《续方言》《〈续方言〉补正》此类问题进行了订补（订补杭氏453条、程氏50条），但张氏订补未尽，如：

⑨《续方言》卷上："秦晋之间谓之子，或谓之鑢；吴扬之间谓之伐；东齐秦晋之间，其大者谓曼胡，其曲者谓之句子。《考工记·冶氏》疏。"

按：《周礼·考工记·冶氏》疏："按庄公四年《左氏传》：'楚武王荆尸，授师子焉，以伐随。'注云：'子，句子。凡戟而无刃，秦晋之间谓之子，或谓之鑢；吴扬之间谓之伐；东齐秦晋之间，其大者谓之曼胡，其曲者谓之句子曼胡。'""凡戟"以下引自《方言》卷九。

六、自乱其例

《续方言》辑本还存在材料重复、时代标准不严、出处体例驳杂等自乱其例的现象。赵齐婴《广方言·序》批《续方言》"亦体例未严，而考核未审矣"[①]。丁介民评《方言别录》"体例驳杂"[②]，都是针对这些情况而言的。本书主要谈两点。

（一）时代标准不严

《续方言》和《〈续方言〉补正》旨在辑录六朝以前的方言材料。《四库提要·续方言》："凡此诸条，皆六朝以前方言，正可以续扬雄所阙，而俱佚之。"张慎仪《方言别录·序》："（《续方言》）乃刺取古传记中六朝以前方语，裒集而成。"[③]但是，正如《〈续方言〉新校补·略例》所言："杭辑程补有与雄书重复

---

① 赵齐婴：《广方言》，载（清）金锡龄辑：《学海堂四集》（光绪十二年刻本）卷十三，第18-28页。
② 丁介民：《方言考》，台北：台湾中华书局，1969年，第61页。
③（清）张慎仪著，张永言点校：《〈续方言〉新校补 方言别录 蜀方言》，成都：四川人民出版社，1987年，第107页。

者，有羼入六朝后语者。"《续方言》卷上："矖，麻枲杂履之名也，南楚江淮间通谓之矖。颜师古《急就章》注。"颜氏为唐人。《〈续方言〉补正》也从《史记》三家注和十三经注疏中辑录了一些六朝以后的材料。

《〈续方言〉新校补》同样"羼入六朝后语"。卷上："赞，小矟也。荆楚巴蜀今谓之赞刀，长可丈余。释慧琳《一切经音义》二十九引《韵诠》。（张补）。"《韵诠》为唐人武玄之所撰。同卷："镎，短矛也。南越谓之殳，正作钻也。释慧琳《一切经音义》三十引《考声》。（张补）。"《考声〈切韵〉》为唐人张戬所撰。《方言别录》为《〈续方言〉新校补》的续编，原名《唐宋元明方言、国朝方言》，可见《〈续方言〉新校补》应不收唐代及以后的材料。

（二）出处体例驳杂

指同一辑本中标注出处的体例不统一。如：

①《〈续方言〉又补》卷上："吴楚间谓资生杂具为什物也。《华严经音义》。"

按：材料见慧苑《华严经音义》卷二十八，并七十六。《〈续方言〉又补》辑自经音义的材料均标注卷次，此条独无。

《方言别录》有些材料标注卷次或篇目，如卷上之一："辰州人谓以物予人曰过。《通雅》四十九。""秦俗以两为衢。《荀子·王霸》杨注。"有些材料却未标卷次，如《中吴纪闻》中"又吴人言'罢'则以'休'继之"，《老学庵笔记》中"北人谓向为望"。

本卷辑自《集韵》的材料更能说明这个问题。

标注韵目的如：

②"江湘间谓如是曰潕。《集韵》廿八翰。"
③"北燕谓湛曰洞。《集韵》四十一迥。"
④"秦晋之间凡细而有容谓之魏。《集韵》四纸。"

未标注韵目的如：

⑤"𡍼瀋，不洁也，吴俗语。《集韵》。"
⑥"北燕之外相勉努力谓之劼。《集韵》。"
⑦"齿，称拯切。齿也，河东云。《集韵》。"

七、所检之书尚有遗漏

清人辑录方言材料比较粗疏，即就所检之书，仍有不少遗漏。《四库提要·续方言》："惟是所引之书，往往耳目之前，显然遗漏。"《集韵》291 条方言材料，杭氏仅辑 1 条，即《续方言》卷上："江南谓吃为喋。《集韵》。去涉切。音�。"《类篇》186 条方言材料，《方言别录》遗漏 35 条①。凡此种种，不一而足。

　　《续方言》辑本出现这些不足，排除抄刻因素，主要是辑校者疏忽所致，今人辑录当以此为鉴。

---

　　① 马重奇：《〈类篇〉方言考——兼评张慎仪〈方言别录〉所辑唐宋方言》，《语言研究》1993 年第 1 期，第 136-143 页。

第一章

南北朝隋唐宋方言学史料述论

第一节　南北朝隋唐方言学史料概述

南北朝时期南北分治，学者关注方言较多；隋唐时期国家统一，实行科举制度，学者重通语而轻方言。南北朝隋唐时期为古代方言研究的衰微期，这与传统方言学以解经为主要目的有关。该时期的方言学史料极其零散，有散佚方言专书的史志著录情况，还有笔记杂谈、经籍序文中的一些方言论述，更多的则是散见于小学书、佛经音义、经籍注疏、笔记杂纂、地记、医药书、诗文中的方言记载。

一、南北朝隋唐时期的方言专书

南北朝隋唐时期的方言专书虽然史志有著录，但均已亡佚。这些方言专书数量不多，篇卷较小，可以考见的有北魏王长孙《河洛语音》一卷、北魏刘昞《方言》三卷、北齐颜之推《证俗音》三卷、隋释智骞《方言注》（卷数不详）、唐李商隐《蜀尔雅》三卷等。该时期还有题为《方言》，而今本扬雄《方言》所无的材料，具体归属有待进一步探究。

二、南北朝隋唐时期的方言论述

南北朝隋唐时期的方言论述反映了当时学者对方言的思考和认识。相关文献有刘义庆《世说新语》、谢庄《赤鹦鹉赋》、僧佑《梵汉译经音义同异记》、任昉《述异记》、刘勰《文心雕龙》、皇侃《论语集解义疏》、魏收《魏书》、杨炫之《洛阳伽蓝记》、颜之推《颜氏家训》、陆德明《经典释文》、陆法言《切韵》、颜师古《匡谬正俗》《汉书注》、玄奘《大唐西域记》、李延寿《北史》

《南史》、刘知几《史通》、王焘《外台秘要方》、陈藏器《本草拾遗》、张守节《史记正义》、湛然《法华玄义释签》、封演《封氏闻见记》、慧琳《慧琳音义》、澄观《大方广佛华严经随疏演义钞》、陆淳《春秋集传纂例》、李吉甫《元和郡县志》、宋若华《嘲陆畅》、刘肃《大唐新语》、佚名《大唐传载》、李肇《唐国史补》、段成式《酉阳杂俎》、李匡义《资暇集》、韦绚《刘宾客嘉话录》、段公路《北户录》、李涪《刊误》、樊绰《蛮书》、刘恂《岭表录异》、苏鹗《苏氏演义》等近 40 部，蕴含材料 140 余条①。其中《颜氏家训》《匡谬正俗》中的方言论述最多，也最具代表性。

从形态和内容看，这些方言论述分专题论述和附带论及两类。

（一）专题论述

此类论述长则一篇，短则一段，结构完整，主题集中。如：

1.《颜氏家训》部分篇目

其中《音辞篇》共 1683 字，是一篇关于古今方言的小论文。开头云："夫九州之人，言语不同，生民已来，固常然矣。"然后重点论述南北方言差异："南方水土和柔，其音清举而切诣，失在浮浅，其辞多鄙俗。北方山川深厚，其音沉浊而钝钝，得其质直，其辞多古语"②。《勉学篇》有一段探寻四川方言词"豆逼"的来源，《书证篇》有一段从方言角度探讨"《东宫旧事》何以呼鸱尾为祠尾"。

2.《匡谬正俗》部分条目

论述的观点有方言为古语之遗、因今方言上溯古人之旧语、南北方言存在互动关系等。

①卷一："央：《庭燎》篇云：'夜未央。'《传》云：'央，旦也。'郑笺云：'夜未央，犹言未渠央也。'按：秦诗《蒹葭》篇云：'宛在水中央。'《礼·月令》云：'中央，并是中义。'许氏《说文解字》云：'央，中央也。一曰久。'是则夜未央者，言其未中也，未久也。今关中俗呼二更、三更为夜央、夜半，此盖古之遗言，谓夜之中耳。"

②卷七："反（扶万反）：张衡《西京赋》云：'长廊广庑，连合云蔓。闬庭诡异，门千户万。重闺幽闼，转相踰延。望叫嶤以径廷，眇不知其所反。'是反有扶万音矣，今关中俗呼回还之反亦有此音。"

---

① 同一条材料分置各处的重复统计。

② （北齐）颜之推撰，王利器集解：《颜氏家训集解》，上海：上海古籍出版社，1980 年，第 473 页。

③卷六："恫：今太原俗呼痛而呻吟谓之通唤何？答曰：《尔雅》云：'恫，痛也。'郭景纯音呻恫音通。亦音恫，字或作侗。《周书》云：'恫瘝乃身。'并是其义。今痛而呻者，江南俗谓之呻唤，关中俗谓之呻恫，音同，鄙俗言失。恫者，呻声之急耳。太原俗谓恫唤云通，此亦以痛而呻吟，其义一也。郭景纯既有呻恫之音，盖旧语耳。"

④卷七："渴罩：问曰：太原俗谓事不妥帖，有可惊嗟为渴罩，何也？答曰：《礼·三年问》曰：'至于燕爵，犹有嘁唧之类焉。'徐仙唧音张流反，嘁音子由反。此言燕雀见其俦类死亡，悲痛惊愕，相聚集吟噪也。彼处士俗谓群雀聚噪为雀唧，音竹孝反。此亦古之遗言，故呼可惊之事为罩尔。"

⑤卷八："愈：愈，胜也，故病差者言愈。《诗》云：'政事愈蹙。'《楚辞》云：'不侵今愈疏。'此愈并言渐就耳，文史用之者，皆取此意，与病愈义同。而江南近俗，读愈皆变为踰，关内学者，递相放习，亦为难解。"

3.《刊误》部分内容

⑥卷下："然吴音乖舛，不亦甚乎？上声为去，去声为上，又有字同一声，分为两韵。且国家诚未得术，又于声律求人，一何乖阔！然有司以一诗一赋而定否臧，言匪本音，韵非中律，于此考核，以定去留，以是法言之为，行于当代。法言平声以东、农非韵，以东、崇为切；上声以董、勇非韵，以董、动为切；去声以送、种非韵，以送、众为切；入声以屋、烛非韵，以屋、宿为切。又恨怨之'恨'则在去声，很戾之'很'则在上声；又言辩之'辩'则在上声，冠弁之'弁'则在去声；又舅甥之'舅'则在上声，故旧之'旧'则在去声；又皓白之'皓'则在上声，号令之'号'则在去声；又以'恐'字、'苦'字俱去声。今士君子于上声呼'恨'，去声呼'恐'，得不为有知之所笑乎？又旧《书》曰'嘉谟嘉猷'，法言曰'嘉予嘉猷'；《诗》曰'载沉载浮'，法言曰'载沉载浮'（伏予反）。夫吴民之言如病瘰风而喋，每启其口，则语泪喝呐，随声下笔，竟不自悟。凡中华音切，莫过东都，盖居天地之中，禀气特正。予尝以其音证之，必大哂而异焉。"①

他如《大唐新语》卷十三"谐谑"条，《资暇集》卷上"虫霜旱潦"条、卷中"俗谭"条、卷下"竹笪"条，《岭表录异》卷中"瓦屋子"条、"倒捻子"

---

① （唐）李涪：《刊误》卷下"切韵"条（《景印文渊阁四库全书》本），台北：台湾商务印书馆，2005年，第850册，第179页。

条，《苏氏演义》卷下"彭越"条，《唐国史补》卷下"虾蟆陵"条等。

（二）附带论及

此类论述是作者在论述其他问题时，附带提及与方言相关的话题，三言两语，不独立成段。如：

⑦《切韵·序》："以古今声调既自有别，诸家取舍亦复不同。吴楚则时伤轻浅，燕赵则多涉重浊，秦陇则去声为入，梁益则平声似去。又'支''脂''鱼''虞'共为一韵，'先''仙''尤''侯'俱论是切。欲广文路，自可清浊皆通；若赏知音，即须轻重有异。吕静《韵集》、夏侯咏《韵略》、阳休之《韵略》、周思言《音韵》、李季节《音谱》、杜台卿《韵略》等，各有乖互。江东取韵，与河北复殊。因论南北是非，古今通塞，欲更捃选精切，除消疏缓。"①

⑧《经典释文·序录·序》："汉魏迄今，遗文可见，或专出己意，或祖述旧音，各师成心，制作如面，加以楚夏声异，南北语殊。"

⑨《经典释文·序录·条例》："方言差别，固自不同，河北江南，最为巨异，或失在浮清，或滞于沉浊。"

⑩《汉书·叙例》："古今异言，方俗殊语，末学肤受，或未能通，意有所疑，辄就增损。"

⑪《汉书·武帝纪》："师古曰：'二说皆是也。脽者，以其形高起，如人尻脽，故以名云。一说此临汾水之上，地本名郂，音与葵同，彼乡人呼葵音如谁，故转而为脽字耳，故《汉旧仪》云葵上。'"

⑫《汉书·广川惠王越传》："师古曰：'尊章犹言舅姑也。今关中俗妇呼舅为钟。钟者，章声之转也。'"

⑬《史通》卷三《书志第八》："茫茫九州，言语各异。大汉辎轩之使，译导而通，足以验风俗之不同，示皇威之广被。且事当炎运，尤相关涉，《尔雅》释物，非无往例。既艺文有志，何不为方言志乎……至若许负《相经》、扬雄《方言》，并当时所重，见传流俗。若加以二志，幸有其书，何独舍诸？深所未晓。"

此类材料尚见《封氏闻见记》《大唐传载》《北户录》《酉阳杂俎》《资暇集》《岭表录异》《春秋集传纂例》等文献，以及慧琳、湛然、澄观等人的音义书。

---

① 周祖谟：《广韵校本》，北京：中华书局，1960年，第14-15页。

三、南北朝隋唐时期的方言记载

南北朝隋唐时期的方言记载主要集中在小学书、佛经音义、经籍注疏、笔记杂纂、地记、医药书、诗文等近 100 部文献中,本书共辑得 950 余条。相关文献主要有何承天《纂文》、刘孝标《世说新语注》、盛弘之《荆州记》、沈怀远《南越志》、郦道元《水经注》、顾野王《重修玉篇》、颜之推《颜氏家训》《证俗音》、陆德明《经典释文》、颜师古《匡谬正俗》《汉书注》、苏恭《唐本草》、玄应《玄应音义》、贾公彦《周礼注疏》、李延寿《北史》、公孙罗《文选音决》、李善《文选注》、李贤《后汉书注》、刘知几《史通》、陈藏器《本草拾遗》、司马贞《史记索隐》、封演《封氏闻见记》、慧琳《慧琳音义》、李吉甫《元和郡县志》、刘肃《大唐新语》、李肇《唐国史补》、佚名《大唐传载》、段成式《酉阳杂俎》、李匡乂《资暇集》、段公路《北户录》、李涪《刊误》、陆广微《吴地记》、刘恂《岭表录异》、苏鹗《苏氏演义》等。

（一）小学书

南北朝隋唐时期蕴含方言记载的小学书主要有顾野王《重修玉篇》、陆德明《经典释文》、何承天《纂文》、颜之推《证俗音》、陆法言《切韵》、王仁煦《刊谬补缺切韵》等。其中《经典释文》中明确标示地域的方言词有 140 个[①],但大多数属于有历史来源的方言,共时材料并不多,现略举几例:

①《诗经·汝坟》释文:"楚人名火曰燥,齐人曰煓,吴人曰焜。"
②《诗经·东门之池》释文:"西州人谓绩为缉。"
③《周礼·典同》释文:"桂林之间谓人短为纚矮。"
④《左传·昭公十九年》释文:"古人谓藏为去。按:今关中犹有此音。"
⑤《左传·哀公三年》释文:"北土呼汁为渖。"

《纂文》已佚,清代《黄氏逸书考》辑有残文,主要辑自《初学记》《太平御览》《慧琳音义》等。如:《初学记》卷二十九引何承天《纂文》:"梁州以豕为猪(之于反),河南谓之彘,吴楚谓之豨(火岂反),渔阳以大猪为豝,齐徐以小猪为豵(仕主反)。"《初学记》卷二十九引何承天《纂文》:"陇西以西以犬为犹。"另外,王士濂《何承天纂要文征遗》(刻入《鹤寿堂丛书》本)亦搜集有《纂文》佚文。

《证俗音》已佚,其方言记载在《北户录》中存留 12 条,如"葵,芦菔,芜菁属,

---

① 朱翠霞:《〈经典释文〉方言词研究》,西南交通大学 2014 年硕士学位论文,第 7-17 页。

紫花大根，俗呼为'雹葵'。""南方谓凝牛、羊、鹿血为𦞃，以蘆蔽之消酒。"

（二）佛经音义

唐代蕴含方言记载的佛经音义有玄应《玄应音义》、窥基《妙法莲华经音义》《妙法莲华经玄赞》、慧苑《新译大方广佛华严经音义》、云公《大般涅盘经音义》、湛然《法华玄义释签》、慧琳《慧琳音义》①、澄观《大方广佛华严经随疏演义钞》等。其中《慧琳音义》①是集大成者，方言记载相当丰富，例如：

⑥卷三十七："祆神：上显坚反。《考声》云：'胡谓神为天。'今关中人谓天神为祆也。"

⑦卷四十九："欧：欲吐也。江南或谓欧喀，喀音客。"

⑧卷六十五："胡荽：今江南谓胡蕿，亦为葫荽，音胡析，同里间音火孤反。"

⑨卷七十："睫：子叶反。山东田里间音子及反。"

⑩卷七十二："眵：今江南呼眵为眵兜也。"

（三）经籍注疏

南北朝隋唐时期蕴含方言记载的经籍注疏主要有孔颖达《五经正义》、颜师古《急就篇注》，以及《史记》三家注和颜师古《汉书注》等。还有刘孝标《世说新语注》、郦道元《水经注》、李善《文选注》和公孙罗《文选音决》等。分别举例如下：

⑪《左传·定公六年》正义曰："上云'舟师，水战'，此言'陵师，陆军'。南人谓陆为陵，此时犹然。"

⑫《急就篇注》："棣，常棣也，其子熟时正赤色，可啖，俗呼为山樱桃，陇西人谓之棣子。"

《急就篇注》有 21 条方言俗语材料，其中有 13 条方言材料，7 个方言词见于前人著作或注疏，体现了颜师古方言俗语研究中吸收前人研究成果和搜采当时方言俗语并重的研究特点。②

⑬《史记·高祖本纪》正义："许北人呼为屩子，吴楚谓之志。志，记也。"

⑭《汉书·灌夫传》注："今吴楚俗犹谓牵引前却为根格。"

---

① 慧琳：《慧琳音义》（东京：日本狮谷白莲社刻本），1737 年。
② 王智群：《〈急就篇〉颜注引方俗语研究》，《长江大学学报（社会科学版）》2008 年第 5 期，第 102-104 页。

⑮《世说新语·言语》："臣犹吴牛，见月而喘。"注："今之水牛，唯生江淮间，故谓之吴牛也。南土多暑，而牛畏热，见月疑是日，所以见月则喘。"

⑯《水经注》卷二十一"汝水"："径贾复城北，复南，击郾所筑也。俗语讹谬，谓之寡妇城，水曰寡妇水。"

⑰《文选·吴都赋》注："吴俗谓好女为娃。"

在日本发现的唐写本《文选集注》保存着公孙罗的《文选音决》佚文，其中含 10 余条珍贵的方言记载，如：

⑱卷六十三《离骚经》："夕揽洲之宿莽。《音决》：'莽，协韵，亡古反，楚俗言也。凡协韵者，以中国为本，旁取四方之俗以韵，故谓之协韵。然于其本俗，则是正音，非协也。'"

⑲卷六十六《招魂》："目极千里兮伤春心。《音决》：'心，素含反。按：方凡、素含皆楚本音，非协韵，类皆效此。而称协者，以他国之言耳。'"

南北朝隋唐时期的史书中也有方言记载，如《北史》《南史》《南齐书》等。

⑳《北史·尔朱荣传》："北人语讹，语尔朱为人主。"

㉑《北史·咸阳王禧传》："冲言：'四方之语，竟知谁是？帝者言之，即为正矣，何必改旧从新。'"

㉒《北史·豆卢革传》："北人谓归义为豆卢。"

㉓《南史·梁始兴王憺传》："人歌曰：'始兴王，人之爹。救人急，如水火，何时复来乳哺我！'荆土方言谓父为爹，故云。"

㉔《南齐书·五行志》："盐官县石蒲有海鱼乘潮来，水退不得去。长三十余丈，黑色无鳞，未死，有声如牛，土人呼为海燕。"

（四）笔记杂纂

南北朝隋唐时期蕴含方言记载的笔记杂纂主要有颜之推《颜氏家训》、段成式《酉阳杂俎》等。如：

《颜氏家训·书证》："今是水悉有之，黄花似莼，江南俗亦呼为猪莼，或呼为荇菜。""江南别有苦菜，叶似酸浆，其花或紫或白，子大如珠，熟时或赤或黑。此菜可以释劳。按：郭璞注《尔雅》，此乃'蘵，黄蒢'也。今河北谓之龙葵。""痎，今北方犹呼痎疟，音皆。""北土通呼物一块，改为一颗，蒜颗是俗间常语耳。""北间风俗，妇呼舅为大人公。""荔，江东颇有此物，人或种于阶庭，但呼为旱蒲，故不识马薤。"《颜氏家训·风操》："《苍颉篇》有倄字，《训诂》云：'痛而呼也，音羽罪反。'今北人痛则呼之。《声类》音于耒反，今南人痛或呼之。""兄弟之子已孤，与他人言，对孤者前，呼为兄子弟子，颇为不忍；北土人多呼为侄。""河北士人，皆呼外祖父母为家公、家母；江南田里间亦言之。以家代外，非吾所识。"

段成式《酉阳杂俎》卷十九："野狐丝，庭有草，蔓生，色白，花微红，大如栗，秦人呼为野狐丝。"《酉阳杂俎·续集》卷九："重台朱槿，似桑，南中呼为桑槿。""紫薇，北人呼为猴郎达树，谓其无皮，猿不能捷也。北地其树绝大，有环数夫臂者。"

李肇《唐国史补》、赵璘《因话录》、封演《封氏闻见记》、李匡乂《资暇集》、刘肃《大唐新语》、苏鹗《苏氏演义》、范摅《云溪友议》、颜师古《大业拾遗记》等亦含有少量方言记载。

（五）地记

南北朝隋唐时期的相关地记有沈怀远《南越志》、杨炫之《洛阳伽蓝记》、辩机（玄奘述）《大唐西域记》、刘恂《岭表录异》、李吉甫《元和郡县志》、段公路《北户录》等。

《南越志》已佚，今人骆伟有《〈南越志〉辑录》[①]，《说郛》卷六十一亦辑《南越志》。《北户录》中引用了一些《南越志》的方言记载，如"古度树，一呼郍子，南人号曰柊（日亚反），不华而实"。"桃枝，南人以为笙。"

其余方言记载如：

㉕《洛阳伽蓝记》卷一："吴人之鬼，住居建康。小作冠帽，短制衣裳。自呼阿侬，语则阿傍。"

㉖《大唐西域记》卷二："详夫天竺之称，异议纠纷，旧云身毒，或曰贤豆，今从正音，宜云印度。"

㉗《岭表录异》卷中："蓹竹笋：其竹枝上刺，南人呼为刺勒。"

㉘《元和郡县志》卷二十五："尚婆水，今名石盘水，水多盘石，因以为名，俗语音讹，故云尚婆。"[②]

㉙《北户录》卷二："蕊，音蕺。《风土记》曰：'蕊，香菜。根似茆根，蜀人所谓菹香。'"

---

① 骆伟：《〈南越志〉辑录》，《广东史志》2000 年第 3 期，第 37-49 页。

② 尚婆水在"凤州两当县"，今甘肃省陇南市两当县。

（六）医药书

方言中同物异名是常见现象，医药书主要牵涉草药在各地的不同名称。南北朝隋唐蕴含方言记载的医药书主要有唐代的苏恭《唐本草》、陈藏器《本草拾遗》、王焘《外台秘要方》、李珣《海药本草》等。《唐本草》和《本草拾遗》原书不存，后世相关著作对其称引较多，方言记载得以保存。

㉚《唐本草》（《本草纲目》卷三十八引）："青齐间人谓蒲荐为蒲席，亦曰蒲篷（音合）；谓薰作者为荐。山南、江左机上织者为席，席下重厚者为荐。"

㉛《唐本草》（《证类本草》卷二十九引）："蕺，关中谓之菹菜。"

㉜《本草拾遗》（《本草纲目》卷二十引）："骨碎补本名猴姜。开元皇帝以其主伤折，补骨碎，故命此名……江西人呼为猢狲姜，象形也。"

㉝《本草拾遗》（《普济方》卷一百二十引）："白狮子，主白虎病，广东人呼为历骨风，置白狮子于病者前自愈，此压伏之义也。"

㉞《外台秘要方》卷五："《备急》：'夫瘴与疟，分作两名，其实一致，或先寒后热，或先热后寒，岭南率称为瘴，江北总号为疟。此由方言不同，非是别有异病。'"

㉟《海药本草》（《本草纲目》卷三十引）："文林郎，南人呼为榅桲是矣。"

（七）诗文

诗文中的方言记载不是"某地某谓之某"之类，而是反映方言类别或方言特点的。南北朝时期这类材料较少，唐代开始增多，宋代就更多了。

反映方言类别的诗文如：韦应物《鼋头山神女歌》："舟客经过奠椒醋，巫女南音激楚歌。"白居易《题周皓大夫新亭子二十二韵》："笛怨音含楚，筝娇语带秦。"杜甫《遣兴五首》："贺公雅吴语，在位常清狂。"刘长卿《初贬南巴至鄱阳，题李嘉佑江亭》："稚子能吴语，新文怨楚辞。"顾况《南归》："乡关殊可望，渐渐入吴音。"孟郊《送李翱习之》："新秋折藕花，应对吴语娇。"白居易《过李生》："何以醒我酒，吴音吟一声。"《宋书·顾琛传》："宋世江东贵达者，会稽孔季恭、季恭子灵符，吴兴丘渊之及琛，吴音不变。"道宣《律相感通传》："不久复有天来云，姓罗氏，是蜀人也，言作蜀音，广说律相。"《世说新语·豪爽》："王大将军年少时，旧有田舍名，语音亦楚。"

反映方言特点的诗文，如李白《示金陵子》："楚歌吴语娇不成，似能未能最有情。"刘长卿《戏赠干越尼子歌》："云房寂寂夜钟后,吴音清切令人听。"
胡曾《戏妻族语不正》："呼十却为石,唤针将作真。忽然云雨至,总道是天因。"
王昌龄《题净眼师房》："朱唇皓齿能诵经,吴音唤字更分明。"柳宗元《袁家
渴记》："楚越之间方言,谓水之反流者为渴,音若衣褐之褐。"《魏书·僭晋
司马睿列传》："中原冠带呼江东之人皆为貉子,若狐貉类云。巴蜀蛮獠,溪俚
楚越,鸟声禽呼,言语不同,猴蛇鱼鳖,嗜欲皆异。"

诗文自注是方言记载的一种独特形式,如:唐顾况《囝》诗:"郎罢别囝,
吾悔生汝。"自注:"囝音蹇,闽俗呼子曰囝,父为郎罢。"

第二节　宋代方言学史料述论

宋代出现的方言专书,除《释常谈》类书籍外,其余均已亡佚。我们只能从
史志杂纂中找到一些著录情况和后世称引情况,其整体面貌已不可考。宋代的方
言学史料主要是方言记载和方言论述,方言记载的情况和南北朝隋唐时期大体一
致,所以,本节主要讨论宋代的方言论述及方言研究概况。

一、宋代方言学史料概览

宋代出现的方言专书有王浩《方言》十四卷、王资深《方言》二十卷、吴良
辅《方言释音》一卷、佚名《北中方言》(卷数不详)等,还有通常被视为方言
专书的《释常谈》三卷、《续释常谈》二十卷和《别释常谈》三卷,民间可能还
印行关于方言的小册子。

约330条方言论述是宋代方言学史料的主体,蕴含于近150部文献中。主
要有孙光宪《北梦琐言》、陶谷《清异录》、丘光庭《兼明书》、彭乘《墨客
挥犀》、宋祁《宋景文公笔记》、江休复《江邻几杂志》、欧阳修《归田录》、
张师正《倦游杂录》、刘攽《贡父诗话》、文莹《湘山野录》、沈括《梦溪笔
谈》、王辟之《渑水燕谈录》、王得臣《麈史》、吴处厚《青箱杂记》、黄朝
英《靖康缃素杂记》、赵令畤《侯鲭录》、张耒《明道杂志》、范正敏《遁斋
闲览》、惠洪《冷斋夜话》、马永卿《懒真子》、叶梦得《岩下放言》《石林
燕语》《避暑录话》、庄绰《鸡肋编》、朱彧《萍洲可谈》、朱弁《曲洧旧闻》、
王观国《学林》、黄彻《䂬溪诗话》、朱翌《猗觉寮杂记》、吴曾《能改斋漫
录》、胡仔《苕溪渔隐丛话》、袁文《瓮牖闲评》、洪迈《容斋随笔》、程大
昌《演繁露》、陆游《老学庵笔记》、范成大《吴船录》、周去非《岭外代答》、
陈傅良《淳熙三山志》、龚明之《中吴纪闻》、费衮《梁溪漫志》、杨简《慈

湖诗传》、赵彦卫《云麓漫抄》、王楙《野客丛书》、孙奕《履斋示儿编》、张淏《云谷杂记》、陈鹄《耆旧续闻》、罗大经《鹤林玉露》、祝穆《方舆胜览》、叶寘《爱日斋丛抄》、黄震《黄氏日抄》、王应麟《困学纪闻》、周密《齐东野语》《癸辛杂识》等。

近870条方言记载散见于150余部文献中。主要有孙光宪《北梦琐言》、陶谷《清异录》、丘光庭《兼明书》、钱易《南部新书》、行均《龙龛手鉴》、陈彭年等《广韵》、彭乘《墨客挥犀》、丁度等《集韵》、宋祁《宋景文公笔记》、司马光等《类篇》、苏颂《本草图经》、刘攽《贡父诗话》、吴处厚《青箱杂记》、沈括《梦溪笔谈》、杨延龄《杨公笔录》、范正敏《遁斋闲览》、赵令畤《侯鲭录》、唐慎微《证类本草》、曾慥《类说》、欧阳忞《舆地广记》、庄绰《鸡肋编》、朱胜非《绀珠集》、袁褧和袁颐《枫窗小牍》、黄彻《䂬溪诗话》、吴棫《韵补》、吴曾《能改斋漫录》、张邦基《墨庄漫录》、姚宽《西溪丛语》、胡仔《苕溪渔隐丛话》、王十朋《东坡诗集注》、陆游《老学庵笔记》、范成大《桂海虞衡志》《吴船录》、黎靖德《朱子语类》、周去非《岭外代答》、王得臣《麈史》、陈傅良《淳熙三山志》、吴仁杰《离骚草木疏》、杨简《慈湖诗传》、郭知达《九家集注杜诗》、龚明之《中吴纪闻》、曾敏行《独醒杂志》、黄希和黄鹤《补注杜诗》、赵彦卫《云麓漫抄》、张世南《游宦纪闻》、魏仲举《五百家注昌黎文集》、韩孝彦《四声篇海》、韩道昭《五音集韵》、罗大经《鹤林玉露》、祝穆《方舆胜览》、周密《齐东野语》、朱辅《溪蛮丛笑》、毛居正《六经正误》《增修互注礼部韵略》等。

二、宋代方言论述的内容

宋代的方言论述包含如下几个方面的内容：

（一）表达对方言的认知

宋人论及方言的诸多方面，其中来源问题谈得最多。他们所揭示的三个方言来源，能解释绝大多数方言。

1. 方言于文献有征

宋人认为，今方言在前代文献中能找到出处。出处既明，方言之意则明。《麈史》卷中："京师谓人神识不颖者呼曰乾，予因询一书生厥义云何，曰：'乾，阳数九，九者，不满足耳。'后予见扬子《方言》称：'齐人谓贼曰虔。'因知乾乃虔。《传》曰：'虔刘我疆鄙。'盖杀贼之义也。然则世俗俚语多有所本，但不能究译耳。"《演繁露》卷十二："俗语以毛为无：《后汉书·冯衍传》说鲍永曰：'更始诸将虏掠，饥者毛食，寒者裸跣。'注：'毛，草也。太子贤按：
《衍传》毛作无。今俗语犹然，或古亦通用乎？''耗矣哀哉！'注：'以耗为毛，
毛，无也。'唐黄翻绰谐语以'赐绯毛鱼袋'，借毛为无，则知闽人之语亦有本。"
又卷十五："林养：《松陵集》陆龟蒙《樵子诗》云：'生自苍崖边，能谙白云
养。'注：'养，去声读，山家谓养柴地为养。'予按刑浙东，民有投牒，言林
养为人所侵者，书养皆作橢，予疑其无所本。今读陆诗，知二浙方言自来矣。"
《齐东野语》卷二十："舟人称谓有据：余生长泽国，每闻舟子呼造帆曰欢，以牵
船之索曰弹子，称使风之帆为去声，意谓吴谚耳。及观唐乐府有诗云：'蒲帆犹
未织，争得一欢成。'而钟会呼捉船索为百丈。赵氏注云：'百丈者，牵船篾，
内地谓之筶。'韩昌黎诗云：'无因帆江水。'而韵书去声内，亦有扶泛切者，
是知方言俗语，皆有所据。"按："争得一欢成"之"欢"指欢子（爱人）[①]，与
造帆无涉；"无因帆江水"之"帆"，去声，指张帆航行。[②]

2. 方言为古语之遗

方言是上古汉语之孑遗。这种"方言存古"的观念，对后人认识和研究方言
具有重要意义。

　　①《避暑录话》卷下："《欧阳文忠记》：'打音本谪耿切，而举
世讹为丁雅切。不知今吴越俚人正以相殴击为谪耿音也。'"

　　②《中吴纪闻》卷四："又吴人言'罢'则以'休'继之，始于吴
王。昔吴王语孙武曰：'将军罢休'，亦吴语也。"

　　③《晦庵集》卷七十一："打字，今浙西呼如谪耿切之声，亦有用
去声处。大抵方言多有自来，亦有暗合古语者。如浙人谓不为弗，又或
转而为否（呼若甫云）；闽人有谓口为苦、走为祖者，皆合古韵。此类
尚多，不能尽举也。"

　　④王伯大《别本韩文考异》卷四："茶与荼今人语不相近，而方云
相近者，莆田语音然也。虽出俚俗，亦由音本相近，故与古暗合耳。今
建人谓口为苦、走为祖亦此类，方言多如此云。"

　　按：茶荼一物，茶是分化字，《说文解字》无；二字古音均为定纽
鱼部。

　　⑤《癸辛杂识·前集》"葖"："今成都面店中呼萝卜为葖子，虽
曰市井语，然亦有谓。按：《尔雅》曰：'葖，芦萉也。'"

---

　　① 邱燮友：《从唐三彩看唐诗世界》，载中国唐代学会编：《唐代研究论集》（第三辑），台北：新文丰出
版公司，1992年，第251页。

　　② 祝鸿熹：《古代汉语词典》（修订本），成都：四川辞书出版社，2005年，第475页。

3. 方言为通语之讹

宋人认为，方言是通语的讹变，由音讹而字讹；而这些讹变的通语，有纠正的必要。李上交《近事会元》卷五"捣蒜"："后唐闵帝初，秦雍间令长设酒食，私丐于部民，俗谓之捣蒜。及清泰初，安重诲为京兆尹，之镇长安，亦为之，秦人曰：'日为捣蒜。'考者详之，盖语讹耳，乃倒算是也。"《朱子语类》卷一百三十八："因说四方声音多讹，曰：'却是广中人说得声音尚好，盖彼中地尚中正。自洛中脊来，只是太边南去，故有些热。若闽、浙则皆边东角矣，闽、浙声音尤不正。'（《扬》）。"《野客丛书》卷二十三"地名语讹"："庆州有乐蟠县，本汉略畔道地，后讹为乐蟠；华州东有潼关，《水经》谓'河水自龙门南流，冲激华山，故名冲关'，后讹为潼关。"按：冲潼古音均为定纽，冲冬韵，潼东韵。《爱日斋丛抄》卷五："扬州天长道中有古冢，土人呼为琉璃王冢。马氏《懒真子录》辨为汉广陵王胥，谥厉，后人误谓刘厉为琉璃尔。长安董仲舒墓，门人至皆下马，谓之下马陵，讹呼为虾蟆陵。"按：下虾古音声韵相同，下上声，虾平声。欧阳修《归田录》卷下、《麈史》卷三等亦有相关论述。

认为方言"语讹"，就有了纠正的想法，魏齐贤、叶棻《五百家播芳大全文粹》卷二十九："非学至扬雄，诸国方言之孰正？"

除以上三点外，宋人尚有下面一些观点：

第一，方言肖其山川。《太平寰宇记》卷一百三十七："（宣汉井场）习性矿硬语，无实词，皆风土之使然。"《岩下放言》卷上："《楚辞》言些，沈存中谓梵语萨嚩诃三合之音，此非是。不知梵语何缘得通荆楚之间。此正方言各系其山川风气所然，安可以义考哉！"

第二，方音演变无例外。《老学庵笔记》卷六："四方之音有讹者，则一韵尽讹。如闽人讹高字，则谓高为歌、谓劳为罗；秦人讹青字，则谓青为萋、谓经为稽；蜀人讹登字，则一韵皆合口；吴人讹鱼字，则一韵皆开口。他仿此。"按：蜀人读开口之"登"为合口，登韵字遂类化为合口。鱼字同理。

第三，方言有轻重。《尔雅注》卷上："毁，火也。方言有轻重，故谓火为毁。郭氏谓毁齐人语。"又："兹、斯、咨、呰、已，此也。咨与兹同，呰、已与此皆音相近，方俗之语有重轻耳。"又："亹亹、蠠没、孟敦、勖钊、茂劭、勴勉也。大雅云：'亹亹文王。'蠠没犹黾勉也。孟即暓也，皆方俗之语有重轻耳。"按：轻重可能涉及声母清浊和韵母等第。

他如"方言形成同物异名"（《尔雅注·序》《学林》卷四）、"方言有音无字"（《须溪集》卷六）等，兹不详述。

（二）论述各地方言

论述各地方言是宋人方言研究的主要方面。有些方言记述，虽只言片语，但反映学者对方言现象的认识和思考，方言研究史不可以其零散而忽之也。

⑥《贡父诗话》："周人语转，亦如关中以中为蒸、虫为尘，丹青之青为蓁也。五方语异，闽以高为歌，荆楚以南为难、荆为斤。昔闽士作《清明象天》，破题云：'天道如何，仰之深高。'会考官同里，遂中选。荆楚士题雪用先字，后曰：'十二峰峦旋旋添。'反读添为天字也。向敏中镇长安，土人不敢卖蒸饼，恐触中字讳也。"

按：南、添是[m]尾，难、天是[n]尾，说明当时荆楚方言[m]尾已混同[n]尾。《梦溪笔谈》卷三："《庄子》云：'程生马'。尝观《文字注》：'秦人谓豹曰程。'予至延州，人至今谓虎豹为程，盖言虫也，方言如此，抑亦旧俗也。"岳柯《桯史》卷二："东坡曰：'四海语音，六皆合口，惟闽音则张口。'"按：六中古读合口。

此类论述亦见《老学庵笔记》等文人笔记。

（三）探寻方言名源

宋人积极探寻方言名源，留给我们许多宝贵材料，其揭示的方言名源主要有两类：

1. 事物特征

事物特征是最常见的方言名源，因为人们总是依据特征给事物命名，宋人意识到了这一点。

《青箱杂记》卷三："岭南谓村市为虚。柳子厚《童区寄传》云：'之虚所卖之。'又诗云：'青箬裹盐归峒客，绿荷包饭趁虚人。'即此也。盖市之所在，有人则满，无人则虚。而岭南村市满时少，虚时多，谓之为虚，不亦宜乎？"按：岭南村市之"虚"（墟），去鱼切，读 qū，与虚实之虚无涉。《梦溪笔谈·补笔谈》卷二："阁者，格板以度膳羞者，正是今之立馈。今吴人谓立馈为厨者，原起于此，以其贮食物也，故谓之厨。"按：贮古音端纽鱼部，厨定纽侯部，端定互为清浊，鱼侯旁转。《能改斋漫录》卷十五："《宋景文公笔记》谓蜀中有莲，大如雀壳，叶舒如钱，干亦有丝，其蕚盛开则向日，朝则指东，亭午则遬南，夕则西指，随日所至，蜀人名曰朝日莲。"[1]《老学庵笔记》卷二："陈亚诗云：'陈亚今年新及第，满城人贺李衙推。'李乃亚之舅，为医者也。今北人谓卜相之士

---

① 今本《宋景文公笔记》无此条。

为巡官。巡官，唐五代郡僚之名，或谓以其巡游卖术，故有此称。然北方人市医皆称衒推，又不知何谓。"《鹤林玉露》卷一："洛阳人谓牡丹为花，成都人谓海棠为花，尊贵之也。亦如称欧阳公、司马公之类，不复指其名字称号。然必其品格超绝，始可当此；不然，则进而'君''公'，退而'尔''汝'者多矣。"

2. 避讳

避讳是我国封建社会特有的文化现象，它在古代方言中也留下了烙印，宋人对此有所揭示。

⑦《渑水燕谈录》卷九："钱镠之据钱塘也，子跛，镠钟爱之。谚谓跛为癜，杭人为讳之，乃称茄为落苏；杨行密之据淮阳，淮人避其名，以蜜为蜂糖。由乎淮浙之音讹也，以癜为茄，以蜜为密，良可笑也。"

按：癜合口，茄开口；蜜四等，密三等。《猗觉寮杂记》卷下："始皇讳政，以正月为正月①；吕后讳雉，以雉为野鸡；杨行密据扬州，州人以蜜为蜂糖；钱元瓘据浙，浙人以一贯为一千；石勒据长安，北人以罗勒为香菜，至今不改。"

⑧《通志》卷七十五："罗勒，俗呼西王母菜，北人呼为兰香，为石勒讳也。"

⑨叶大庆《考古质疑》卷三："开元十二年，张万岁掌国马。注引《唐统纪》云：'万岁三代典群牧，恩信行陇右，故陇右人谓马岁为齿，为张氏讳也。'"

⑩《齐东野语》卷四："钱王镠以石榴为金樱，改刘氏为金氏；杨行密据扬州，州人呼蜜为蜂糖；赵避石勒讳，以罗勒为兰香；高祖父名诚，以武成王为武明王，武成县为武义县；羊祜为荆州，州人呼户曹为辞曹之类，皆避国主、诸侯讳也。"

宋人揭示方言名源的还如：

⑪《梦溪笔谈》卷三："《楚辞·招魂》尾句皆曰些（苏个反）。今夔、峡、湖、湘，及南、北江獠人，凡禁咒句尾皆称些，此乃楚人旧俗，即梵语萨嚩诃也……三字合言之，即些字也。"按：沈说误，《楚辞》时代何来梵语？

---

① "以正月为正月"，前"正"读去声，后"正"读平声。（清）张玉书、陈廷敬主编：《康熙字典》，天津：天津古籍出版社，1995年，第404页。《辰集下·止部》："正月，《杜预·左传·昭十七年注》谓建巳正阳之月也。正音政。"

⑫《离骚草木疏》卷一："邢昺云：'今江东人呼荷华为芙蓉，北方人便以藕为荷，亦以莲为藕。或用其母为华名，或用根子为母叶号，此皆名相错，习俗传误也。'"

（四）考辨方言本字

考辨方言本字是宋代方言研究走向深入的表现。宋人认为方言是通语讹变而来，遂以读音为线索，考求方言本字，这种因声求字的思路难能可贵。

⑬《梦溪笔谈·补笔谈》卷一："梓榆，南人谓之朴，齐鲁间人谓之驳马，驳马即梓榆也。南人谓之朴，朴亦言驳也，但声之讹耳，《诗》'隰有六驳'是也。陆玑《毛诗疏》：'檀木皮似系迷，又似驳马。'又云：'斫檀不谛得系迷，系迷尚可得驳马。'盖三木相似也。今梓榆皮甚似檀，以其班驳似马之驳者。"

⑭《爱日斋丛抄》卷五："林谦之诗：'惊起何波理残梦。'自注：'述梦中所见何使君，蜀人以波呼之，犹丈人也。'范氏《吴船录》记嘉州王波渡云：'蜀中称尊老者为波，祖及外祖皆曰波，又所谓天波、日波、月波者，皆尊之之称。此王波盖王老或王翁也。宋景文尝辨之，谓当作皤字。鲁直贬涪州别驾，自号涪皤，或从其俗云。'按景文所记云：'蜀人谓老为皤（音波），取皤皤黄发义。'"

⑮《云麓漫钞》卷二："军额有'御龙骨朵子直'。《宋景文公笔记》云：'关中谓大腹为孤都，语讹为骨朵。'非也。盖檛字古作菜，常饰以骨，故曰骨菜，后世史文略去草而只书朵。又菜、朵音相近，讹而不返，今人尚有檛剑之称，从可知矣。"

⑯《鹤林玉露》卷九："今江湖间俗语谓钱之薄恶者曰悭钱。按贾谊疏云：'今法钱不立，农民释其耒耜，冶镕炊炭，奸钱日多。'俗音讹以奸为悭尔。"

他如，楼钥《攻媿集》卷七十二考辨《上梁文》"儿郎伟"之"伟"实为"㦛"等[1]。

（五）揭示诗文中的方言

这是宋人方言研究的独特之处。宋代以前，很少有人揭示诗文中的方言；宋代以后也极少，即以明代而言，几无此类材料[2]。宋人揭示诗歌中方

---

[1] 据原文，宋代关中方言读"㦛"如"伟"。

[2] 汪大明：《论明代的方言研究》，北京语言大学2013年博士学位论文，第8页。

言的如：

⑰《慈湖诗传》卷十九："燕群臣有乐，故'鼓咽咽'，鼓音也。本'渊渊'，方音讹而为'咽'，随方音。"

⑱《侯鲭录》卷八："金陵人谓中酒曰酒恶，则知李后主诗云'酒恶时拈花蕊嗅'，用乡人语也。"

⑲《宋景文公笔记》卷上："蜀人见物惊异，辄曰噫吁嚱，李白作《蜀道难》因用之。汾晋之间尊者呼左右曰呭，左右必曰喏，而司空图作《休休亭记》又用之。"

⑳《履斋示儿编》卷十"用方言"："子美善以方言里谚点化入诗句中，词人墨客口不绝谈，其曰：'吾家老孙子，质朴古人风。'（《吾宗》）。"

㉑《梁溪漫志》卷七："方言可以入诗：吴中以八月露下而雨，谓之淋露；九月霜降而云，谓之护霜。竹坡周少隐有句云：'雨细方淋露，云疏欲护霜。'方言又有勃姑、鹈鴂、槐花黄、举子忙，促织鸣、懒妇惊之类。诗人皆用之，大抵多吴语也。"

此类材料另见《碧溪诗话》卷十、王阮《义丰集》、辅广《诗童子问》卷三、赵与虤《娱书堂诗话》等。揭示文章中方言的如：

㉒《黄氏日抄》卷九十三："大廷之陈谟，佶屈聱牙，特顺方言而作诰。"

㉓林希逸《考工记解》卷上："'大圭长三尺，杼上终葵首，天子服之。'疏曰：'椎头也，齐人谓椎为终葵。'此记必齐人为之。"

㉔林希逸《竹溪鬳斋十一稿续集》卷二十八："《公羊》解《郑伯克段于鄢》曰：'母欲立之，己杀之，如勿与而已矣。'注曰：'如即不如，齐人语也。'《诗》曰：'有周不显'，即显也。以如为不如，不显为显，皆古方言如此。"

此类材料亦见郭忠恕《佩觿》卷上、金履祥《孟子集注考证》卷七等。《鹤山集》还指出科举文章用方言的现象。

㉕《鹤山集》卷六十四："吾儒之书，自诸老先生语录外，未有方言俚字为文者。盖弟子之于师，唯恐稍失其指，故聪听之，谨书之，莫之敢易也。近世乃剿入科举之文，以惑凡近，以欺庸有司。"卷七十六："仲甫尝抵余书，论今士习之敝，不本之履践，不求之经史，徒剿取伊洛间方言，以用之科举之文。"卷八十八："士之涉猎浅浮者，

摭拾关洛方言，窜入举文，以阿时好，最后学膏肓之疾，宜痛除以救文弊。"

揭示诗文中的方言，表明宋人研究文献语言出现新视角；而认可方言创作，则体现了他们的创新意识和开放的学术心态。

三、宋代方言论述反映的方言观

宋代勃兴的说唱伎艺离不开方言①，而科举考试则要求文人留心和回避方言，因此，较之南北朝隋唐，宋代关注方言的学者明显增多，也取得了一定的研究成果。宋代的方言观包括宋人对方言的态度和对方言的认知。

（一）宋人对方言的态度

我国古代以雅言为贵，方言俚语受鄙视，宋人著作亦反映这种状况。《道山清话》："王沂公每见子侄语话学人乡音，及效人举止，必痛抑之，且曰：'不成登对。'后亦如此。"阮阅《诗话总龟》卷十七："有太常博士杨献民，河东人，时鄜州修城，差望青砍木，作诗寄僚友曰：'县官伐木入烟萝，匠石须材尽日磨。'盖以乡音呼忙为磨也。士人而狥俗不典，可笑。"

但与以前相比，宋代重视方言者明显增多。沈括《长兴集》卷四："稽经于四库之广藏，抵隙于九土之方言。"李弥逊《筠溪集》卷十九："老子痴顽甘避俗，欲从社叟学方言。"曾丰《缘都集》卷五《静听》诗："阿谁能细译，收拾入方言。"袁燮《絜斋集》卷十六："（先兄）于方言声韵字书之学尤精。取古三百五篇，参之方言，概以韵语，往往多合。"赵蕃《淳熙稿》卷十三、陈起《江湖后集》卷二十二等亦谈及方言的重要性。

因重视方言，宋人著文屡屡称引扬雄《方言》。晁说之《景迂生集》卷十三："扬子云作《方言》，其辨已悉，犹有通训，何不览诸？"周必大《文忠集》卷五十四："若杷之属，扬雄《方言》往往三名，耒阳既书之矣。"《东坡志林》卷一、《山谷外集》卷四、《容斋三笔》卷十五、《野客丛书》卷二十一等亦提及《方言》。

其时，中原语言被视为通语，并受到南方人的模仿。《老学庵笔记》卷六："中原惟洛阳得天地之中，语音最正。"《耆旧续闻》卷七："乡音是处不同，惟京师天朝得其正。"《老学庵笔记》卷十："俗谓南人入京师，效北语，过相蓝，辄读其榜曰'大厮国寺'，传以为笑。"按：相蓝是大相国寺之别称，相读如厮是当时方言。

---

① 于天池、李书：《宋金说唱伎艺》，西安：陕西人民教育出版社，2009 年，第 46 页。

（二）宋人对方言的认知

宋人对方言的观点主要有：方言由来已久，各地方言不同，方言为标准语之讹（转），方言皆有所本（多为古语之遗），南北方言互动和方言形成自有原因等，详细情况已如前述。

四、宋代方言研究的主要特点

除揭示诗文中的方言外，宋代方言研究还有如下特点：

（一）方言论述大量出现

宋代以前的方言研究以记载为主，如《尔雅》、扬雄《方言》及郭注、许慎《说文解字》、郑玄经注、刘熙《释名》、顾野王《重修玉篇》、陆德明《经典释文》、慧琳《慧琳音义》、李吉甫《元和郡县志》、段成式《酉阳杂俎》、李匡乂《资暇集》、段公路《北户录》、刘恂《岭表录异》等。南北朝隋唐时期的方言论述散见于颜之推《颜氏家训·音辞》、陆法言《切韵·序》、颜师古《匡谬正俗》、刘知己《史通》、李涪《刊误》等文献，不过数十条。到了宋代，方言论述大量出现，规模远超前代，且论及方言的诸多方面。

方言论述既是方言研究史料，亦是珍贵的方言史料，它可反映整类方言现象，如《老学庵笔记》卷六"闽人讹高字，则谓高为歌、谓劳为罗"等。

（二）方言词汇和方音并重

扬雄和郭璞时代注重方言词汇研究，南北朝出现了一批方言韵书，研究重点转向方音，这种状况一直持续到唐代。[①]

宋代的方言研究则以词汇和方音并重，方言专书和方言记载主要涉及词汇，方言论述则主要讨论语音。在近1500条宋代方言材料中，方音材料约700条，与词汇材料大体相当。有些词汇问题同时也是语音问题，如《苕溪渔隐丛话·前集》卷十："'花妥莺梢蝶，溪喧獭趁鱼。'西北方言以堕为妥，花妥即花堕也。"钱大昕"古今方音说"："（北人）他有驼音，堕有妥音，非透定之合乎？"[②]

注重方言词汇研究是扬雄以来的古典传统，而宋代的科举考试和讲唱文学却使学者措意于方音，所以出现方言词汇研究和方音研究并重的局面。此后的方言研究，继承了这一特点。

---

① 储泰松：《唐代的方言研究及其方言观念》，《语言科学》2011年第2期，第113-123页。
② 钱大昕：《潜研堂文集》，南京：江苏古籍出版社，1997年，第45页。

（三）南北方言被普遍关注

宋代有许多学者论及南北方言的各个方面，诸如其差异及优劣等[①]，如《容斋随笔·四笔》卷九"南北语音不同"："南北语音之异，至于不能相通，故器物花木之属，虽人所常用，固有不识者。如毛、郑释《诗》，以梅为楠，竹为王刍，葽为翘翘之草是矣。"孙觌《鸿庆居士集》卷三十："梵学兴而有华竺之殊，吴音用而有南北之辨。"《西溪丛语》卷上："今人不善乘船，谓之苦船；北人谓之苦车。苦音库。"《云麓漫抄》卷十四："且四方之音不同，国、墨、北、惑字，北人呼作谷、木、卜、斛，南人则小转为唇音。北人近于俗，南人近于雅。"按：《广韵》国、墨、北、惑为德韵，谷、木、卜斛、为屋韵；"南方则小转为唇音"所指尚难确定；北音与《广韵》异者多，显得"俗"，南音与《广韵》合者多，显得"雅"。宋代学者普遍关注南北方言，传递了这样的信息：该时期汉语语音经历了较大变化，导致南北方言差距扩大，对立格局基本形成。

五、从方言学史料看宋代方言研究的历史地位

南北朝以前的方言研究，华学诚《周秦汉晋方言研究史》已论之甚详。南北朝隋唐时期的主要成果有北魏刘昞《方言》（三卷）、北魏王长孙《河洛语音》（一卷）、隋释智骞《方言注》和《楚辞音》（一卷）、唐李商隐《蜀尔雅》（三卷）等五部方言专书（均亡佚），以及顾野王、颜之推、陆德明、陆法言、颜师古、刘知几、慧琳、段成式、李匡乂、段公路、李涪、刘恂等学者的方言记述。

元代出现了反映北方方言的名著《中原音韵》。明代的方言专书有李实《蜀语》（一卷），孙楼著、陆镒补遗《吴音奇字》（一卷）以及魏濬《方言据》（二卷）等3部，含有方言材料的方志有正德《姑苏志》、嘉靖《太仓州志》、万历《扬州府志》等25种，记载方言的笔记杂著有李诩《戒庵老人漫笔》、徐昌祚《燕山丛录》、顾起元《客座赘语》等36种。[②]至清代，方言研究达到全盛，各类成果大量出现。

游汝杰把隋唐宋元视为古代方言研究的衰微期，把明代视为振兴期[③]。但明代没有出现标志性成果，更没有突破性理论建树。纵观我国古代方言研究史，排除文献散佚和今人搜罗不全等因素，宋代的方言研究成果明显多于南北朝隋唐，且不少于明代。笔者认为，宋代当处于古代方言研究开始回升的时期。

---

① 王耀东：《唐宋学者对南北方言的论述》，《宁夏大学学报（人文社会科学版）》2013年第4期，第25-28页。

② 汪大明：《论明代的方言研究》，北京语言大学2013年博士学位论文，第12页。

③ 游汝杰：《汉语方言学的传统、现代化和发展趋势》，《中文自学指导》2007年第1期，第33-38页。

第三节　南北朝隋唐宋时期关于南北方言的记述

周祖谟认为："在唐代中叶以后，接近口语的作品增多，演唱佛经故事的变文代表了当时北方方言的面貌，佛教宗派的禅师语录代表了南方某些方言的面貌。"①周先生此说属宏观论述，若要了解当时南北方言的详情，尚需寻觅南北朝隋唐宋文献中的相关记述。这些记述既能帮助我们了解当时的南北方言，又有助于深入研究现代南北方言的历史和现状。

先秦文献和扬雄《方言》述及方言地域时，未将南北方言对举，也未将北方方言作为一个整体看待，而是分成若干块。据此笔者推测，西汉以前汉语的南北对立尚未形成。汉末丧乱、三国纷争和五胡十六国混战使人口大规模流动，这种历史背景促使北方方言混化。大约东晋时期，南迁的士大夫感觉到了汉语南北之异，"北方"才作为独立的方言地理单位出现于文人笔下。《方言》卷二："茫、矜、奄，遽也。吴扬曰茫。"郭璞注："今北方通然也，莫光反。"《方言》卷十："譠、极，吃也，楚语也。"郭璞注："亦北方通语也。"《方言》卷十："晞、晒，干物也。扬楚通语也。"郭璞注："晞音费，亦皆北方常语耳，或云暵。"经过南北朝隋唐的长期发展，北方汉语进一步融合，北方话作为大方言区在宋代最终形成。同时，以吴音为代表的南方话也逐渐形成。宋代孙觌《鸿庆居士集》卷三十《切韵类例·序》："梵学兴而有华竺之殊，吴音用而有南北之辨。"赵振铎认为："汉语方言很早以来就分南北两大系。"②此说稍嫌笼统。

从现有文献看，学者关注汉语南北差异大概始于东晋时期。葛洪《抱朴子·讥惑》嘲笑吴人："况于乃有转易其声音以效北语，既不能便，良似可耻可笑。"南北朝隋唐宋时期，此类论述更多，主要涉及以下三个方面：

一、南北方言的地位及优劣

东晋时，人们鄙视吴语，尊崇北方话，上述《抱朴子·讥惑》即是明证。南北朝政治分裂，没有统一的语音规范，南北士大夫都以自我为中心，向对方的语音投以轻蔑的目光。《宋书·宗室传》讥笑长沙景王刘道怜"素无才能，言音甚楚"。《梁书·卢广传》："时北来人儒学者有崔灵恩、孙详、蒋显，并聚徒讲

---

① 周祖谟：《汉语发展的历史》，载《周祖谟学术论著自选集》，北京：北京师范学院出版社，1993 年，第 15 页。

② 赵振铎：《唐人笔记里面的方俗读音（一）》，载四川大学汉语史研究所编：《汉语史研究集刊》第二辑，成都：巴蜀书社，2000 年，第 346 页。

说，而音辞鄙拙。"《世说新语·轻诋》："支道林入东，见王子猷兄弟。还，人问：'见诸王何如？'答曰：'见一群白颈乌，但闻唤哑哑声。'"《颜氏家训·音辞》："然冠冕君子，南方为优；闾里小人，北方为愈。易服而与之谈，南方士庶，数言可辩；隔垣而听其语，北方朝野，终日难分。而南染吴、越，北杂夷虏，皆有深弊，不可具论。"《颜氏家训·音辞》："吾家儿女，虽在孩稚，便渐督正之；一言讹替，以为己罪矣。"

唐宋时期，北音（以洛阳音为标准）被视为正音，吴音仍受到北方文人的轻视。《刊误》卷下："夫吴民之言如病瘤风而噤，每启其口，则语庆呐呐，随声下笔，竟不自悟。凡中华音切，莫过东都，盖居天地之中，禀气特正。"《老学庵笔记》卷六："中原惟洛阳得天地之中，语音最正。"《匡谬正俗》卷五："又堤防之堤字，并音丁奚反，江南末俗往往读为大奚反，以为风流，耻作低音，不知何所凭据。转相放习，此弊渐行于关中。其提封本取提挈之义，例作低音，而呼堤防之字即为蹄音，两失其义，良可叹息。"

宋代有人以《广韵》为标准，对南北方言进行描述和评论。《云麓漫抄》卷十四："且四方之音不同，国、墨、北、惑字，北人呼作谷、木、卜、斛，南人则小转为唇音。北人近于俗，南人近于雅。若以四声切之，则北人之字可切，而南人于四声中，俱无是字矣。"按：国、墨、北、惑为德韵，谷、木、斛为屋韵，卜为德韵。

周祖谟说："罗常培先生《唐五代西北方音》所录四种藏汉对音材料中国惑默北等字与屋韵字韵母相同，与赵彦卫所言宋代北音情况相似。今山西晋城太原等地国与谷音亦相同。"[①]"南方则小转为唇音"可这样理解：唇音开口的墨[mək]、北[pək]变作合口，增加了韵头[u]，故云"小转"，若是喉牙音声母变作唇音，就该是"大转"了。北宋以后，受少数民族语影响，北音变化很大，与读书音《广韵》差距拉大，显得俗气；南音则与《广韵》的差距较小，显得古雅，故云"北人近于俗，南人近于雅。""若以四声切之，则北人之字可切，而南人于四声中，俱无是字矣"可这样理解：北音与读书音的实际调值（古人无调值一说）相合者较多，而南音与读书音调值的高低升降有出入。

二、南北方言的差异及其成因

（一）南北方言的差异

南北朝隋唐宋时期，人们感到南北方言有很大差异。《论语集解义疏·序》：

---

① 周祖谟：《宋代方音》，载《周祖谟学术论著自选集》，北京：北京师范学院出版社，1993年，第379页。

"盖是楚夏音殊、南北语异耳。南人呼伦事为论事，北士呼论事为伦事，音字虽不同，而义趣犹一也。"《颜氏家训·音辞》："南方水土和柔，其音清举而切诣，失在浮浅，其辞多鄙俗；北方山川深厚，其音沉浊而钘钝，得其质直，其辞多古语。"《经典释文·序录·序》："汉魏迄今，遗文可见，或专出己意，或祖述旧音，各师成心，制作如面，加以楚夏声异，南北语殊。"《切韵·序》："江东取韵与河北复殊。因论南北是非，古今通塞。"北宋《崇文总目》卷二："（《经典释文》）唐陆德明撰。德明为国子博士，以先儒作经典音训，不列注传，全录文，颇乖详略。又南北异区，音读罕同。乃集诸家之读九经、《论语》《老》《庄》《尔雅》者，皆著其翻语以增损之。"《独醒杂志》卷一："蔡元长尝论荐毛友龙，召对，上问曰：'龙者，君之象，卿何得而友之？'友龙不能对，遂不称旨。退，语元长，元长曰：'是不难对，何不曰尧舜在上，臣愿与夔龙为友。'他日再荐之，复召对，上问大晟乐。友龙曰：'讹。'上不谕其何谓也。已而元长入见，上以问答语之，对曰：'江南人唤和为讹，友龙谓大晟乐主和尔。'上颔之，友龙乃得美除。"北宋皇帝听不懂南方人毛友龙的话，经蔡元长（蔡京）解释才明白了。讹，疑母戈韵平声；和，匣母戈韵平声。读和为讹是南人匣疑相混。

　　①《容斋随笔·四笔》卷九"南北语音不同"："南北语音之异，至于不能相通，故器物花木之属，虽人所常用，固有不识者。如毛、郑释《诗》，以梅为楠，竹为王刍，葽为翘翘之草是矣。颜师古注《汉书》亦然。淮南王安《谏武帝伐越书》曰：'舆轿而隃领。'服虔曰：'轿音桥，谓隘道舆车也。'臣瓒曰：'今竹舆车也，江表作竹舆以行。'项昭曰：'陵绝水曰轿，音旗庙反。'师古曰：'服音、瓒说是也，项氏谬矣。此直言以轿过领耳，何云陵绝水乎？旗庙之音，无所依据。'又《武帝纪》：'戈船将军。'张晏曰：'越人于水中负人船，又有蛟龙之害，故置戈于船下，因以为名。'瓒曰：'《伍子胥书》有戈船，以载干戈，因谓之戈船也。'师古曰：'以楼船之例言之，则非为载干戈也。此盖船下安戈戟以御蛟鼍水虫之害。张说近之。'二说皆为三刘所破，云：'今南方竹舆，正作旗庙音，项亦未为全非。颜乃西北人，随其方言，遂音桥。'又云：'船下安戈戟，既难屧置，又不可以行。且今造身船甚多，未尝有置戈者，颜北人，不知行船。瓒说是也。'予为项音轿字是也，而云'陵绝水'则谬，故刘公以为未可全非。张晏云'越人于水中负船，'尤可笑。"

　　按："轿"南方读去声，"戈船"南方指运载干戈的船。颜师古是北方人，不了解南方方言，所以误断前人之说。

下面是南北朝隋唐宋时期其他关于南北方言差异的记述。

1. 语音方面

②顾齐之《慧琳音义·序》："又音虽南北，义无差别。秦人去声似上，吴人上声似去。其间失于轻剽，伤于重浊。罕分鱼鲁之谬，多传豕亥之误。"

按：《梦溪笔谈·补笔谈》卷一："'金作赎刑'，赎音树者，亦北人音也。"赎，禅母虞韵去声；树，禅母虞韵上声。"赎音树者"是去声读为上声，与"秦人去声似上"一致。现代吴语仍有"上声似去"现象，如读"晓"似"笑"。

③《席上腐谈》卷上："张衡《四愁诗》云：'美人赠我金错刀。'古之错，即今之磋也。磋（千个反）。北人读错作去声，南人读错作入声，其实一也。"

按：错，古音铎部入声，中古模韵去声。"南音读错作入声"属存古现象。除了部分古入声字中古变为去声外，宋代还有中古入声变去声的现象，《书斋夜话》卷一"大抵北音入声皆作去声"。颜师古曾揭示过北音入声变去声的过渡状态，《匡谬正俗》卷八："毙者，仆也。音与弊同。辬狋者，屈伸欲死之貌，音觱锡。字义既别，音亦不同。今关中俗呼毙皆作觱音，遂无为毙读者，相与不悟。"毙，并母祭韵去声；觱，并母锡韵入声。按王力古入声分长短的说法，祭韵古属长入，其韵尾在唐代关中方言中没有完全消失，听来像入声，这种情况主要出现在祭泰央废等几个独立去声韵。

④《老学庵笔记》卷六："四方之音有讹者，则一韵尽讹。如闽人讹高字，则谓高为歌、谓劳为罗；秦人讹青字，则谓青为萋、谓经为稽；蜀人讹登字，则一韵皆合口；吴人讹鱼字，则一韵皆开口，他仿此。"

按：闽人"谓高为歌、谓劳为罗"是豪韵读如歌韵，鲁国尧曾利用宋代福建籍文人的词作押韵进行过考证。[1]刘晓南认为："宋代歌豪通押的分布区域是福州、兴化、泉州、漳州和南剑州，跟现代闽方言分布区域吻合，呈现古今一脉相承态势。"[2]现代闽语仍保留"谓高为歌"的现

---

① 鲁国尧：《宋代福建词人用韵考》，载《语言学文集：考证、义理、辞章》，上海：上海人民出版社，2008年，第117-153页。

② 刘晓南：《从历史文献的记述看早期闽语》，《语言研究》2003年第1期，第61-69页。

象：高，厦门读[ko]，福州读[kɔ]，潮州白读[ko][①]；歌，厦门、潮州文读[ko]，福州、建瓯读[kɔ][②]。

"秦人讹青字，则谓青为婆、谓经为稽"是唐宋西北方音梗摄字脱落后鼻韵尾现象。其他文献也记载类似的方音现象。《耆旧续闻》卷七："关中人言清浊之清，不改清字；丹青之青，则为婆音。"《开蒙要训》（《敦煌掇琐》本）是小学识字课本，用汉字注音，先列被注字，次列音注。如，梯，听；荠，精；鼎，帝；犁，令；髻，敬；憩，庆；提，亭；鉎，兵；胜，病；嚏，听；翳，暎等[③]。类似的鼻韵尾脱落的现象当时还有，《倦游杂录》"语讹"："关右人或有作京师语者，俗谓之獠语，虽士大夫亦然。有太常博士杨献民，河东人。是时鄜州修城，差望青斫木，作诗寄郡中寮友，破题曰：'县官伐木入烟萝，匠石须材尽日磨。'盖以乡音呼忙为磨，方能叶韵。士人而徇俗不典，亦可笑也。"

登韵为开口，因有少量读合口，蜀语中全部类化为合口，故"蜀人讹登字，则一韵皆合口"。鱼韵为合口，吴语中读开口，故"吴人讹鱼字，则一韵皆开口"。《书斋夜话》卷一："吴音余为奚、徐为齐。"据今人研究："今温州话鱼韵见系文读合口呼同虞[y]，白读开口呼读[ei]，齿音则只读开口呼。如：'许（那）hei'、'去 kei'、'渠 gei'、'猪 zei'、'苎 zzei'、'箸 zzei'、'蛆 cei（虫）'、'徐 ssei（姓）'、'絮 sei（天罗瓜絮）'、'鼠 cei'等。"[④]

2. 词汇方面

⑤《离骚草木疏》卷一："邢昺云：'今江东人呼荷华为芙蓉，北方人便以藕为荷，亦以莲为藕。或用其母为华名，或用根子为母叶号，此皆名相错，习俗传误也。'"

⑥《匡谬正俗》卷六："恫：今太原俗呼痛而呻吟谓之通唤何？答曰：《尔雅》云：'恫，痛也。'郭景纯音呻恫音通。亦音恫，字或作恫。《周书》云：'恫瘝乃身。'并是其义。今痛而呻者，江南俗谓之呻唤，关中俗谓之呻恫，音同，鄙俗言失。恫者，呻声之急耳。太原俗谓恫唤云通，此亦以痛而呻吟，其义一也。郭景纯既有呻恫之音，盖旧语耳。"

① 北京大学中国语言文学系语言学教研室：《汉语方音字汇》（第二版），北京：文字改革出版社，1989年，第187页。

② 北京大学中国语言文学系语言学教研室：《汉语方音字汇》（第二版），北京：文字改革出版社，1989年，第22页。

③ 刘复辑：《敦煌掇琐》（《敦煌丛刊初集》本，十五），台北：新文丰出版公司，1985年，第329-334页。

④ 沈克成、沈迦：《温州话1·温州话文化研究》，宁波：宁波出版社，2004年，第4页。

按：太原方言中的"通唤"之通，实为恫字，是《尔雅》古词；江南之"呻唤"一词晚出，经考察，大致出现于南北朝时期。

⑦《云麓漫抄》卷三："绍兴末，宿直中官以小竹编联，笼以衣，画风云鹭丝作枕屏，一时无名，号曰画丝。好事者大其制，施于酒席以障风，野次便于围坐，人竞为之，或以名不雅，易曰挂罳。又云：'出于房中，目日话私，言遮蔽可以话私事。'乾道间，使者尝求其故，则不然矣。且以言为话，南人之方言，非北人语也。"

按："言"当"谈论"讲先秦就有，如《商君书·更法》："拘礼之人不足与言事。"《淮南子·齐俗训》："故不通于物者，难与言化。""话"当"谈论"讲大约出现于唐代，如孟浩然《过故人庄》："开轩面场圃，把酒话桑麻。"表示"谈论"义，"言"是旧词，"话"是新词，北人用旧词，南人用新词。《匡谬正俗》卷六"恫"字条中，北方词语"通唤"是旧词，南方词语"呻唤"是新词。汪维辉《六世纪汉语词汇的南北差异》指出："（六世纪时）北方用旧词，南方用新词。"①难道唐宋时期南北方言用词和六世纪时的情形相似，抑或是一种偶合？容他日详加探析。

（二）南北方言差异的成因

当时学者对这一问题探讨不多。

⑧《兼明书》卷五："今人呼菘为蔓菁，云北地生者为蔓菁，江南生者为菘，其大同而小异耳，《食疗本草》所论亦然。明曰：'此盖习俗之非也。余少时亦谓菘为蔓菁，常见医方用蔓菁子为辟谷药，又用为涂头油，又用之消毒肿。每讶菘子有此诸功，殊不知其所谓。近读《齐民要术》，乃知蔓菁是萝菔苗，平生之疑，涣然水释，即医方所用蔓菁子皆萝菔子也。汉桓帝时年饥，劝人种蔓菁以充饥。诸葛亮征汉，令军人种萝菔。则萝菔、蔓菁为一物，无所疑也。然则北人呼菘为蔓菁，与南人不同者，亦有由也。盖鼎峙之世，文轨不同。魏武之父讳嵩，故北人呼蔓菁，而江南不为之讳也。亦由吴主之女名二十，而江南人呼二十为念，而北人不为之避也。由此言之，蔓菁本为萝菔苗亦已明矣。'或曰：'根苗一物，何名之异乎？'答曰：'按地骨苗名枸杞，芎穷苗名蘼芜，藕苗名莲荷，亦其类也。斯例实繁，不可胜纪，何独蔓菁萝菔不可异名乎？'

---

① 汪维辉：《六世纪汉语词汇的南北差异——以〈齐民要术〉与〈周氏冥通记〉为例》，《中国语文》2007年第 2 期，第 175-184 页。

又曰：'今北人呼为蔓菁者，其形状与江南菘菜不同，何也？'答曰：'凡药草、果实、蔬菜，踰境则形状小异，而况江南北地乎？'"

　　按：丘光庭指出避讳是造成南北方言词有别的一个原因，而此原因只存在于我国封建社会中，容易被研究者所忽略。

三、南北方言的互动

南北朝隋唐宋时期，北方话对南方话影响较大。《魏书·咸阳王禧传》："高祖曰：'自上古以来及诸经籍，焉有不先正名而得行礼乎？今欲断北语，一从正音。'"《世说新语·雅量》："桓公伏甲设馔，广延朝士，因此欲诛谢安、王坦之……王之恐状，转见于色；谢之宽容，愈表于貌。望阶趋席，方作洛生咏，讽'浩浩洪流'。桓惮其旷远，乃趣解兵。"①《南齐书·张融传》："广越嶂峤，獠贼执融，将杀食之。融神色不动，方作洛生咏，贼异之而不害也。"《老学庵笔记》卷十："俗谓南人入京师，效北语，过相蓝，辄读其榜曰'大厮国寺'，传以为笑。"周祖谟说："唐人诗中相有厮音，而字仍作相者，宋人词曲，则有径写为厮者。如欧阳修《渔家傲》：'莲子与人长厮类，无好意，年年苦在中心里'，厮类即相类也。又同调：'天与多情丝一把，谁厮惹，千条万缕萦心下'，厮惹即相惹也。由此可知厮当为仄声……谓相为厮，或不限于北方，欧阳永叔乃庐陵人（今江西吉安），则大江以南亦有言厮者。"②

同时，南方话也影响北方话。《匡谬正俗》卷八："愈，胜也，故病差者言愈。《诗》云：'政事愈蹙。'《楚辞》云：'不侵兮愈疏。'此愈并言渐就耳，文史用之者，皆取此意，与病愈义同。而江南近俗，读愈皆变为踰，关内学者，递相放习，亦为难解。"《资暇集》卷下："篊籧篨，因江东呼为筁，今京洛皆呼为竹筁。"这种情况的出现有其根源。西晋以后，江南经济发达，文风盛而文人多。《史通·言语》："然自咸洛不守，龟鼎南迁，江左为礼乐之乡，金陵实图书之府。"郑文宝《江表志》卷二："玄宗尝谓曰：'自古及今，江北文人不及江南才子多。'"江南文人保留古语和正音，他们多处于社会上层，容易对北方话产生影响。

刘晓南认为："此可推知区分南北，当是中古时代汉语演变的一大特色，是汉语史上的一件大事。也就是说，当时汉语南北地域的差异，已足够引起学人注意。"③张玉来认为魏晋至唐宋产生了"比较方言学"④。笔者同意两位先生之说，

---

① 这个时期南方人学习北方话而形成的一种特殊方言"洛生咏"。
② 周祖谟：《宋代方音》，载《周祖谟学术论著自选集》，北京：北京师范学院出版社，1993年，第378-379页。
③ 刘晓南：《中古以来的南北方言试说》，《湖南师范大学社会科学学报》2003年第4期，第109-115页。
④ 张玉来：《方言音韵学研究小史》，《山东师大学报（社会科学版）》1993年第1期，第97-100页。

但仍要稍作补苴。唐代以前区分南北方言的记载，目前见到的不多，根据鲁国尧的观点，有些还是针对南北通语的。①因此，学者普遍关注南北方言当从唐代开始，因为唐代的北方语音已与《切韵》很不相同了。②北宋以后，北方语音变化更大。胡以鲁《国语学草创·论方言及方音》："五代至宋，北患愈烈，中原旧地，化为兵马之场。文弱旧民族抵抗力薄，然其不平愤激之情可知也。悲凉慷慨，发之于音。促音消而余韵长，唇内鼻音弛而为喉内。颚音清音之[k]，为近于后舌端之[ch]，寖变且为近于喉音清音之[hs]，颚音之浊音[g]及重浊音[ng]，贬而为[w]。凡此皆从来所无之音变也。"③周祖谟说："北宋一百六十多年当中，北方语音变动最大。如浊声母变为清声母，浊音上声字读为去声。韵部减少，入声-k, -t 韵尾趋向于失落，或变为喉部闭塞音[ʔ]。"④而此时的南方话却很保守，南北方言差别进一步拉大，至南宋形成了完全对立的格局，现代南北方言的主要特征也于此时形成。

第四节　南北朝隋唐宋方言学史料的汉语史价值

南北朝隋唐宋方言学史料主要是方言论述和方言记载。本书以唐宋时期的这两类材料为例，从音韵（方音）研究、训诂（词汇）研究、语法研究三个方面阐述南北朝隋唐宋方言学史料的汉语史价值。

一、音韵（方音）研究

20 世纪 60 年代，周祖谟指出："宋人笔记中有论及当时四方语音者，惜皆零散不备，而所指方域亦不甚明确，但是可略知当时方音与今日方言之异同……考音论史者不可以其零散而忽之也。"⑤唐宋方言论述和方言记载对上古音研究、《广韵》研究和唐宋语音研究均有参考价值。

---

① 鲁国尧：《"颜之推谜题"及其半解（上、下）》，《中国语文》2002 年第 6 期，第 536-549+575-576 页；2003 年第 2 期，第 137-147 页。

② 周祖谟：《唐五代的北方语音》，载《周祖谟学术论著自选集》，北京：北京师范学院出版社，1993 年，第 326 页。

③ 胡以鲁：《国语学草创》，太原：山西人民出版社，2014 年，第 89 页。

④ 周祖谟：《周祖谟语言文史论集》，杭州：浙江古籍出版社，1988 年，第 13 页。

⑤ 周祖谟：《宋代方音》，载《周祖谟学术论著自选集》，北京：北京师范学院出版社，1993 年，第 373-379 页。

（一）上古音研究

1. 补证前人成说

周祖谟论证过"禅母古读定"①，唐宋方音材料能补充一些例证。

①《慧琳音义》卷七十四："宕：徒浪反，宕犹上也，高昌人语之讹耳。"

按：宕，上古定纽阳部；上，中古禅母阳韵。"宕犹上也"说明禅母与定纽上古音相同。

②《广韵·纸韵》："媞：江淮呼母也。又音啼。"

按：媞中古禅母，啼上古定纽。媞、啼古韵支锡对转。

清人孔广森发现"阴阳对转"的规律②，章太炎制《成韵图》，使音转理论达到新的高度③，唐宋方音材料可补证其说。

③《慧琳音义》卷五十七："跢：多个反，江南俗音带，谓倒地也。"

按：跢，上古端纽歌部；带，端纽月部。歌月对转。

④《慧琳音义》卷五十九："曼：莫盘反，高昌谓闻为曼。"

按：曼，上古明纽元部；闻明组文部。元文旁转。

⑤《集韵·拯韵》："耳：仍拯切。耳也，关中河东语。"

按：耳，上古日组之部；拯，日组蒸部。之蒸对转。

2. 验证上古音拟测

《晦庵集》卷七十一："大抵方言多有自来，亦有暗合古语者。如浙人谓不为弗，又或转而为否（呼若甫云）。闽人有谓口为苦、走为祖者，皆合古韵。此类尚多，不能尽举也。"④中古方言存上古音，它们可被用来验证今人的上古音拟测，以之部为例：

⑥《匡谬正俗》卷六："今吴越之人呼齐等皆为丁儿反。"

⑦《中吴纪闻》卷四："吴人呼来为厘，始于陆德明。'诒我来牟''弃甲复来'皆音厘，盖德明吴人也。"

⑧《集韵·霁韵》："媟：吴俗呼母曰媟。"

按：中古吴音保留上古音较多，《避暑录话》："《欧阳文忠记》：

'打音本谪耿切，而举世讹为丁雅切。不知今吴越俚人正以相殴击为谪耿音也。'"上举三例中，等、来、母皆古韵之部，它们在中古吴音中韵母读如儿、厘、䅲，后者主要元音分别为[e]、[ə]、[e]。结合与之部对转的蒸部（古今变化较小）的读音，可推测古韵之部应为舌面央元音[ə]，而王力的拟音正好是[ə]。①

（二）《广韵》研究

大多数唐宋学者视《切韵》（《广韵》）为吴音。《慧琳音义》卷一："覆载：上敷务反。见《韵英》，秦音也。诸字书音为敷救反，吴楚之音也。"卷四："茂：莫候反，吴楚之音也；《韵英》音为摸布反。"卷七："浮：附无反，《玉篇》音扶尤反，陆法言音薄谋反。下二皆吴楚之音也，今并不取。"卷八："打：德耿反，陆法言云'都挺反'，吴音，今不取也。"《北梦琐言》卷九："广明以前，《切韵》多用吴音，而清青之字，不必分用。"

当时就有人持不同观点，《因话录》卷五："有人检陆法言《切韵》，见其音字，遂云：'此吴儿，直是翻字太僻，不知法言是河南陆，非吴郡也。'"《苏氏演义》卷上："陆法言著《切韵》，时俗不晓其韵之清浊，皆以法言为吴人而为吴音也。"直到清代，人们还把《广韵》叫沈韵（认为是吴人沈约作）。今人周祖谟《〈切韵〉与吴音》质疑这种观点并做了辨析。②其实，利用唐宋方音材料就能反驳这种观点，如《慧琳音义》认为《广韵》为吴音，但书中指明的吴音却每每与《广韵》不合，而别处的方音倒有与《广韵》相合。

⑨卷七十九："伫：搦耕反，吴音。"

按：《广韵》直吕切。

⑩卷七十九："蟁：音文，吴音密彬反。"

按：《广韵》无分切。音文，与吴音密彬反不同。

⑪卷一百："挂：古画反……又吴音怪。"

按：《广韵》古卖切。卖是佳韵，怪是皆韵，《广韵》与吴音不合。

⑫卷四十二："䫴：五狡反，中国音也。"

按：《广韵》五巧反，与中国音五狡反同。

⑬卷五十六："羣：又作頿，同。而甘反，江南行此音；又如廉反，关中行此音。"

按：《广韵》汝盐反，与关中音同。

① 王力：《汉语音韵》，北京：中华书局，2003 年，第 159 页。

② 周祖谟：《问学集》，北京：中华书局，1966 年，第 474-483 页。

王国维认为："是故陆韵者，六朝之音也；《韵英》与《考声切韵》者，唐音也。六朝旧音多存江左，故唐人谓之吴音。"①此说为通达之论。

（三）唐宋语音研究

周祖谟说："北宋一百六十多年当中，北方语音变动最大。如浊声母变为清声母，浊音上声字读为去声。韵部减少，入声-k，-t 韵尾趋向于失落，或变为喉部闭塞音[?]。"②唐宋方音材料既可补证周先生之说，亦可反映其他状况，例如：

1. 轻重唇分合

⑭《慧琳音义》卷九："髀：蒲米反，北人行此音；又方尔反，江南行此音。"

⑮《慧琳音义》卷二十六："髀：蒲米反，北人用此音；又必尔反，江南行此音。"

按：方尔反和必尔反同音，则方（非母）和必（帮母）声母相同，可见唐初江南话轻重唇尚未分化。

2. 浊声母清化

⑯《慧琳音义》卷六十："埠螽：幽州谓春箕，齐鲁谓之春黍，或蚣蝑……蝗虫之类，两股或有斑点者，俗语讹转，名为补钟是也。"

按：《广韵》无埠字，《篇海类编》薄故切；补，《广韵》博古切。薄是浊声并母，博是清声帮母，埠读为补是唐代关中方言浊声母清化的反映。

⑰《唐国史补》卷下："旧说，董仲舒墓，门人过皆下马，故谓之下马陵，后人语讹为虾蟆陵。今荆襄人呼提为堤，晋绛人呼梭为莝（七戈反），关中人呼稻为讨、呼釜为付，皆讹谬所习，亦曰坊中语也。"

按：读下为虾是匣晓相混，提为堤定端相混，稻为讨定透相混，釜为付奉非相混（若轻重唇未分化，则为并帮相混），均是清浊声母相混。

3. 以影合流

⑱《青箱杂记》卷二："太祖庙讳匡胤，语讹近香印。故今世卖香印者，不敢斥呼，鸣罗而已。"

① 王国维：《观堂集林》，北京：中华书局，1961 年，第 388 页。
② 周祖谟：《周祖谟语言文史论集》，杭州：浙江古籍出版社，1988 年，第 13 页。

按：胤中古以母真韵，印影母真韵，二字音近，说明宋代北方话以母与影母呈合流趋势。

4. 邻韵混化

⑲张舜民《画墁录》："相国寺烧朱院，旧日有僧惠明，善庖，炙猪肉尤佳，一顿五斤。杨大年与之往还，多率同舍具飧。一日，大年曰：'尔为僧，远近皆呼烧猪院，安乎？'惠明曰："奈何？"大年曰：'不若呼烧朱院也。'都人亦自此改呼。"

按：当时开封方音猪朱相近但有别，反映《广韵》鱼虞二韵由分向合的过渡状态。

⑳《青箱杂记》卷二："仁宗庙讳贞，语讹近蒸，今内庭上下皆呼蒸饼为炊饼，亦此类。"

按：读贞近蒸，是清韵和蒸韵混化。

5. 细音变洪音

唐代开口三等字北方话已变为洪音，如：

㉑《慧琳音义》卷十一："猫：莫包反，江外吴音以为苗字。"
按：猫读莫包反是开口三等读如开口二等，苗是三等。
㉒《慧琳音义》卷十二："阜：扶久反，吴楚之音也。"
按：阜读扶久反（开口三等），慧琳以为吴楚之音，则北方话当读如洪音。

6. 入声消退

㉓《本草拾遗》（《本草纲目》卷四十引）："蝗蚍（音窒当），《尔雅》作蚨蜴（音迭汤）。今转为颠当虫，河北人呼为蚨蚍（音侄唐），《鬼谷子》谓之蚨母。"

按："今转为颠当虫"指入声蚨转为平声颠，据此河北大致在唐代有入声消退的现象。

㉔《太平寰宇记》卷五十："沁源县：沁源，孤远故城是也。按：《晋地记》云：'谷远，今名孤远，即后代语讹耳。'"

按：谷古音屋部，孤鱼部。《宋书》已引《晋地记》[1]，故其成书不晚于六朝。据此，南北朝时期北方就有入声消失的现象，出现于今山西上党一带。

---

[1]（梁）沈约撰，陈苏镇标点：《宋书》（卷三十八），长春：吉林人民出版社，1995年，第694页。

㉕《梦溪笔谈·补笔谈》卷一："河朔人谓肉为揉,谓赎为树。"

按:肉中古屋韵,揉尤韵,此条材料说明北宋河朔方言有入声转读舒声的现象。

7. 浊上变去

㉖《刊误》:"然吴音乖舛,不亦甚乎……又恨怨之'恨'则在去声,很戾之'很'则在上声;又言辩之'辩'则在上声,冠弁之'弁'则在去声;又舅甥之'舅'则在上声,故旧之'旧'则在去声;又皓白之'皓'则在上声,号令之'号'则在去声;又以'恐'字、'苦'字俱去声。今士君子于上声呼'恨',去声呼'恐',得不为有知之所笑乎?"

按:李涪用北方音检验《切韵》,发现对不上,故认定其为吴音。辩、舅、皓为全浊声母字,《广韵》读上声,但李涪认为当读去声,这是晚唐西北方音浊上变去的确证。[1]《开蒙要训》的相关音注[2],又是《刊误》浊上变去的旁证。

(四)古今方音研究

唐宋方言学史料可以直接用来研究古方音,也可以印证其他文献的说法,还可以追溯现代方音的源头。如:

㉗《贡父诗话》:"司马温公论九旗之名,旗与旆相近。《诗》曰:'言观其旆。'《左传》:'龙尾伏辰,取虢之旆。'然则此旆当为芹音。周人语转,亦如关中以中为蒸、虫为尘,丹青之青为萋也。五方语异,闽以高为歌,荆楚以南为难、荆为斤。昔闽士作《清明象天》破题云:'天道如何,仰之深高。'会考官同里,遂中选,荆楚士题雪用先字,后曰:'十二峰峦旋旋添。'反读添为天字也。向敏中镇长安,土人不敢卖蒸饼,恐触中字讳也。"

按:在宋代,"闽人以高为歌"。鲁国尧在福建籍词人的用韵中,发现了歌、豪相押的现象,然后用《老学庵笔记》等材料证实是豪韵读如歌韵。[3]现代闽语东南沿海一带效摄一等许多字读同果摄一等,如高字

---

① 据《旧唐书》卷一百七十二,李涪生活的主要地点是长安。

② 罗常培:《唐五代西北方音》,北京:国立中央研究院历史语言研究所,1933年,第124-125页。

③ 鲁国尧:《宋代福建词人用韵考》,载《语言学文集:考证、义理、辞章》,上海:上海人民出版社,2008年,第117-153页。

厦门读[ko]，福州读[kɔ]，潮州白读[ko]①；歌字厦门、潮州文读[ko]，福州、建瓯读[kɔ]②。可见唐宋时期"闽人以高为歌"的现象至今犹存。

"丹青之青为蒡"反映中古时期西北方音梗摄字脱落后鼻韵尾现象。罗常培认为，在汉藏对音《千字文》中，《切韵》庚、清、青韵（梗摄）除了"更、孟、惊、明、盟、榠"六个字的韵母读[en]外，其余字的韵母变为了[e]，与《切韵》齐韵字的韵母相同③。明代山西人"以青为妻"（陆容《菽园杂记》卷四），乔全生认为，晋方言是唐五代西北方言的直系支裔④。现代敦煌方言仍没有后鼻音韵尾⑤。周祖谟说："今陕西西陲及甘肃平凉等地读音，青等字亦无韵尾 ng。"⑥

二、训诂（词汇）研究

（一）为古籍词语训诂提供依据

关于方言学史料的训诂作用，程先甲《广续方言·识语》认为："（方言）上之可以证经，次之亦堪通俗，将以极故训之变，穷声音之源者也。"⑦

利用方言学史料解决古书训诂问题，我们称之为"证释古语"。屈原《楚辞》多用"些"字，王逸注《楚辞》未解释。《说文新附》："些，语辞也，见《楚辞》。苏个切。"解释不详明。《梦溪笔谈》卷三："今夔、峡、湖、湘，及南、北江獠人，凡禁咒句尾皆称些，乃楚人旧俗。"⑧

除"证释古语"外，方言学史料还可"证释今语"。朱熹《观书有感》："半亩方塘一鉴开，天光云影共徘徊。问渠哪得清如许，为有源头活水来。"这个"渠"字，稍有不慎，就会理解为水渠之渠。《集韵·鱼韵》："佢：吴人呼彼称，通作渠。"

另外，唐宋学者屡屡谈到方言入诗文的现象，这为我们理解一些作品提供了便利。《梁溪漫志》卷七："方言可以入诗：吴中以八月露下而雨，谓之淋露；

① 北京大学中国语言文学系语言学教研室：《汉语方音字汇》（第二版），北京：文字改革出版社，1989年，第187页。

② 北京大学中国语言文学系语言学教研室：《汉语方音字汇》（第二版），北京：文字改革出版社，1989年，第22页。

③ 罗常培：《唐五代西北方音》，北京：国立中央研究院历史语言研究所，1933年，第65页，37页。

④ 乔全生：《晋方言语音史研究》，北京：中华书局，2009年，第35页。

⑤ 刘伶：《敦煌方言志》，兰州：兰州大学出版社，1988年，第1-2页。

⑥ 周祖谟：《问学集》，北京：中华书局，1966年，第567页。

⑦ （清）程先甲：《广续方言》（《续修四库全书》本），上海：上海古籍出版社，2002年。

⑧ （宋）洪兴祖注，卞岐整理：《楚辞补注》卷九《招魂》，南京：凤凰出版社，2007年，第176页。

九月霜降而云，谓之护霜。竹坡周少隐有句云：'雨细方淋露，云疏欲护霜。'"
他如：

①旧题苏轼撰《东坡诗话》："柳子厚诗云：'盛时一失贵反贱，桃笙葵扇安敢当。'不知桃笙为何物。偶阅《方言》：'簟，宋魏之间谓之笙。'乃悟桃笙以竹为簟也。梁简文《答南王饷书》云：'五离九折，出桃枝之翠笋。'乃谓桃枝竹簟也。桃枝出巴渝间，杜子美有《桃竹歌》。"

②《苕溪渔隐丛话·后集》卷三十一："予官闽中，见其风俗，呼父为郎罢，呼子为囝。顾况有诗云：'郎罢别囝，囝别郎罢。及至黄泉，不得在郎罢前。'乃知顾况用此方言也。"另，《青箱杂记》卷六："闽人谓子为囝，谓父为郎罢。故顾况有《哀囝》一篇曰：'囝生闽方，闽吏得之。'"①

③《老学庵笔记》卷三："吴人谓杜宇为谢豹。杜宇初啼时，渔人得虾曰谢豹虾，市中卖笋曰谢豹笋。唐顾况《送张卫尉》诗曰：'绿树村中谢豹啼。'若非吴人，殆不知谢豹为何物也。"

（二）为词汇史研究提供材料

1. 包含一批首见于文献的词语

这些文献首见的方言词，其出现时代和地域对单个词语研究及相关词汇研究都有一定的意义，以小学书中的材料为例：

④《广韵·止韵》："你：秦人呼傍人之称，乃里切。"
⑤《集韵·狝韵》："囝：闽人呼儿曰囝。"
⑥《集韵·暮韵》："鲴：杭越之间谓鱼胃为鲴。"
⑦《集韵·叶韵》："喋：江南谓吃为喋。"
⑧《增修互注礼部韵略·蟹韵》："罢：闽人呼父为郎罢。"

2. 反映通语词与方言词的互动

（1）《说文解字》时代的通语变成唐宋方言词

⑨《文选·宿东园》李善注："毛诗曰：'野有死麕。'今以江东人呼鹿为麕。"

按：《说文解字·鹿部》："麕（今按：与麇、麕同），麞也。"

---

① （宋）吴处厚，《青箱杂记》，上海：上海书店，1990年。

从《诗经》和《说文解字》看，虘上古应属通语词，到唐代却成为江东方言词。

⑩《慧琳音义》卷六十四："潘：《说文》：'泔，潘也。'谓米汁也……江北名泔，江南名潘也。"

⑪《集韵·祭韵》："詍：语多也，山东云。"

按：《说文解字·言部》："詍：多言也，从言世声。"

⑫《集韵·之韵》："仍：因也，关中语。"

按：《说文解字·人部》："仍，因也。"

上古通语词在唐宋江南方言中存留较多，且由单音词变了双音词，如《慧琳音义》卷三十三："鎭头：牛感反。《说文》：'低头也。'《广雅》：'鎭，摇也。'谓摇其头也。今江南谓领纳摇头为鎭偡，亦谓笑人为鎭酳。偡音苏感反。"

（2）唐宋方言变成现代普通话词语

《慧琳音义》记载的秦方言词与吴方言词，有相当一部分变成了现代普通话词语。卷二十七："掣电：关中睒电，今吴人谓礠礃。"卷四十七："什物：时立反，聚也，杂也，谓资生之物也。今人言家产器物犹云什物，即器也。江南言什物，北土名五行，最号详博。"他如：

1）由唐宋秦方言变成普通话词语

⑬《酉阳杂俎》卷十七："蚁，秦中多巨黑蚁，好斗，俗呼为马蚁。"

⑭《原本广韵·合韵》："菔：菔蔊，秦人呼萝葡。"

⑮《广韵·止韵》："你：秦人呼傍人之称，乃里切。"

按：尔古音泥纽脂部，秦方言声母由泥纽变成日母，另造你字来对应。

⑯《集韵·术韵》："泪：关中谓目汁曰泪。"

⑰《集韵·术韵》："頺：关中谓瘫弱为顲頺。"

2）由唐宋吴方言变成普通话词语

⑱《匡谬正俗》卷六："今痛而呻者，江南俗谓之呻唤。"

⑲《中吴纪闻》卷四："又吴人言罢则以休继之。"

⑳《集韵·祃韵》："爸：吴人呼父曰爸。"

秦方言对普通话词语的影响归因于唐代近三百年的统治和西安六朝古都的优越地位；吴方言影响普通话则归因于江南经济发达和文人辈出。较之秦方言，吴方言对普通话词语影响稍弱，因为北方话在历史上一直处于主导地位。

3. 蕴含特定语义场内部的成员关系及其古今演变

考察唐宋方言词汇材料中的特定语义场，理清其中成员词之间的关系，就能探寻该语义场古今演变的大致脉络，以"父称"为例：

㉑《广韵·麻韵》："䊆：吴人呼父，正奢切。"

㉒《广韵·麻韵》："爹：羌人呼父也，陟邪切。"

㉓《广韵·哿韵》："爹：北方人呼父，徒可切。"

㉔《集韵·祃韵》："爸：吴人呼父曰爸，部可切。"

㉕《青箱杂记》卷六："闽人谓父为郎罢。"

㉖《侯鲭录》卷八："江州村民呼父曰大老。"

㉗《老学庵笔记》卷一："西陲俚俗谓父曰老子。"

㉘《云麓漫抄》卷三："羌人呼父为爹，渐及中国。"

唐宋时期关于"父称"的词语分为三类：通语词父；方言词爸、郎罢、爹、䊆；乡鄙语大老、老子，属地域方言中的社会方言。

父，古音帮纽鱼部，拟音[pia]，爸是依父的古音另造的新字，王念孙《广雅疏证》卷六下："爸者，父声之转。"吴方言称爸，属存古现象；闽方言郎罢之罢与父有关；爹源于羌语。《广雅》卷六："爸、爹、䊆，父也"，则爹字的出现不晚三国时期。䊆是爹的异体字，明代顾起元《客座赘语》卷一："爹字又作䊆，唐小说'皇后阿䊆'，或又为爸（音播）。"《广雅疏证》卷六下："爹、䊆声相近。"爹由羌语而成北方方言，并凭借通语地位不断扩大使用范围，《云麓漫抄》卷三："羌人呼父为爹，渐及中国。"明代陈耀文《天中记》卷十七："荆土方言谓父为爹（舵，《南史》四十二），吴人谓父曰爸（《集韵》），回纥呼父曰阿多（《会要》）。"爸是历史正音，因吴方言的强大影响亦遍及全国。爸和爹唐宋以后不断竞争，在现代汉语中爸已占上风，爹字多用于口语和方言。

4. 揭示单个词语的演变史

布龙菲尔德《语言论》说："每个词都有它自己的历史。"[①]把唐宋方言词汇材料作为桥梁，上挂《说文解字》《方言》等，下连现代汉语，就可粗略考察单个词语的发展演变之迹。

㉙《慧琳音义》卷四十七："蟾蜍：淮南谓之去父，山东谓之去蚁……江南俗呼蟾蜍。"

按：《尔雅注疏》卷十郭注："蟾诸，淮南谓之去蚁。"综合这些

---

① （美）布龙菲尔德著，袁家骅等译：《语言论》，北京：商务印书馆，1997年，第411页。

材料可推测：上古时期此物名蟾诸；东晋时淮南方言叫去蚁；唐宋时期淮南方言之去蚁扩大到山东，音转为去蚁，上古通语词蟾蜍保留在江南方言中，音转为蟾蜍；现代汉语中蟾蜍成了普通话书面语，俗语称癞蛤蟆，去父消失了，成了古方言。

㉚《增修互注礼部韵略·德韵》："菔：芦菔，菜名。后汉更始传洛阳，宫女掘芦菔根食之。《广韵》：'秦人呼为菈藿。'今俗作萝卜。"

按：《原本广韵》和《五音集韵》均作："菈藿，秦人呼萝卜。"《方言》卷三："蕈、芜，芜菁也。陈楚之郊谓之蕈；鲁齐之郊谓之芜；关之东西谓之芜菁；赵魏之郊谓之大芥，其小者谓之辛芥，或谓之幽芥。其紫华者谓之芦菔，东鲁谓之菈藿。"据此可推测，上古时期芜菁是通语，其中"紫华者"叫芦菔，芦菔亦是通语，东鲁方言为菈藿；中古时期菈藿成了通语，芦菔成了秦方言，字随方音而转成萝卜；现代汉语中菈藿仅残留于客话[①]，萝卜成了普通话词语。

三、语法研究

此类材料虽然很少，但极其珍贵，对历史语法研究有一定的参考价值，主要体现在构词法方面。

（一）变调构词

变调构词是古汉语的一种语法手段，唐宋方言学史料偶有体现。

①《匡谬正俗》卷七："反（扶万反）：今关中俗呼回还之反亦有此音。"

按：反《广韵》孚袁、方晚二切，平上二声。此处去声，属方言中的变调构词，把原本平上声的反读如去声，构成了另一个新词"返"。

②《西溪丛语》卷上："今人不善乘船，谓之苦船；北人谓之苦车。苦音库。"

按：《广韵·姥韵》："苦：粗也，勤也，患也。《说文解字·艸部》：'大苦，苓也。康杜切。'"《类篇·艸部》："苦：又苦故切，困也。今人病不善乘曰苦车。"据孙玉文研究，苦的形容词用法为原始词，康杜切（上声）；动词用法为滋生词，苦故切（去声）。南北朝中后期，滋生词苦在口语中由去声变为上声，唐宋方言苦读为库保留滋生词读音，最晚明代苦就不读去声了。[②]

① 许宝华、宫田一郎：《汉语方言大词典》，北京：中华书局，1999年，第5280页。
② 孙玉文：《汉语变调构词研究》（增订本），北京：商务印书馆，2007年，第119-122页。

（二）反切构词

切脚词指口语中把一个字分成两个音节来说而形成的词（前一个音节体现声母，后一个音节体现韵母，原理像反切）。这种现象出现很早，《说文解字·木部》："椌：齐谓之终葵。"《周礼·考工记·玉人》贾公彦疏："齐人谓椌为终葵。"唐宋方言学史料也有类似记载。《溪蛮丛笑》："蛮女以织带束发，状如经带。不阑者，斑也，盖反切语。俚俗谓团为突栾，孔为窟笼，亦此意也。"

宋人对切脚词的产生有所认识。《宋景文公笔记》卷上："孙炎作反切语，本出于俚俗常言，尚数百种。故谓就为鲫溜，凡人不慧者即曰不鲫溜。谓团曰突栾，谓精曰鲫令，谓孔曰窟笼，不可胜举。而唐卢仝诗云：'不鲫溜钝汉。'国朝林逋诗云：'团栾空绕百千回。'是不晓俚人反语，逋虽变突为团，亦其谬也。"

按此说法，切脚词来自民间或方言，后来成了反切取材的源泉。这种观点对我们探讨切脚词有一定参考价值。还有一种可能，切脚词是上古复辅音的遗留，如窟笼、鲫令、鲫溜也许体现的是上古复辅音[kl]或[gl]之类。元代郝经《陵川集》卷四："橄榄，南人谓之格览。"复辅音遗留比较明显。

（三）逆序构词

逆序构词在唐宋方言学史料中也有体现，例如：

③《绀珠集》卷十："《茶录》（蔡襄）：'茗战，建人谓斗茶为茗战。'"

④《东坡全集》卷十二注："蜀人以细雨为雨毛。"

按：现代汉语方言中，"蜀人以细雨为雨毛"这一现象西南官话、吴语和闽语仍保留[1]，毛雨是江淮官话、吴语和赣语[2]。

（四）其他构词方式

⑤《岭表录异》卷上："鮹鱼，南人云：'鱼之欲产子者，须此鱼以头触其腹而产，俗呼为生母鱼。'"

按：生母鱼并非生母之鱼，而是生子母鱼之省称。

⑥范镇《东斋纪事》："戎泸人谓扫地为宰没坤。坤，地也；宰没，扫也。"

按：宰没坤的构成方式是半汉半戎。

---

① 许宝华、宫田一郎：《汉语方言大词典》，北京：中华书局，1999 年，第 3173 页。
② 许宝华、宫田一郎：《汉语方言大词典》，北京：中华书局，1999 年，第 831 页。

第二章

南北朝隋唐方言专书和方言论述

第一节　南北朝隋唐方言专书

虽然南北朝隋唐出现过几部方言专书和俗语字书，但后来皆亡佚。下面我们根据文献著录情况和相关研究，对这几部方言专书做一扼要介绍。

一、北魏王长孙《河洛语音》

《隋书·经籍志》卷一："《河洛语音》一卷，王长孙撰。"《北史·咸阳王禧传》云："孝文引见朝臣，诏断北语，一从正音，禧赞成其事。于是诏：'年三十以上，习性已久，容或不可卒革。三十以下，见在朝廷之人，语音不听仍旧。若有故为，当降爵黜官。'"姚振宗《〈隋书·经籍志〉考证》卷十"经部十·小学类"："谢氏缀以此文者，意谓此书作于北魏孝文时，其或然欤？"①

今据《河洛语音》书名、成书年代及史实，笔者认为，谢、姚二氏之说值得玩味。《河洛语音》一书可能旨在让鲜卑人了解和学习当时的通语——洛阳话。郑樵《通志·艺文略》"尔雅"："《河洛语音》一卷，王长孙撰。"郑樵生活于南北宋之交，可见当时该书尚存，但《旧唐书·经籍志》和《新唐书·艺文志》均未载。

二、北魏刘昞《方言》

北魏敦煌人刘昞著《方言》三卷，《隋书·经籍志》未著录，其后史志亦未

---

① （清）姚振宗撰，刘克东、董建国、尹承整理：《〈隋书·经籍志〉考证》，载王承略、刘心明主编：《二十五史艺文经籍志考补萃编》，北京：清华大学出版社，2014年，第481页。

收录，说明该书影响不大或唐初已佚。明末方以智《通雅》卷首一"方言说"："《北史》：刘延明亦著《方言》"。《魏书·刘昞传》："刘昞，字延明，敦煌人也。父宝，字子玉，以儒学称。昞年十四，就博士郭瑀学……昞以三史文繁，著《略记》百三十篇、八十四卷，《凉书》十卷，《敦煌实录》二十卷，《方言》三卷，《靖恭堂铭》一卷，注《周易》《韩子人物志》《黄石公三略》，并行于世。"刘昞事迹另见《北史·刘延明传》。

三、隋释智骞《方言注》

道宣《续高僧传》卷四十《杂科声德篇》附《隋东都慧日道场释智果传》："时慧日沙门智骞者，江表人也。偏洞字源，精闲通俗，晚以所学，追入道场。自秘书、正字、仇校、著作，言义不通皆咨骞决，即为定其今古，出其人世，变体诂训明若面焉。每曰：'余字学颇周，而不识字者多矣，无人通决，以为恨耳。'造《众经音》及《苍雅》《字苑》，宏叙周赡，达者高之，家藏一本，以为珍璧。晚事导述，变革前纲，既绝文褥，颇程深器。缀本两卷，陈叙谋猷，学者秘之，故斯文殆绝。京师沙门玄应者，亦以字学之富，皂素所推，通造经音，甚有科据矣。"

智骞《方言注》史志未载。《慧琳音义》卷二十三《新译大方广佛华严经音义》卷六十六"风黄淡热"条下注："《文字集略》曰：'淡为胸中液也。'骞师注《方言》曰：'淡字又作痰也'。"敦煌写本《楚辞音》残卷（伯2494，藏巴黎国家图书馆）"兹"字下有"骞案"字样。周祖谟认为："又唐慧苑《华严经音义》卷四尝引骞师《方言注》云云。骞师《方言注》，史志未载，今亦荡然无存。所谓骞师者，当即智骞。"又，"然则骞公之学与郭璞之关系殊深，似不容忽视。盖郭氏所解之书，彼亦充然有得。《尔雅》《方言》《楚辞》郭氏皆有注，故骞公亦为音以匹之。唯方外之士，栖心山野，偶有述造，未必行之久远。而其人其世，惟缁素始能道之，故智骞之书，隋志或阙载，其身世，道宣能得其实也。"①

丁介民认为："是智骞者，精于字学，兼通雅训，故道宣取与玄应同科也。检其楚辞音义，于或体通假，颇能洞明原委，别其同异。则《方言注》似亦音义之属也。"②

四、北齐颜之推《证俗音》

颜之推《证俗音》，又称《证俗音字》。《隋书·经籍志》卷一："《训俗文字略》一卷（后齐黄门郎颜之推撰）、《证俗音字略》六卷（梁有《诂幼》二

---

① 周祖谟：《骞公楚辞音之协韵说与楚音》，载《问学集》，北京：中华书局，1966年，第171页。

② 丁介民：《方言考》，台北：台湾中华书局，1969年，第44页。

卷，颜延之撰；《广诂幼》一卷，宋给事中荀楷撰。亡。）"《证俗音字略》承颜氏《训俗文字略》，虽未署作者，但肯定是颜氏无疑，因为颜氏属于北齐、北周、隋人，而《证俗音字略》后面的"梁有《诂幼》二卷，颜延之撰；《广诂幼》一卷，宋给事中荀楷撰"显然不是标注作者，只是把类似著作排在一起。"亡"是针对梁代两部著作而言的，它们的散佚更显示颜书的重要性。

《新唐书·艺文志》："张推《证俗音》三卷。"王利器认为："说者谓张推即颜之推之误。"[①]《崇文总目》卷一："《正俗音字》四卷，原释齐黄门侍郎颜之推撰，正时俗文字之谬，援诸书为据，凡三百五十目。"东垣按："正应作证，《遂初堂书目》亦误作正。"[②]《玉海》卷四十五："《证俗音字》四卷，北齐颜之推援诸书为据，正时俗言文字之谬凡三百五目。"[③]《遂初堂书目》"小学类"："颜之推《正俗音字》。"郑樵《通志·艺文略》"小学"："《证俗音》三卷，张推。"《宋史·艺文志》："颜之推《证俗音字》四卷。"

《旧唐书·经籍志》："《证俗音略》二卷，颜愍楚。"颜愍楚系颜之推次子。从书名看，该书当是《证俗音》缩略本，因为篇帙较小。《通志·艺文略》："《证俗音略》一卷，颜愍楚。"

综合考察，《证俗音》是颜之推之作是有文献依据的。唐代段公路《北户录》引用《证俗音》，有时标注颜之推，有时标注书名。段公路去颜之推未远，应该知道《证俗音》为颜氏之作。该书虽已佚，但我们从《北户录》和《慧琳音义》所引条目可以窥见其内容和体例之一斑。

①《北户录》卷一："《稽圣赋》云：'水母，东海谓之蛇（音蜡）。'"
②《北户录》卷一："蝘蜓（《证俗音》云：'山东谓之蛛蝘。音七赐、名敌反。陕以西谓之壁宫。'）"
③《北户录》卷一："儋州出红蟹（颜之推云：'《说文》或作鰤'[④]）。"
④《北户录》卷一："《证俗音》曰：'（鰶），吴人呼为鲫鱼。'"
⑤《北户录》卷二："按《证俗音》云：'南方谓凝牛、羊、鹿血为䑠，以蘸啜之消酒。'"
⑥《北户录》卷二："今江南呼馓饭，已煎米以糖饼之者为籹粔也。音浮流。"
⑦《北户录》卷二："《证俗音》曰：'葵，芦菔，芜菁属，紫花

---

① 王利器：《颜氏家训集解》（增补本），北京：中华书局，1993年，第656页。

② （宋）王尧臣等编，（清）钱东垣辑释：《崇文总目辑释》（汗筠斋丛书本），第44页。

③ （宋）王应麟辑：《玉海》，扬州：广陵书社，2003年，第846页。

④ 根据颜氏著述情况和《北户录》引文情况，此处"颜之推云"指《证俗音》的内容。

大根①，俗呼为罿葵。'"

⑧《北户录》卷二："颜之推云：'今内国，饂饳以油苏煮之。江南谓蒸饼为饂饳，未知何者合古。'脄，《国语》谓云：'主盂啖我'。《字林》曰：'脄，肴也。音大滥反。'之推又云：'今内国犹言饼脄。'及按《方言》，江南有鹿筋脄及朣之类。又，韩肉，本法出韩国，为之如羹而少汁，加醉也。餪女，《字林》曰：'馈女也。音乃管反。'《证俗音》云：'今谓女嫁后三日饷食为餪女也。'"

⑨《北户录》卷二："《证俗音》：'饏饏，内国呼为糫饼，亦呼寒具。'"

⑩《北户录》卷二："颜之推又云：'莔茨，今去墨皮以为粉，作汤鲜甚光滑。'"

⑪《北户录》卷二："颜之推云：'瀹，白煮肉。'"

⑫《北户录》卷二："颜之推云：'今之馄饨，形如偃月，天下通食也。'"

⑬《北户录》卷二："颜之推云：'今以密藏杂果为粽。'"

⑭《北户录》卷三："颜之推云：'枸橼子似橘大，如饭簏。'"

⑮《北户录》卷三："《证俗音》云：'毦，数②毛席也，书此字。'"

⑯《慧琳音义》卷四十二："颜氏《证俗音》云：'今江南人呼为铧锹，巴蜀之间谓锹为锸。'"

五、唐李商隐《蜀尔雅》

郑樵《通志·艺文略》"尔雅"："《蜀尔雅》三卷，李商隐。"宋绍兴《秘书省续编到四库阙书目》："李商隐《蜀尔雅》三卷，阙。"马端临《文献通考·经籍考》卷十六："陈氏曰：'不著撰人名氏，《馆阁书目》。按：李邯郸③云：唐李商隐采蜀语为之。当必有据。'"④章如愚《群书考索》卷十："李商隐以蜀语为《蜀尔雅》。"⑤《宋史·艺文志》："李商隐《蜀尔雅》三卷。"清张澍《蜀典》卷七"方言类"："林闾博学好问，輶轩子云师之，乃作《方言》。铢撷兼用，朣喊实繁。商隐《蜀雅》，踵此为根。掇拾遗佚，臾莫斯存。"《蜀尔雅》

---

① "根"前疑夺"大"字。

② "数"后疑夺"织"字。

③ 指李淑《邯郸书目》。

④ 王云五主编：《文献通考》（第1-2册），上海：商务印书馆，1936年，第1609页。

⑤ 金沛霖主编：《四库全书子部精要》（下），天津：天津古籍出版社；北京：中国世界语出版社，1998年，第220页。

大概是仿《尔雅》体例编制的蜀方言词典。专记一地之方言，似从此书始。

著录《蜀尔雅》的还有《遂初堂书目》（列目无卷数）、《说郛》卷十和《通雅》卷首二。明胡应麟《少室山房笔丛正集》卷三："孔鲋有《小尔雅》，刘伯庄有《续尔雅》，张揖有《广雅》，曹宪有《博雅》，李商隐有《蜀尔雅》《羌尔雅》，陆佃有《埤雅》，罗愿有《尔雅翼》。"自注："刘李二《尔雅》今不传，盖宋末已亡。"杨慎《升庵集》卷六十四："李义山《蜀尔雅》云：'《禹贡》：厥土惟涂泥。《夏小正》：寒日涤冻涂。二涂字音在巴荼之间。'盖禹本蜀人，故涂泥冻涂皆叶蜀音。今蜀人目濡土曰涂泥，肉烂曰涂肉。盖禹时已有此音，蜀之土音亦古矣。"杨慎（1488～1559）比胡氏（1551～1602）出生早，杨氏见《蜀尔雅》而胡氏未睹，该书有可能亡于明代中期。

另外，《隋书·经籍志》卷一："《俗语难字》一卷（秘书少监王劭撰）、《杂字要》三卷（密州行参军李少通撰）。"《旧唐书·经籍志》："《俗语难字》一卷，李少通撰。"《新唐书·艺文志》："李少通《俗语难字》一卷。"郑樵《通志·艺文略》"小学"："《俗语难字》一卷（隋王劭）、《杂字要》三卷（隋李少通）。"《俗语难字》属于方言类专书，其作者各书所引不一，不知孰是。

顺便提一下题为《方言》而扬雄《方言》所无的材料。

①《北户录》卷二："今有高州多采藷为麻籸，绝宜入味，极芳美。《方言》云：'人谓署预为储是也。'"

②《慧琳音义》卷五十七："妐：烛容反。《方言》云：'今关中人呼夫之父曰妐。'《考声》云：'妐亦夫之兄也，从女从公声也，古文云尔。'"

③宋《斐然集》卷二十一《新州竹城记》："《方言》：'刺竹曰芳竹。'其音罗德反，盖岭南谓刺竹云然也。"

从形式上看，上面三条材料非扬雄《方言》文。它们会不会是北魏刘昞《方言》佚文，或是当时还有一种名叫《方言》的书，或者是其他情况，尚需做进一步的探讨。

第二节　南北朝隋唐方言论述

一、关于方言观的论述

《世说新语·雅量》："桓公伏甲设馔，广延朝士，因此欲诛谢安、王坦之……王之恐状，转见于色；谢之宽容，愈表于貌。望阶趋席，方作洛生咏，讽'浩浩洪流’。桓惮其旷远，乃趣解兵。”

《世说新语·排调》："刘真长始见王丞相，时盛暑之月，丞相以腹熨弹棋局，曰：'何乃渹？'（吴人以冷为渹）刘既出，人问：'见王公云何？'刘曰：'未见他异，唯闻作吴语耳！'"（《语林》曰："真长云：'丞相何奇？止能作吴语及细唾也。'"）

《世说新语·轻诋》："人问顾长康：'何以不作洛生咏？'答曰：'何至作老婢声！'"（洛下书生咏，音重浊，故云老婢声。）

《赤鹦鹉赋》："审国音于寰中，达方声于遐表。"

梁简文帝《答新安公主饷胡子一头》："方言异俗，极有可观；山高水远，宛在其邈。"

《魏书·僭晋司马睿列传》："巴蜀蛮獠，溪俚楚越，鸟声禽呼，言语不同，猴蛇鱼鳖，嗜欲皆异。"

《魏书·高祖纪》："六月己亥，诏不得以北俗之语言于朝廷，若有违者，免所居官。"

《魏书·咸阳王禧传》：高祖曰："自上古以来及诸经籍，焉有不先正名而得行礼乎？今欲断诸北语，一从正音。年三十以上，习性已久，容或不可卒革；三十以下，见在朝廷之人，语音不听仍旧。若有故为，当降爵黜官，各宜深戒。如此渐习，风化可新。若仍旧俗，恐数世之后，伊洛之下复成被发之人。王公卿士，咸以然不？"禧对曰："实如圣旨，宜应改易。"高祖曰："朕尝与李冲论此。冲言：'四方之语，竟知谁是？帝者言之，即为正矣，何必改旧从新。'冲之此言，应合死罪。乃谓冲曰：'卿实负社稷，合令御史牵下。'冲免冠陈谢。"

《洛阳伽蓝记》卷二："景宁寺：江左假息，僻居一隅……虽复秦余汉罪，杂以华音，复闽、楚难言，不可改变。"

《颜氏家训·教子》："齐朝有一士大夫，尝谓吾曰：'我有一儿，年已十七，颇晓书疏，教其鲜卑语及弹琵琶，稍欲通解，以此伏事公卿，无不宠爱，亦要事也。'吾时俯而不答。异哉，此人之教子也！若由此业，自致卿相，亦不愿汝曹为之。"

《颜氏家训·音辞》："夫九州之人，言语不同，生民已来，固常然矣。自《春秋》标齐言之传，《离骚》目楚词之经，此盖其较明之初也。后有扬雄著《方言》，其言大备……自兹厥后，音韵锋出，各有土风，递相非笑，指马之谕，未知孰是。共以帝王都邑，参校方俗，考核古今，为之折衷。摧而量之，独金陵与洛下耳。"

《颜氏家训·音辞》："至邺已来，唯见崔子约、崔瞻叔侄，李祖仁、李蔚兄弟，颇事言词，少为切正。李季节著《音韵决疑》，时有错失；阳休之造《切韵》，殊为疏野。吾家儿女，虽在孩稚，便渐督正之；一言讹替，以为己罪矣。云为品物，未考书记者，不敢辄名，汝曹所知也。"

《颜氏家训·音辞》："古人云：'膏粱难整。'以其为骄奢自足，不能克励也。吾见王侯外戚，语多不正，亦由内染贱保傅，外无良师友故耳。梁世有一侯，尝对元帝饮谑，自陈'痴钝'，乃成'飔段'，元帝答之云：'飔异凉风，段非干木。'谓'邺州'为'永州'，元帝启报简文，简文云：'庚辰吴入，遂成司隶。'如此之类，举口皆然。元帝手教诸子侍读，以此为诫。河北切攻字为古琼，与工、公、功三字不同，殊为僻也。比世有人名暹，自称为纤；名琨，自称为衮；名洸，自称为汪；名䐗，自称为獦。非唯音韵舛错，亦使其儿孙避讳纷纭矣。"

《经典释文·序录·条例》："方言差别，固自不同，河北江南，最为巨异，或失在浮清，或滞于沉浊。"

《匡谬正俗》卷一"央"："《庭燎》篇云：'夜未央。'《传》云：'央，旦也。'郑笺云：'夜未央，犹言未渠央也。'按：秦诗《蒹葭》篇云：'宛在水中央。'《礼·月令》云：'中央，并是中义。'许氏《说文解字》云：'央，中央也。一曰久。'是则夜未央者，言其未中也，未久也。今关中俗呼二更、三更为夜央、夜半，此盖古之遗言，谓夜之中耳。"

《匡谬正俗》卷三"禹宇丘区"："或问曰：'《曲礼》云：礼不讳嫌名。郑注云：嫌名谓禹与宇、丘与区，其义何也？'答曰：'康成郑君此释，盖举异字同音，不须讳耳。区字既是故引为例。禹宇二字，其音不别；丘之与区，今读则异。然寻按古语，其声亦同。何以知之？陆士衡元康四年《从皇太子祖会东堂》诗云：巍巍皇代，奄宅九围。帝在在洛，克配紫微。普厥丘宇，时罔不绥。又《晋宫合名》所载，某舍若干区者，列为丘字，则知区、丘音不别矣。且今江淮田野之人，犹谓区为丘，亦古之遗音也。今之儒者不晓其意，竞为解释，或云禹宇是同声，丘区是声相近，二者并不须讳，并为诡妄。或云，宇禹区丘并是别音相近，乃读禹为于举反，故不须讳，并为诡妄，不诣其理。'"

《匡谬正俗》卷六"洋"："问曰：'羊者，今山东俗谓众为洋，何也？'答曰：'按：《尔雅》云：洋、观、裒、众、那，多也。'"

《匡谬正俗》卷七"穰"："穰字亦当音而成反，今关内闾里呼禾黍穰穰，音犹然。"

《匡谬正俗》卷七"反"："张衡《西京赋》云：'长廊广庑，连合云蔓。闿庭诡异，门千户万。重闺幽闼，转相踰延。望叫窱以径廷，眇不知其所反。'是反有扶万音矣，今关中俗呼回还之反亦有此音。"

《匡谬正俗》卷七"中"："中，之当反，音张，谓中央也。犹呼音入耳。今山东俗犹有此言。"

《匡谬正俗》卷八"毙"："毙者，仆也。音与弊同。瘭瘘者，屈伸欲死之貌，音鼈锡。字义既别，音亦不同。今关中俗呼毙皆作鼈音，遂无为毙读者，相与不悟。"

《匡谬正俗》卷八"愈"："愈，胜也，故病差者言愈。《诗》云：'政事愈蹙。'《楚辞》云：'不侵兮愈疏。'此愈并言渐就耳，文史用之者，皆取此意，与病愈义同。而江南近俗，读愈皆变为踰，关内学者，递相放习，亦为难解。"

《汉书·叙例》："古今异言，方俗殊语，末学肤受，或未能通，意有所疑，辄就增损。"

《汉书·广川惠王越传》注："尊章犹言舅姑也。今关中俗妇呼舅为钟，钟者，章声之转也。"

《大唐西域记》卷一："然则佛兴西方，法流东国。通译音讹，方言语谬；音讹则义失，语谬则理乖。故曰'必也正名乎'，贵无乖谬矣。"

《大唐西域记》卷二："前代译经律者，或云坐夏，或云坐腊。斯皆边裔殊俗，不达中国正音；或方言未融，而传译有谬。"

《北史·咸阳王禧传》："孝文引见朝臣，诏断北语，一从正音，禧赞成其事。于是诏：年三十已上，习性已久，容或不可卒革；三十已下，见在朝廷之人，语音不听仍旧。若有故为，当降爵黜官。若仍旧俗，恐数世之后，伊洛之下，复成被发之人。朕尝与李冲论此，冲言：'四方之语，竟知谁是？帝者言之，即为正矣。何必改旧从新。'冲之此言，应合死罪。乃谓冲曰：'卿实负社稷。'冲免冠陈谢。"

《南史·胡谐之传》："胡谐之，豫章南昌人也……上[1]方欲奖以贵族盛姻，以谐之家人语傒音不正，乃遣宫内四五人往谐之家教子女语。二年后，帝问曰：'卿家人语音已正未？'谐之答曰：'宫人少，臣家人多，非唯不能得正音，遂使宫人顿成傒语。'帝大笑，偏向朝臣说之。"

《史通·书志》："茫茫九州，言语各异，大汉轺轩之使，译导而通，足以验风俗之不同，示皇威之广被。且事当炎运，尤相关涉，《尔雅》释物，非无往例。既艺文有志，何不为《方言志》乎？但班固缀孙卿之词以序《刑法》，探孟轲之语用裁《食货》，《五行》出刘向《洪范》，《艺文》取刘歆《七略》，因人成事，其目遂多。至若许负《相经》、扬雄《方言》，并当时所重，见传流俗。"

《史通·杂说中》："或问曰：'王劭《齐志》多记当时鄙言，为是乎，为非乎？'对曰：'古往今来，名目各异，区分壤隔，称谓不同，所以晋、楚方言，齐、鲁俗语，六经诸子，载之多矣。自汉已降，风俗屡迁，求诸史籍，差睹其事。或君臣之目，施诸朋友；或尊官之称，属诸君父。曲相崇敬，标以处士、王孙；轻加侮辱，号以仆父、舍长。亦有荆楚训多为夥，庐江目桥为圯。南呼北人曰伧，西谓东胡曰虏。渠、们、底、个，江左彼此之辞；乃、若、君、卿，中朝汝我之义。斯并因地而变，随时而革，布在方册，无假推寻。足以知甿俗之有殊，验土

_____
[1] 齐武帝。

风之不类。'"

《法华玄义释签》卷十六："言楚夏者，京华为夏，淮南为楚，音词不同，所诠不异，彼土异尔。"

《慧琳音义·序》（景审）："然则古来音反，多以傍纽，而为双声，始自服虔，元无定旨。吴音与秦音莫辩，清韵与浊韵难明。至如武与绵为双声，企以智为叠韵，若斯之类，盖所不取。"

《慧琳音义》卷五："髑髅：或作頔髅，或名头颅，或名颔（徒各反）颅（音卢），皆一义。亦由楚夏音殊，轻重讹转耳。"

《慧琳音义》卷四十八："燨：齐谓火为燨，方俗异名也。"

《慧琳音义》卷六十："埠螽：上音负，下音终。幽州谓春箕，齐鲁谓之春黍，或蚣蝑。陆玑《毛诗虫鱼疏》云：'青白色，长股，五六月能鸣，似蝗而小。'多有异名，方言不同，文繁不录。蝗虫之类，两股，或有斑点者，俗语讹转，名为补钟是也。"

《慧琳音义》卷七十九："钨錥：邬胡反，下融宿反。《埤苍》：'钨錥，小釜也。'又玉钨谓之铧鑪也。二字并从金，乌、育皆声，经文作鍗，非也。锉音才戈反，鑪音力戈反。军行所用，此皆方言差别。蜀人名锉，仓卧反。"

《慧琳音义》卷九十："掷碙：徒禾反，圆薄而小，形似辗碙，手掷以为戏，亦曰抛碙，云掷樗者是也。乃江乡吴越之文言，非经史之通语也。此字本无，诸儒各随意作之，故无定体，今并书出，未知孰真。《集训》从土作墻，《考声》从石作碃，《韵诠》从木作槼，《文字集略》及《韵英》从石作碙，今且为正。"

《春秋集传纂例》卷十："然书契以来，历代千百余年，其名号处所因缘改变；加以四方之语，音声有楚夏，文字有异同，或一地二名，或二地一名。"

《元和郡县志》卷三："乐蟠县，本汉略畔道地，今县理北五里略畔故城是也。后汉及晋，为虏所侵逼，此地无复郡县。后魏文帝于此置蔚州，周武帝置北地郡。隋开皇三年罢郡，以彭阳、襄乐二县属宁州。义宁元年，分合水县置乐蟠县，属弘化郡，取乐蟠城为名也。《百官表》云：'县有蛮夷曰道。'按：略畔、乐蟠皆指此城，方言讹舛，故不同耳。"

《嘲陆畅》诗序曰："云安公主下降，畅为傧相，才思敏捷，应对如流，六宫大异之。畅吴音，以诗嘲焉。"诗云："双成走报监门卫，莫使吴歈入汉宫。"

《云溪友议》卷中"吴门秀"："陆郎中畅，早耀才名，辇毂不改于乡音。"

二、关于各地方言的论述

《世说新语·言语》："桓玄问羊孚：'何以共重吴声？'羊曰：'当以其妖而浮。'"

《颜氏家训·风操》："凡亲属名称，皆须粉墨，不可滥也。无风教者，其父已孤，呼外祖父母与祖父母同，使人为其不喜闻也。虽质于面，皆当加外以别之。父母之世叔父，皆当加其次第以别之；父母之世叔母，皆当加其姓以别之；父母之群从世叔父母及从祖父母，皆当加其爵位若姓以别之。河北士人，皆呼外祖父母为家公家母，江南田里间亦言之。以家代外，非吾所识。凡宗亲世数，有从父，有从祖，有族祖。江南风俗，自兹已往，高秩者通呼为尊；同昭穆者，虽百世犹称兄弟；若对他人称之，皆云族人。河北士人，虽三二十世，犹呼为从伯从叔。梁武帝尝问一中土人曰：'卿北人，何故不知有族？'答云：'骨肉易疏，不忍言族耳。'当时虽为敏对，于礼未通。吾尝问周弘让曰：'父母中外姊妹，何以称之？'周曰：'亦呼为丈人。'自古未见丈人之称施于妇人也。吾亲表所行，若父属者，为某姓姑；母属者，为某姓姨。中外丈人之妇，猥俗呼为丈母，士大夫谓之王母、谢母云。而《陆机集》有《与长沙顾母书》，乃其从叔母也，今所不行。"

《颜氏家训·音辞》："夫九州之人，言语不同，生民已来，固常然矣。自《春秋》标齐言之传，《离骚》目楚词之经，此盖其较明之初也。后有扬雄著《方言》，其言大备。然皆考名物之同异，不显声读之是非也。逮郑玄注《六经》，高诱解《吕览》《淮南》，许慎造《说文》，刘熙制《释名》，始有譬况假借以证音字耳。而古语与今殊别，其间轻重清浊，犹未可晓；加以内言外言、急言徐言、读若之类，益使人疑。孙叔言创《尔雅音义》，是汉末人独知反语。至于魏世，此事大行。高贵乡公不解反语，以为怪异。自兹厥后，音韵锋出，各有土风，递相非笑，指马之谕，未知孰是。共以帝王都邑，参校方俗，考核古今，为之折衷。摧而量之，独金陵与洛下耳。南方水土和柔，其音清举而切诣，失在浮浅，其辞多鄙俗。北方山川深厚，其音沉浊而钝，得其质直，其辞多古语。然冠冕君子，南方为优；闾里小人，北方为愈。易服而与之谈，南方士庶，数言可辩；隔垣而听其语，北方朝野，终日难分。而南染吴、越，北杂夷虏，皆有深弊，不可具论。其谬失轻微者，则南人以钱为涎，以石为射，以贱为羡，以是为舐；北人以庶为戍，以如为儒，以紫为姊，以洽为狎。如此之例，两失甚多。至邺已来，唯见崔子约、崔瞻叔侄，李祖仁、李蔚兄弟，颇事言词，少为切正。李季节著《音韵决疑》，时有错失；阳休之造《切韵》，殊为疏野。吾家儿女，虽在孩稚，便渐督正之；一言讹替，以为己罪矣。云为品物，未考书记者，不敢辄名，汝曹所知也。"

《切韵·序》："以古今声调既自有别，诸家取舍亦复不同。吴楚则时伤轻浅，燕赵则多涉重浊，秦陇则去声为入，梁益则平声似去。又'支''脂''鱼''虞'共为一韵，'先''仙''尤''侯'俱论是切。欲广文路，自可清浊皆通；若赏知音，即须轻重有异。吕静《韵集》、夏侯咏《韵略》、阳休之《韵略》、周思言《音韵》、李季节《音谱》、杜台卿《韵略》等，各有乖互。江东取韵，与河北复殊。因论南北是非，古今通塞，欲更捃选精切，除消疏缓。"

《慧琳音义·序》（顾齐之）："又音虽南北，义无差别。秦人去声似上，吴人上声似去，其间失于轻剽，伤于重浊，罕分鱼鲁之谬，多传豕亥之误。"

《慧琳音义》卷一："覆载：上敷务反。见《韵英》，秦音也。诸字书音为敷救反，吴楚之音也。"

《大方广佛华严经随疏演义钞》卷三："梵音楚夏者，秦洛谓之中华，亦名华夏，亦云中夏；淮南楚地，非是中方，楚洛言音，呼召轻重。今西域梵语，有似于斯，中天如中夏，余四如楚蜀。"①

《大唐新语》卷十三"谐谑"："侯思止出自皂隶，言音不正，以告变授御史。时属断屠，思止谓同列曰：'今断屠宰，鸡（云圭）、猪（云诛）、鱼（云虞）、驴（云缕平）俱（云居）不得吃（云诘），空吃（诘）米（云弭）面（云泥去），如（云儒）何得不饥！'侍御崔献可笑之。思止以闻，则天怒，谓献可曰：'我知思止不识字，我已用之，卿何笑也？'献可具以鸡、猪之事对，则天亦大笑，释献可。"

《唐国史补》卷下："旧说，董仲舒墓，门人过皆下马，故谓之下马陵，后人语讹为虾蟆陵。今荆襄人呼提为堤，晋绛人呼梭为莝（七戈反），关中人呼稻为讨、呼釜为付，皆讹谬所习，亦曰坊中语也。"

《资暇集》卷中"俗谭"："俗之误谭，不可以证者何限。今人呼郡刺史为刺史，谓般涉为官涉，谓茜为蒨，食鱼谓鳜为桂，以鲨为诉，人振鼻为喷涕，吐口为爱富（殊不知喷嚏嗌腑，嗌者音隘，藏府气嗌出），熨斗为酝，剪刀为箭，帽为慕，礼为里，保为补，褒为逋，暴为步，触类甚多，不可悉数。"

《刊误》卷下"《切韵》"："自周、隋已降，师资道废，既号传授，遂凭精音。《切韵》始于后魏，校书令李登撰《声韵》十卷；夏侯咏撰《四声韵略》十二卷。撰集非一，不可具载。至陆法言，采诸家纂述而为己有。原其著述之初，士人尚多专业，经史精练，罕有不述之文，故《切韵》未为时人之所急。后代学问日浅，尤少专经，或舍四声，则秉笔多碍。自尔已后，乃为要切之具。然吴音乖舛，不亦甚乎？上声为去，去声为上，又有字同一声，分为两韵。且国家诚未得术，又于声律求人，一何乖阔！然有司以一诗一赋而定否臧，言匪本音，韵非中律，于此考核，以定去留，以是法言之为，行于当代。法言平声以东、农非韵，以东、崇为切；上声以董、勇非韵，以董、动为切；去声以送、种非韵，以送、众为切；入声以屋、烛非韵，以屋、宿为切。又恨怨之'恨'则在去声，很戾之'很'则在上声；又言辩之'辩'则在上声，冠弁之'弁'则在去声；又舅甥之'舅'

---

① （唐）澄观：《华严经疏钞玄谈》（《卍新纂续藏经》第 05 册 No. 0232），台北：新文丰出版公司，1975 年。

则在上声，故旧之'旧'则在去声；又皓白之'皓'则在上声，号令之'号'则在去声；又以'恐'字、'苦'字俱去声。今士君子于上声呼'恨'，去声呼'恐'，得不为有知之所笑乎？又旧《书》曰'嘉谟嘉猷'，法言曰'嘉予嘉猷'；《诗》曰'载沉载浮'，法言曰'载沉载浮'（伏予反）。夫吴民之言如病瘠风而嗫，每启其口，则语泪呐呐，随声下笔，竟不自悟。凡中华音切，莫过东都，盖居天地之中，禀气特正。予尝以其音证之，必大哂而异焉。且《国风·杕杜》篇云：'有杕之杜，其叶湑湑。独行踽踽。岂无他人？不如我同姓。'又《雅·大东》篇曰：'周道如砥，其直如矢。君子所履，小人所视。'此则不切声律，足为验矣。何须东冬中终，妄别声律？诗颂以声韵流靡，贵其易熟人口，能遵古韵，足以咏歌。如法言之非，疑其怪矣。予今别白去上，各归本音，详较重轻，以符古义。理尽于此，岂无知音？其间乖舛既多，载述难尽，申之后序，尚愧周详。"

《悉昙藏》卷五《字母翻音》之二《定异音》①："诸翻音中所注平上去入，据检古今，难可以为轨模。何者？如陆法言《切韵·序》云：'古今声调既自有别，诸家取舍亦复不同。吴楚则时伤轻浅，燕赵则多涉重浊，秦陇则去声为入，梁益则平声似去。'若尔风音难定，孰为楷式？我日本国元传二音：表则平声直低，有轻有重；上声直昂，有轻无重；去声稍引，无轻无重；入声径止，无内无外。平中怒声与重无别，上中重音与去不分。金则声势低昂与表不殊，但以上声之重稍似相合，平声轻重，始重终轻，呼之为异。唇舌之间亦有差升。"

"承和之末，正法师来。初习洛阳，中听大原，终学长安，声势太奇。四声之中各有轻重：平有轻重，轻亦轻重，轻之重者，金怒声也；上有轻重，轻似相合金声平轻，上轻始平终上呼之，重似金声上重，不突呼之；去有轻重，重长轻短；入有轻重，重低轻昂。元庆之初，聪法师来。久住长安，委搜进士，亦游南北，熟知风音。四声皆有轻重著力：平入轻重同正和上；上声之轻似正和上上声之重，上声之重似正和上平轻之重，平轻之重，金怒声也，但呼著力为今别也；去之轻重，似自上重，但以角引为去声也。音响之终，妙有轻重，直止为轻，稍昂为重。此中着力，亦怒声也。"

"此两法师共说吴音、汉音，且如摩字、那字、泥字、若字、玄字、回字等类，吴似和音，汉如正音。汉士不能呼吴，吴士不能呼汉。又如母字、不字等类，吴如开唇而更聚，汉如开唇而直散。但聪和上说云：'前三家音巨唐无矣。'以评曰：'时世改变，人俗转换。以今呼昔，乖实违体。竞欲指南，难辨走北。'然据大日经中真言注云：'此中吴音呼之，亦云此中注平声者，皆以上声稍轻呼之。'（抄《玄义记》云：'行吴音呼之。'《涅盘疏》云：'重者上声呼下去，重字皆随音势上声呼之。'）"

---

① 成书于880年。

三、关于南北方言的论述

《论语集解义疏·序》："盖是楚夏音殊、南北语异耳。南人呼伦事为论事，北士呼论事为伦事，音字虽不同，而义趣犹一也。"

《颜氏家训·风操》："人有忧疾，则呼天地父母，自古而然。今世讳避，触途急切。而江东士庶，痛则称祢。祢是父之庙号，父在无容称庙，父殁何容辄呼？《苍颉篇》有儣字，《训诂》云：'痛而呼也，音羽罪反。'今北人痛则呼之。《声类》音于耒反，今南人痛或呼之。此二音随其乡俗，并可行也。"

《颜氏家训·风操》："河北士人，皆呼外祖父母为家公家母；江南田里间亦言之。以家代外，非吾所识。"

《颜氏家训·音辞》："南方水土和柔，其音清举而切诣，失在浮浅，其辞多鄙俗；北方山川深厚，其音沉浊而钝，得其质直，其辞多古语。然冠冕君子，南方为优；闾里小人，北方为愈。易服而与之谈，南方士庶，数言可辩；隔垣而听其语，北方朝野，终日难分。而南染吴、越，北杂夷虏，皆有深弊，不可具论。其谬失轻微者，则南人以钱为涎，以石为射，以贱为羡，以是为舐；北人以庶为戍，以如为儒，以紫为姊，以洽为狎。如此之例，两失甚多。"

《颜氏家训·音辞》："北人之音，多以举、莒为矩。唯李季节云：'齐桓公与管仲于台上谋伐莒，东郭牙望见桓公口开而不闭，故知所言者莒也。然则莒、矩必不同呼。'此为知音矣。夫物体自有精粗，精粗谓之好恶；人心有所去取，去取谓之好恶。此音见于葛洪、徐邈。而河北学士读《尚书》云'好生恶杀'。是为一论物体，一就人情，殊不通矣。"

《颜氏家训·音辞》"案诸字书，焉者鸟名，或云语词，皆音于愆反。自葛洪《要用字苑》分焉字音训：若训何训安，当音于愆反，'于焉逍遥'，'于焉嘉客'，'焉用佞'，'焉得仁'之类是也；若送句及助词，当音矣愆反，'故称龙焉'，'故称血焉'，'有民人焉'，'有社稷焉'，'托始焉尔'，'晋、郑焉依'之类是也。江南至今行此分别，昭然易晓；而河北混同一音，虽依古读，不可行于今也。邪者，未定之词。《左传》曰：'不知天之弃鲁邪？抑鲁君有罪于鬼神邪？'《庄子》云：'天邪地邪？'《汉书》云：'是邪非邪'之类是也。而北人即呼为也，亦为误矣。难者曰：'《系辞》云：乾坤，《易》之门户邪？此又为未定辞乎？'答曰：'何为不尔！上先标问，下方列德以折之耳。'江南学士读《左传》，口相传述，自为凡例，军自败曰'败'，打破人军曰'败'。诸记传未见'补败反'，徐仙民读《左传》，唯一处有此音，又不言自败、败人之别，此为穿凿耳。"

《经典释文·序录·序》："汉魏迄今，遗文可见。或专出己意，或祖述旧音，各师成心，制作如面，加以楚夏声异，南北语殊。"

《匡谬正俗》卷八"受授"："或问曰：'年寿之字，北人读作受音，南人则作授音，何者为是？'答曰：'两音并通。'"

《史通·杂说中》："自汉已降，风俗屡迁，求诸史籍，差睹其事。或君臣之目，施诸朋友；或尊官之称，属诸君父。曲相崇敬，标以处士、王孙；轻加侮辱，号以仆父、舍长。亦有荆楚训多为夥，庐江目桥为圯。南呼北人曰伧，西谓东胡曰虏。渠、们、底、个，江左彼此之辞；乃、若、君、卿，中朝汝我之义。斯并因地而变，随时而革，布在方册，无假推寻。足以知甿俗之有殊，验土风之不类。"

《外台秘要方》卷五《备急》："夫瘴与疟，分作两名，其实一致，或先寒后热，或先热后寒，岭南率称为瘴，江北总号为疟。此由方言不同，非是别有异病。"

《史记正义》"论音例"："然方言差别固自不同。河北、江南最为巨异，或失在浮清，或滞于重浊。"

《法华玄义释签》卷十六："言楚夏者，京华为夏，淮南为楚，音词不同，所诠不异，彼土异尔。"

《慧琳音义·序》（顾齐之）："又音虽南北，义无差别。秦人去声似上，吴人上声似去，其间失于轻剽，伤于重浊，罕分鱼鲁之谬，多传豕亥之误。"

《慧琳音义·序》："然则古来音反，多以傍纽，而为双声，始自服虔，元无定旨。吴音与秦音莫辩，清韵与浊韵难明。"

四、关于方言本音本字的论述

《颜氏家训·勉学》："吾在益州，与数人同坐，初晴日晃，见地上小光，问左右：'此是何物？'有一蜀竖就视，答云：'是豆逼耳。'相顾愕然，不知所谓。命取将来，乃小豆也。穷访蜀土，呼粒为逼，时莫之解。吾云：'《三苍》《说文》，此字白下为匕，皆训粒，《通俗文》音方力反。'众皆欢悟。"

《颜氏家训·书证》："或问曰：'《东宫旧事》何以呼鸱尾为祠尾？'答曰：'张敞者，吴人，不甚稽古，随宜记注，逐乡俗讹谬，造作书字耳。吴人呼祠祀为鸱祀，故以祠代鸱字；呼绀为禁，故以系傍作禁代绀字；呼盏为竹简反，故以木傍作展代盏字；呼镀字为霍字，故以金傍作霍代镀字。又金傍作患为镮字，木傍作鬼为魁字，火傍作庶为炙字，既下作毛为髻字。金花则金傍作华，窗扇则木傍作扇。诸如此类，专辄不少。'"

《颜氏家训·书证》："《三辅决录》云：'前队大夫范仲公，盐豉蒜果共一筒。''果'当作魏颗之'颗'。北土通呼物一块，改为一颗，蒜颗是俗间常语耳。故陈思王《鹞雀赋》曰：'头如果蒜，目似擘椒。'又《道经》云：'合口诵经声璨璨，眼中泪出珠子碨。'其字虽异，其音与义颇同。江南但呼为蒜符，不知谓为颗。学士相承，读为裹结之裹，言盐与蒜共一苞裹，内筒中耳。《正史削繁》音义又音蒜颗为苦戈反，皆失也。"

《颜氏家训·书证》："《诗》云：'参差荇菜。'《尔雅》云：'荇，接余也。'字或为莕。先儒解释皆云：'水草，圆叶细茎，随水浅深，今是水悉有之，黄花似莼，江南俗亦呼为猪莼，或呼为荇菜。'刘芳具有注释。而河北俗人多不识之，博士皆以参差者是苋菜，呼'人苋'为'人荇'，亦可笑之甚。"

《匡谬正俗》卷三"禹宇丘区"："且今江淮田野之人犹谓区为丘，亦古之遗音也。今之儒者不晓其意，竞为解释，或云禹宇是同声，丘区是声相近，二者并不须讳，并为诡妄。或云：宇禹区丘并是别音相近，乃读禹为于举反，故不须讳。并为诡妄，不诣其理。"

《匡谬正俗》卷五"堤"："又堤防之堤字，并音丁奚反，江南末俗往往读为大奚反，以为风流，耻作低音，不知何所凭据。转相放习，此弊渐行于关中。其提封本取提挈之义，例作低音，而呼堤防之字即为蹄音，两失其义，良可叹息。"

《匡谬正俗》卷六"趹"："或问曰：'今山东俗谓伏地为趹，何也？'答曰：'趹者，俯也。按：张楫《古今字诂》云：頮府，今俯俛也。许氏《说文解字》曰：頮，低头也。《太史卜书》頮仰字如此。斯则呼俯音讹，故为趹耳。'"

《匡谬正俗》卷六"恫"："今太原俗呼痛而呻吟谓之通唤何？答曰：《尔雅》云：'恫，痛也。'郭景纯音呻恫音通。亦音恫，字或作侗。《周书》云：'恫瘝乃身。'并是其义。今痛而呻者，江南俗谓之呻唤，关中俗谓之呻恫，音同，鄙俗言失。恫者，呻声之急耳。太原俗谓恫唤云通，此亦以痛而呻吟，其义一也。郭景纯既有呻恫之音，盖旧语耳。"

《匡谬正俗》卷六"底"："问曰：'俗谓何物为底（丁儿反），底义何训？'答曰：'此本言何等物，其后遂省，但言直云等物耳。等字本音都在反，又转音丁儿反。左太冲《吴都赋》云：畛畷无数，膏腴兼倍。原隰殊品，窊隆异等。盖其证也。今吴越之人呼齐等皆为丁儿反。应瑗诗云：文章不经国，筐箧无尺书。用等称才学，往往见叹誉。此言讥其用何等才学见叹誉而为官乎？以是知去何而直言等，其言已旧，今人不详其本，乃作底字。非也。'"

《匡谬正俗》卷六"刚扛"："或问曰：'吴楚之俗谓相对举物为刚，有旧语否？'答曰：'扛，举也，音江，字或作杠。《史记》云：项羽力能扛鼎，张平子《西京赋》云乌获扛鼎，并是也。彼俗音讹，故谓扛为刚耳。既不知其义，乃有造捆字者，固为穿凿也。'"

《匡谬正俗》卷六"椎"："问曰：'关中俗谓发落头秃为椎，何也？'答曰：'按，许氏《说文解字》云：鬌，发堕也。吕氏《字林》《玉篇》《切韵》并直垂反。今俗呼鬌音讹，故为椎耳。'"

《匡谬正俗》卷七"上"："今俗呼上下之上音盛[①]。按郭景纯《江赋》云：

'雹布余粮，星离沙镜。青纶竞纠，缛组争映。紫菜荧晔以丛被，绿苔鬖髿乎研上。石帆蒙茏以盖屿，莯实时出而漂泳。'此则上有盛音也。"

《匡谬正俗》卷七"激"："今俗呼激水箭音为吉跃反。按张平子《西京赋》云：'翔鹍仰而弗逮，况青鸟与黄雀。伏棂槛而頼听，闻雷霆之相激。'郭景纯《江赋》云：'虎牙嵘竖以屹崒，荆门阙竦而磐礴。圆渊九回以悬腾，溢流雷响而电激。骇浪暴洒，惊波飞薄。'此则激字有吉跃音也。"

《匡谬正俗》卷七"渴罩"："问曰：'太原俗谓事不妥帖，有可惊嗟为渴罩，何也？'答曰：'《礼·三年问》曰：至于燕爵，犹有嘤唧之类焉。徐仙唧音张流反，嘤音子由反。此言燕雀见其俦类死亡，悲痛惊愕，相聚集吟噪也。彼处士俗谓群雀聚噪为雀唧，音竹孝反。此亦古之遗言，故呼可惊之事为罩尔。'"

《匡谬正俗》卷七"怒"："（音弩）。怒字古读有二音。诗云：'君子如怒，乱庶遄沮。君子如祉，乱庶遄已。忧心殷殷，念我土宇。我生不辰，逢天僤怒。'《离骚》云：'忽奔走以先后，及先王之踵武。荃不察余之中情，反信谗而齌怒。'此则读为上声也。诗云：'亦有兄弟，不可以据。薄言往愬，逢彼之怒。念彼共人，睠睠怀顾。岂不怀归，畏此谴怒。'此则读为去声也。略举数条，其例非一。今山东、河北人读书，但知怒有去声，不言本有二读，曾不寻究，失其真矣。"

《匡谬正俗》卷七"几头"："问曰：'山东俗新沐浴饮酒谓之几头。此义何也？'答曰：'字当作机，音讯，机谓福祥也。按《礼》云：沐稷而靧粱，发晞用象栉，进机进羞，工乃升歌。郑康成注云：沐靧必进机作乐，盈气也。此谓新靧沐体虚，故更进食饮，而又加乐以自辅助，致福祥也。此盖古之遗法也。'"

《匡谬正俗》卷八"毙"字："毙者，仆也。音与弊同。瘫痹者，屈伸欲死之貌，音僻锡。字义既别，音亦不同。今关中俗呼毙皆作僻音，遂无为弊读者，相与不悟。"

《匡谬正俗》卷八"骨鹿"："问曰：'俗谓鸽为骨鹿，此语有何典故？'答曰：'《尔雅》云：鹘，鸓鹪。然则鹘一名鹪，今人云骨鹿者，是鹪鹿耳。以鹿配鹪者，盖象其鸣声以呼之，亦由子规、蜘蟟、鹅、鸭、鸠、鸽之类也。今山东俗谓之鹪，此亦象其鸣声。固知字并为鹪，不得呼为骨。傍辄加鸟者，此字乃是鹘鸼，不关鸽事也。'"

《匡谬正俗》卷八"愈"："愈，胜也，故病差者言愈。《诗》云'政事愈蹙'，《楚辞》云'不侵兮愈疏'，此愈并言渐就耳，文史用之者皆取此意，与病愈义同。而江南近俗，读愈皆变为踰，关内学者，递相放习，亦为难解。"

《慧琳音义》卷九十："掷碢：徒禾反，圆薄而小，形似辗碢，手掷以为戏，亦曰抛碢，云掷樗者是也。乃江乡吴越之文言，非经史之通语也。此字本无，诸儒各随意作之，故无定体，今并书出，未知孰真。《集训》从土作墮，《考声》从石作碢，《韵诠》从木作榋，《文字集略》及《韵英》从石作碢，今且为证。"

《慧琳音义》卷一百"剩食其人"："剩，音承证反，俗字也，亦楚郢之间语辞也。言剩如此者，意云岂能便如此。是此意也。盖亦大师乡音楚语也。"

《酉阳杂俎·续集》卷四："予太和末，因弟生日，观杂戏。有市人小说，呼'扁鹊'作'褊鹊'，字上声。予令座客任道昇字正之。市人言：'二十年前，尝于上都斋会设此，有一秀才甚赏某呼扁字与褊同声，云世人皆误。'予意其饰非，大笑之。近读甄立言《本草音义》引曹宪云：'扁，布典反。'今步典，非也。"

《资暇集》卷上"虫霜旱潦"："饮坐令作，有不悟而饮罚爵者，皆曰'虫伤旱潦'，或云：'虫伤水旱。'且以为薄命不偶，万口一音，未尝究四字之意何也。'虫伤'宜为'虫霜'，盖言田农水旱之外，抑有虫蚀、霜损。此四者，田农之大害，《六典》言之数矣。呼曲子名则'下兵'为'下平'，'阁罗凤'为'合罗凤'，著辞则'河内王'为'何奈王'，'樯竿上'为'长竿上'，如斯之语，岂可殚论。"

《资暇集》卷下"竹笪"："麓簷簾，因江东呼为笪，今京洛皆呼为竹笪。（今俗音笪为怛，盖此字音旦，又音闵。当是有于笪旁书旦、闵二音者，遂误合二音，反谓是怛，遂以成俗）余尝因市此呼作'闵'音，为轻薄所嗤曰：'真村里书生。'余应之曰：'声亦呼作旦音，知乎？'"（若是者又多，难悉言）

《资暇集》卷下"驴为卫"："代呼驴为卫，于文字未见。今卫地出驴，义在斯乎？或说以其有轴有槽，譬如诸卫有胄曹也，因目为卫。"

《岭表录异》卷中："倒捻子，窠丛不大，叶如苦李，花似蜀葵，小而深紫，南中妇女得以染色。有子，如软柿，头上有四叶，如柿蒂，食者必捻其蒂。故谓之倒捻子，或呼为都念子，盖语讹也。"

五、关于方言名源的论述

《世说新语·言语》："奋答曰：'臣犹吴牛，见月而喘。'刘孝标注：'今之水牛，唯生江淮间，故谓之吴牛也。南土多暑，而此牛畏热，见月疑是日，所以见月则喘。'"

《述异记》卷下："瓜步在吴中，吴人卖瓜于江畔，用以名焉。吴江中又有鱼步，龟步；湘中有灵妃步。昉按：吴楚间谓浦为步，语之讹耳。"

《匡谬正俗》卷六："杨"："问曰：'俗呼姓杨者，往往为盈音，有何依据？'答曰：'按晋灼《汉书音义》反杨恽为由婴。如此则知杨姓旧有盈音，盖是当时方俗，未可非也。'"

《匡谬正俗》卷六："木钟"："或问曰：'今所谓木钟者，于义何取？字当云何？'答曰：'本呼木章，音讹遂为钟耳。古谓大木为章，故《汉书》云《货殖传》云千章之荻，谓荻木千枚也。其将作属官有主章署，掌材木。又古谓舅姑为姑章，今俗亦呼姑钟，益知章音皆转为钟。'"

《匡谬正俗》卷五"柱"："《西域传》云：'当为拄置，心不便。'按，拄者，撑拄之名，本音竹羽反。柱物之本，因为之柱，竹具反。《鲁灵光殿赋》云：'漂嶕峣而枝柱。'此音是也。车后柱木呼为车柱，其义亦同。置者，安设之名。言拄置者，谓自安置支拄他人。今江南俗呼人自高抗矜持为自拄置。今此言车师国见徐普于其侧近拄置，恐被侵拒，故心内以为不便耳，安在其取橼柱而置于心腹中乎？义既乖刺，语又析破，失之远矣。朱云连拄五鹿君，岂复赍橼自随乎？"

《匡谬正俗》卷六"洋"："问曰：'羊者，今山东俗谓众为洋，何也？'答曰：'按：《尔雅》云：洋、观、裒、众、那，多也。'"

《本草拾遗》（《本草纲目》卷三十五引）："俗呼椿为猪椿，北人呼樗为山椿，江东呼为虎目树，亦名虎眼。谓叶脱处有痕，如虎之眼目。又如樗蒲子，故得此名。"

《封氏闻见记》卷八"二朱山"："密州之东，临海有二山，南曰大朱，北曰小朱，相传云，仙人朱仲所居也。按：朱仲，汉时人，《列仙传》所载，不言所居。若尔，朱仲未居之前，山无名乎？此西北数十里，有春秋时淳于城。淳于，州国也。吴楚之人谓居为于，古谓州为朱。然则此山当名州山也。"

《慧琳音义》卷六十："埠螽：上音负，下音终。幽州谓春箕，齐鲁谓之春黍，或螇蝶。陆玑《毛诗虫鱼疏》云：'青白色，长股，五六月能鸣，似蝗而小。'多有异名，方言不同，文繁不录。蝗虫之类，两股，或有斑点者，俗语讹转，名为补钟是也。"

《慧琳音义》卷五："髑髅：或作颡颣，或名头颅，或名颔（徒各反）颅（音卢），皆一义。亦由楚夏音殊，轻重讹转耳。"

《慧琳音义》卷八十四："邛亭湖：上音恭，此洞亭湖名也，本无正字。《晋书·郭璞传》中作'邛亭'，今《译经图记》中从人作'傎亭'，书写误也。流俗相传，见今呼为宫亭湖，盖是吴楚语讹，难为准定，此即洞亭湖也。"

《唐国史补》卷下："旧说，董仲舒墓，门人过皆下马，故谓之下马陵，后人语讹为虾蟆陵。今荆襄人呼提为堤，晋绛人呼梭为莝（七戈反），关中人呼稻为讨、呼釜为付，皆讹谬所习，亦曰坊中语也。"

《大唐传载》："润州金坛县，大历中，有北人为主簿，以竹筒赍蝎十余枚，置于厅事之柳树，后遂孳育至百余枚，为土气所蒸而不能螫人。南民不识，呼为主簿虫。"

《酉阳杂俎》卷十七："避役：南中名避役，一曰十二辰虫，状似蛇医，脚长，色青赤，肉鬣。暑月时见于篱壁间，俗云见者多称意事。其首倏忽更变，为十二辰状，成式再从兄郜尝观之。"

《酉阳杂俎》卷十七："蝎：江南旧无蝎，开元初，尝有一主簿，竹筒盛过江，至今江南往往亦有，俗呼为主簿虫。"

《资暇集》卷下"甘草"："所言甘草，非国老之药者，乃南方藤名也。其丛似蔷薇而无刺，其叶似夜合而黄细，其花浅紫而蕊黄，其实亦居甲中，以枝叶俱甜，故谓之甘草藤。土人异呼为草而已，出在潮阳，而南漳亦有，故备载之。"

《资暇集》卷下"驴为卫"："代呼驴为卫，于文字未见。今卫地出驴，义在斯乎？或说以其有轴有槽，譬如诸卫有胃曹也，因目为卫。"

《资暇集》卷下"屋头"："俗命如厕为屋头。称并州人咸凿土为室，厕在所居之上故也。一说，北齐文宣帝怒其魏郡丞崔叔宝，以溷汁沃头。后人或食或避亲长，不能正言溷，因影为沃头焉。"

《刘宾客嘉话录》："公曰：'诸葛所止，令兵士独种蔓菁者何？'绚曰：'莫不是取其才出甲者可生啖，一也；叶舒可煮食，二也；久居则随以滋长，三也；弃去不惜，四也；回则易寻而采之，五也；冬有根可劚食，六也；比诸蔬属，其利不亦博乎？'曰：'信矣。'三蜀之人今呼蔓菁为诸葛菜，江陵亦然。"

《北户录》卷三："鹤子草，蔓花也……当夏开，南人云是媚草，甚神，可比怀草、梦芝。采之曝干，以代面靥，形如飞鹤状，翅羽嘴距，无不毕备，亦草之奇者。草蔓上春生双虫，常食其叶，土人收于妆粉间饲之，如养蚕法。虫老不食，而蜕为蝶，蝶赤黄色，女子佩之，如细鸟皮，号为媚蝶。"

《苏氏演义》卷下："彭越子：似蟹而小，扬楚间每遇寒食，其俗竞取而食之。或传云：'汉黥布覆彭越，醢于江，遂化为蟹，因名彭越子。'恐为误说。此盖彭蜌子矣（蜌又作蝟），人语讹以蜌子为越子，缘彭越有名于世，故习俗相传，因而不改。"

《岭表录异》卷中："鮀鱼：形似鳊鱼，而脑上突起，连背而圆身。肉甚厚，肉白如凝脂，只有一脊骨。治之以姜葱，尒（音缶，蒸也）之粳米，其骨自软，食者无所弃，鄙俚谓之狗瞌睡鱼。以其犬在盘下，难伺其骨，故云狗瞌睡鱼也。"

《岭表录异》卷中："倒捻子：窠丛不大，叶如苦李，花似蜀葵，小而深紫。南中妇女得以染色。有子，如软柿，头上有四叶，如柿蒂。食者必捻其蒂，故谓之倒捻子。或呼为都念子，盖语讹也。"

《岭表录异》卷中："瓦屋子"："盖蚌蛤之类也。南中旧呼为蚶（音憨）子头[①]。顷因卢钧尚书作镇，遂改为瓦屋子，以其壳上有棱如瓦垄，故名焉。"

六、关于诗文中的方言的论述

《梵汉译经音义同异记》："故浮屠桑门，遗谬汉史，音字犹然，况于义乎？

---

① 一本无"头"字。

案中夏彝典，诵诗执礼，师资相授，犹有讹乱。诗云：'有兔斯首'，斯当作鲜，齐语音讹，遂变诗文，此桑门之例也。"

《文心雕龙·声律》："又诗人综韵，率多清切。《楚辞》辞楚，故讹韵实繁。及张华论韵，谓士衡多楚，《文赋》亦称取足不易，可谓衔灵均之余声，失黄钟之正响也。"

《颜氏家训·音辞》："古今言语，时俗不同；著述之人，楚、夏各异。《苍颉训诂》反稗为逋卖，反娃为于乖；《战国策》音刭为免；《穆天子传》音谏为间；《说文》音戛为棘，读皿为猛；《字林》音看为口甘反，音伸为辛；《韵集》以成、仍、宏、登合成两韵，为、奇、益、石分作四章；李登《声类》以系音羿；刘昌宗《周官音》读乘若承。此例甚广，必须考校。前世反语，又多不切，徐仙民《毛诗音》反骤为在遘，《左传音》切椽为徒缘，不可依信，亦为众矣。"

《史通·杂说中》："北齐诸史：或问曰：'王劭《齐志》，多记当时鄙言，为是乎？为非乎？'对曰：'古往今来，名目各异，区分壤隔，称谓不同，所以晋、楚方言，齐、鲁俗语，《六经》诸子，载之多矣。'"

七、其他方面的论述

《颜氏家训·音辞》："邪者，未定之词。《左传》曰：'不知天之弃鲁邪？抑鲁君有罪于鬼神邪？'《庄子》云：'天邪地邪？'《汉书》云：'是邪非邪'之类是也。而北人即呼为也，亦为误矣。难者曰：'《系辞》云：乾坤，《易》之门户邪？此又为未定辞乎？'答曰：'何为不尔！上先标问，下方列德以折之耳。'"

《颜氏家训·杂艺》："北朝丧乱之余，书迹鄙陋，加以专辄造字，猥拙甚于江南，乃以'百''念'为'忧'，'言''反'为'变'，'不''用'为'罢'，'追''来'为'归'，'更''生'为'苏'，'先''人'为'老'，如此非一，遍满经传。唯有姚元标工于楷隶，留心小学，后生师之者众。洎于齐末，秘书缮写，贤于往日多矣。"

第三章

南北朝隋唐方言记载

第一节　南北朝隋唐方言记载（上）

一、北方①

《文选·射雉赋》徐爰注（李善引）：擎者，开除之名也，今伧人通有此语。

《本草经集注》（《本草纲目》卷十五引）：枲耳，伧人皆食之，谓之常思菜。

《水经注》卷三十六"温水"：华俗谓上金为紫磨金，夷俗谓上金为阳迈金也。

《齐民要术》卷十：北方呼豉为札。

《南齐书·东南夷传》：中国谓紫磨金，夷人谓之阳迈。②

《魏书·序纪》：北俗谓土为托，谓后谓跋。

《魏书·铁弗刘虎列传》：北人谓胡父鲜卑母为铁弗。

《重修玉篇·心部》：懻：北方名强直为懻。

《颜氏家训·风操》：兄弟之子已孤，与他人言，对孤者前，呼为兄子弟子，颇为不忍；北土人多呼为侄。

《颜氏家训·风操》：今南北风俗，言其祖及二亲，无云家者；田里猥人方有此言耳。

《颜氏家训·风操》：河北士人皆呼外祖父母为家公家母，江南田里间亦言之。

---

① 此处"北方"指文献中出现"北方""北人""河北""北土""中国"等字样的区域。书中的"南方"同理。

② "阳迈"一本作"杨迈"。

《颜氏家训·风操》：《仓颉篇》有倄字，《训诂》云："痛而呼也，音羽罪反。"今北人痛则呼之。《声类》音于未反，今南人痛或呼之。

《颜氏家训·书证》：江南别有苦菜，叶似酸浆，其花或紫或白，子大如珠，熟时或赤或黑，此菜可以释劳。按：郭璞注《尔雅》，此乃"蘵，黄蒢"也。今河北谓之龙葵。

《颜氏家训·书证》：北土通呼物一块，改为一颗。

《颜氏家训·书证》：北间风俗，妇呼舅为大人公。

《颜氏家训·书证》：《左传》曰："齐侯疥，遂痁。"《说文》云："疥，二日一发之疟。痁，有热疟也。"按：齐侯之病，疥本是间日一发，渐加重乎故，为诸侯忧也。今北方犹呼疥疟，音皆。

《颜氏家训·音辞》：兄，当音所荣反，今北俗通行此音。

《颜氏家训·音辞》：北人以庶为戍，以如为儒，以紫为姊，以洽为狎。

《颜氏家训·音辞》：北人之音多以举、莒为矩。

《颜氏家训·音辞》：甫者，男子之美称，古书多假借为父字，北人遂无一人呼为甫者。

《颜氏家训·音辞》：邪者，未定之词……而北人即呼为也，亦为误也。

《证俗音》（《慧琳音义》卷十五引）：肝，颜氏《证俗音》云："今内国云皲，音赠。"或做黚，黚俗字也。

《证俗音》（《北户录》卷二引）："《证俗音》云：今江南呼饊饭，已煎米以糖饼之者为粔籹也。音浮流。"

《证俗音》（《北户录》卷二引）：《证俗音》："粦籹，内国呼为糫饼，亦呼寒具。"①

《证俗音》（《北户录》卷二引）：颜之推云："今内国餢飳以油苏煮之，江南谓蒸饼为餢飳，未知何者合古。"朕，《国语》谓云："主孟朕我"。《字林》曰："朕，肴也，音大滥反。"之推又云："今内国犹言饼朕。"

《玉烛宝典》卷二：今验此虫，在家者身粗而短，走迟，北人呼为蠍虎，即是守宫；在野者身细而长，走尤疾，南土名为虵师，即是蜥蜴。

《庄子·外物篇》陆德明释文：河亦江也，北人名水皆曰河。

《周礼·冬官·考工记》："鹿车緧。"陆德明释文：刘府结反；沈音毕，云"刘音非也"。按：北俗今犹有此语，音如刘音，盖古语乎？刘音未失。

《北齐书·綦连猛传》：綦连猛，字武儿，代人也。其先姬姓，六国末避乱出塞，保祁连山，因以山为姓。北人语讹，故曰綦连氏。

《隋书·豆卢勣传》：豆卢勣，字定东，昌黎徒河人也。本姓慕容，燕北地王

---

① 《四库全书总目提要·续方言》中作"粦粺"。

精之后也。中山败，归魏，北人谓归义为豆卢，因氏焉。①

《匡谬正俗》卷八：年寿之字，北人读作受音，南人则作授音。

《汉书·高帝纪》颜师古注：许北人呼为麔子，吴楚谓之志。志，记也。

《唐本草》（《本草纲目》卷十六引）：地肤：恭曰："田野人名为地麦草，北人名涎衣草。"

《南华真经注疏》卷十《庄子·天下》："丁子有尾。"成玄英疏：楚人呼虾蟆为丁子。

《北史·刘昶列传》：（刘昶）入魏历纪，犹布衣皂冠，同凶素之服。然呵骂僮仆，音杂夷夏。

《北史·豆卢宁列传》：或云："北人谓归义为豆卢，因氏焉。"

《北史·僭伪附庸列传》：屈丐本名勃勃，明元改其名曰屈丐。北方言屈丐者卑下也。

《本草拾遗》（《离骚草木疏》卷三"辛夷"引）：此花，江南地暖正月开，北地寒二月开。初发如笔，北人呼为木笔花。其花最早，南人呼为迎春。

《本草拾遗》（《证类本草》卷十引）：鬼钗草……生池畔，叶有桠，方茎，子作钗脚，着人衣如针，北人呼为鬼针。

《本草拾遗》（《证类本草》卷十二"辛夷"引）：此花，江南地暖正月开，北地寒二月开。初发如笔，北人呼为木笔。其花最早，南人呼为迎春。

《本草拾遗》（《本草纲目》卷十四引）：马兰生泽旁，如泽兰而气臭，《楚词》以恶草喻恶人。北人见其花呼为紫菊，以其似单瓣菊花而紫也。

《本草拾遗》（《证类本草》卷十九引）：布谷脚脑骨，令人夫妻相爱。五月五日收带之各一，男左女右，云置水中，自能相随。又江东呼为郭公，北人云拨谷。一名获谷，似鹞，长尾。

《本草拾遗》（《杜诗详注》卷十九引）：芜菁，北人名蔓菁，蜀人呼为诸葛菜。

《本草拾遗》（《证类本草》卷二十二引）：壁钱，虫似蜘蛛，作白幕如钱，在暗壁间，此土人呼为壁茧。

《本草拾遗》（《本草纲目》卷二十三引）：稗有二种，一种黄白色，一种紫黑色。紫黑者似芭有毛，北人呼为乌禾。

《本草拾遗》（《本草纲目》卷三十四引）：辛夷：藏器曰："初发如笔头，北人呼为木笔。其花最早，南人呼为迎春。"

《本草拾遗》（《本草纲目》卷三十五引）：俗呼椿为猪椿，北人呼樗为山椿，江东呼为虎目树，亦名虎眼。谓叶脱处有痕，如虎之眼目。又如樗蒲子，故得此名。

---

① 此处北人指北方及西北少数民族。

《本草拾遗》（《本草纲目》卷三十五引）：江东人通名杨柳，北人都不言杨。

《本草拾遗》（《本草纲目》卷四十引）：蠮螉（音室当），《尔雅》作蛈蝪（音迭汤）。今转为颠当虫，河北人呼为蛈蝪（音侄唐），《鬼谷子》谓之蛈母。

《本草拾遗》（《本草纲目》卷四十九引）：布谷，鸤鸠也。江东呼为获谷，亦曰郭公；北人名拨谷。

《慧琳音义》卷九（卷五十九、七十同）：髀：古文作䏶，同。蒲米反。《说文》："股外也。"北人行此音。方尔反，江南行此音。

《慧琳音义》卷十七（卷四十八同）：虀：醯酱所和，细切曰虀，合物为菹。今中国皆言虀，江南悉言菹。

《慧琳音义》卷十七：蓄息：今中国谓蓄息为媊息，音匹万反。

《慧琳音义》卷二十：胄：古文軸，同。除救反。《广雅》："胄，兜鍪也。"中国行此音。亦言鞮鍪，江南行此音。鞮音低，鍪，莫侯反。

《慧琳音义》卷二十六：髀：蒲米反，北人用此音；又必尔反，江南行此音。

《慧琳音义》卷二十七：守宫：此在舍者，江南谓蝘蜓。然体一物，山东谓蜥蜴，陕以西谓壁宫。

《慧琳音义》卷三十一：楄：又作楔，同。先结反。江南言櫼，子林反。楔，通语也。

《慧琳音义》卷三十三：潭：败佳反。《方言》："笮谓之筏"。南方名潭，北人名筏也。

《慧琳音义》卷三十七：膋：又作膫，同。力雕反。《字书》："膋，脂膏也。"谓肠间脂也。今中国言脂，江南言膋。

《慧琳音义》卷四十二：齩：又作齧，同。五狡反，中国音也。又下狡反，淮南音也。

《慧琳音义》卷四十五：膊：又作腨，同。时夹反。《说文》："腨，腓肠也。"腓音肥。江南言腓肠，中国言腨肠，或言脚腨也。

《慧琳音义》卷四十六：楄：又作楔，同。先结反。《说文》："楔，櫼也。"櫼，子林反。今江南言櫼，中国言屈。楔，通语也。屈音侧洽反。

《慧琳音义》卷四十九：齩：五狡反，中国音也。又下狡反，淮南音也。《说文》："齩，啮也。"

《慧琳音义》卷五十五：桼簁：又作漆，同。音七。下又作体（籭），同。音瑞。江南名籭，北人名皖，音换。

《慧琳音义》卷五十六：劋：谓劲速劋健也，中国多言勦。勦音姜权反。

《慧琳音义》卷五十六：鸬鹚：中国或谓之水鸦鹚。

《慧琳音义》卷五十八：筏：又作箄，同。蒲佳反。《方言》："箄谓之筏。"南方名箄，北人名筏。

《慧琳音义》卷五十九：什物：时立反。什谓会数之名也，亦聚也，杂也，资生之物也。今人言家产器物犹云什物，物即器也。江南名什物，此土名五行。《史记》："舜作什器于寿丘。"《汉书》："贫民赐田宅什物。此即是也。"

《慧琳音义》卷五十九：揣：《说文》："揣量也。"音都果反，北人行此音。又初委反，江南行此音。揣非字义。

《慧琳音义》卷五十九：鞘：《小尔雅》作鞘，诸书作削，同。思诮反。《说文》："削，刀鞘也。"《方言》："剑削，关东谓之削，关西谓之鞞。"音饼。江南音啸，关中音笑也。①

《慧琳音义》卷五十九：筏：《通俗文》作橃，《韵集》作拨，同。抉月反。《方言》："箪谓之筏"。编竹木浮于河，以运物者。南土名箪，北人名筏也。箪音蒲佳反。

《慧琳音义》卷五十九：磨：《字林》作礳，同。亡佐反。郭璞注《方言》云："碢即磨也。"《世本》云："斑输作碢。"北土名也。江南呼摩。

《慧琳音义》卷五十九：抖擞：《难字》曰："抖擞，举也。"江南言抖擞，北人言㩊㩫。音都谷反，下苏谷反。

《慧琳音义》卷五十九：晒：霜智反，北土行此音。又所隘反，江南行此音。

《慧琳音义》卷六十七：漳：《方言》："箪谓之筏"。南方名漳，北人名筏也。

《慧琳音义》卷六十七：篾：莫结反。《埤苍》："折竹支也。"中国谓竹篾为篾，箆音弥，蜀土亦然也。

《慧琳音义》卷七十：揣：古文敪，同。初委反，谓测度前人也。江南行此音。又音都果反，揣，量也，试也。北人行此音。

《慧琳音义》卷七十：篅：市缘反，圆仓也。江南行此音。又作上仙反，中国行此音。

《慧琳音义》卷七十（卷七十三同）：辣：《通俗文》："辛甚曰辣"。江南言辣，中国言辛。

《慧琳音义》卷七十：趌：求累反。今江南谓屈膝立为跽趌，中国人言胡跽。音其止反，胡音护，跽音丈羊反。

《慧琳音义》卷七十一：胭：又作咽，同。一千反。胭，喉也。北人名颈为胭也。

《慧琳音义》卷七十一：搯：他劳反。《说文》："搯，掐也。"掐，一活反。中国言搯，江南言挑，音土雕反。

《慧琳音义》卷七十一：齩：又作齩，同。五狡反。齩，啮也。关中行此音。又下狡反，江南行此音。

《慧琳音义》卷七十三：装拣：阻良、侧亮二反，下师句反。今中国人谓撩理

---

① 《慧琳音义》卷六十七亦引，文字稍异。

行具为缚抶。缚音附,抶音戍。

《慧琳音义》卷七十三:攒:扶味反,南人谓相扑为相攒也。

《慧琳音义》卷七十三:骰:又作垸,同。胡灌反。《通俗文》:"烧骨以桼曰垸。"《苍颉训诂》:"垸,以桼和之。"今中国人言垸,江南言髓,音瑞。桼,古漆字。

《慧琳音义》卷七十四:陶河:字宜作掏,徒刀反。中国言掏河,江南言鹈鹕,亦曰黎鹕。

《慧琳音义》卷七十五:淅:思历反。《通俗文》:"汰米曰淅。"淅,洮也。江南言淅,中国言洮。

《慧琳音义》卷八十五:謇謇:居展反。王逸注《楚辞》云:"謇謇,威仪貌也。"《考声》云:"謇謇,词无避也。"《古今正字》:"亦北方通语也。"从言,謇省声也。①

《慧琳音义》卷八十五:础:音楚,即今之柱下石矴也。亦名柱礩,一名柱碏。碏音昔,南人呼为础,形声也。

《酉阳杂俎·续集》卷九:紫薇,北人呼为猴郎达树,谓其无皮,猿不能捷也。北地其树绝大,有环数夫臂者。

二、秦晋②

《纂文》(《太平御览》卷七百五十七引):秦人以钴鏻为锉鏻。

《纂文》(《初学记》卷二十九引):梁州以豕为猪(之于反),河南谓之彘,吴楚谓之豨(火岂反),渔阳以大猪为犯,齐徐以小猪为𧱡(仕主反)。

《纂文》(《太平御览》卷九百〇三引):梁州以豕为猪(之于反),河南谓之彘,吴楚谓之豨(火岂切),渔阳以大猪为犯,齐徐以小猪为𧱡(仕主反)。

《纂文》(《慧琳音义》卷二十六引):籯:《字林》云:"书僮笿也。"《纂文》云:"关西以书篇为书籯。"

《纂文》(《慧琳音义》卷四十七引):关内以鷜为鷜烂堆也。③

《纂文》(《慧琳音义》卷四十二引):关西以逐物为趁也。

《纂文》(《初学记》卷二十九、《太平御览》卷九百四引):陇西以西以犬为犹。

《异苑》卷三:东土呼熊为子路。

《水经注》卷六"涑水":河东盐池谓之盐。

---

① 《古今正字》为初唐人张戩撰。

② 书中确定方言材料的区域以"秦晋""赵魏"等名称为准,这些区域所辖范围以秦汉时期的情况为准。

③ 《玄应音义》卷十一、二十三亦引。

《礼记·月令》皇侃疏（孔颖达疏引）：皇氏云："秦人谓疾风为盲风。"

《毛诗义疏》（《齐民要术·蓄六五》引）：河东、关内谓之蓄，幽、兖谓之燕蓄，一名爵弁，一名蔓。

《重修玉篇·木部》：枑：陟革切。槌横木也。关西谓之枑。

《重修玉篇·衣部》：襬：彼皮切。关东人呼裙也。

《重修玉篇》（《慧琳音义》卷二十五引）：自关而东齐鲁之间皆谓棋为弈。①

《颜氏家训·音辞》：玙、璠，鲁之宝玉，当音余烦，江南皆音藩屏之藩。岐山当音为奇，江南皆呼为神祇之祇。江陵陷没，此音被于关中，不知二者何所承案。

《证俗音》（《北户录》卷一"蝘蜓"）：《证俗音》云："山东谓之蛷蝮，音七赐、名敌反。陕以西谓之壁宫。"

《诗经·绵》陆德明释文：案：《广雅》云："堇，藋也。"今三辅之言犹然。

《左传·昭公十九年》陆德明释文：去，起吕反，藏也。裴松之注《魏志》云："古人谓藏为去。"按：今关中犹有此音。

《列子·黄帝》陆德明释文：屦，九遇反，关西呼履谓之屦。

《左传·昭公十九年》孔颖达疏：去即藏也，《字书》去作弆，羌莒反，谓掌物也。关西呼为弆，东人轻言为去，音莒。

《匡谬正俗》卷一：今关中俗呼二更、三更为夜央、夜半，此盖古之遗言，谓夜之中耳。

《匡谬正俗》卷六：今太原俗呼痛而呻吟谓之通唤……今痛而呻者，江南俗谓之呻唤，关中俗谓之呻恫。

《匡谬正俗》卷六：关中俗谓发落头秃为椎。

《匡谬正俗》卷七：反（扶万反），今关中俗呼回还之反亦有此音。

《匡谬正俗》卷七：穰字当音而成反，今关中闾里呼禾黍穰穰，音犹然。

《匡谬正俗》卷七：今关中俗呼毙皆作毙音。

《匡谬正俗》卷七：太原俗谓事不妥帖，有可惊嗟为渴罩。

《汉书·武帝纪》颜师古注：一说此临汾水之上，地本名郊，音与葵同，彼乡人呼葵音如谁，故转而为睢字耳，故《汉旧仪》云葵上。

《汉书·地理志》颜师古注：有略畔山，今在庆州界，其土俗呼曰洛盘，音讹耳。

《汉书·东方朔传》颜师古注：寄生者，芝菌之类，淋潦之日，著树而生。形有周圆象蔈数者，今关中俗亦呼为寄生。

《汉书·外戚传》颜师古注：今关东俗，器物一再著漆者谓之捎漆。捎即髤声之转重耳……今关西俗云黑髤盘、朱髤盘。

《汉书·司马相如传》颜师古注：鸽，鸹也。今关西呼为鸹鹿，山东通谓之鸽，

<hr>

① 《景印文渊阁四库全书》本的《重修玉篇》无此条。

鄙俗名为错落。错者，亦言鸽声之急耳。

《汉书·广川惠王越传》颜师古注：尊章犹言舅姑也。关中俗妇呼舅为钟。钟者，章声之转也。

《汉书·地理志上》：截嶭山在池阳县北。颜师古注："俗呼嵯峨山是也，音截咽。"

《汉书·郊祀志》颜师古注：古谓之娣姒，今关中俗呼为先后，吴楚俗呼之为妯娌，音轴里。

《汉书音义》（《汉书》卷一百上引）：萧该《音义》曰："蚌蛤，《字书》：'蚌蜃属也，步顶反。'蛤，燕雀化所作也。秦曰牡蛎。"

《急就篇》颜师古注：棣，常棣也。其子熟时正赤色，可啖，俗呼为山樱桃，陇西人谓之棣子。

《急就篇》颜师古注：鸹者，鸧也。关西谓之鸹鹿，山东谓之鸹捋，皆象其鸣声也。

《唐本草》（《本草纲目》卷十四"牡丹"引）：恭曰："生汉中、剑南……土人谓之百两金，长安谓之吴牡丹者，是真也。"

《唐本草》（《本草纲目》卷十六"龙葵"引）：恭曰："龙葵所在有之，关河间谓之苦菜。"

《唐本草》（《证类本草》卷二十一"䗪蟅"引）：此虫，味辛辣而臭，汉中人食之，言下气，名曰石姜，亦名卢蟹，一名负盘。《别录》云："形似蚕蛾，腹下赤，二月、八月采此，即南人谓之滑虫者也。"

《唐本草》（《本草纲目》卷十八"赭魁"引）：恭曰："土卵不堪药用，梁汉人蒸食之，名黄独，非赭魁也。"

《唐本草》（《本草纲目》卷二十三"稷"引）：苏恭曰："穄即稷也。楚人谓之稷，关中谓之穈，呼其米为黄米。"

《唐本草》（《本草纲目》卷二十七"蕺"引）：恭曰："蕺菜，关中谓之菹菜。"

《北史·燕（慕容氏）传》：西人呼徒河为白虏。

《文选音决》[①]（《文选》卷八《蜀都赋》"山阜相属，含溪怀谷"注）：《音决》："谷音欲，秦晋之俗言也，又如字。"

《文选音决》（《文选》卷八《蜀都赋》"亚以少城，接乎其西"注）：《音决》："协韵，音先，秦俗言也。"

《文选音决》（《文选》卷五十九《捣衣诗》"白露滋园菊，秋风落庭槐"注）：《音决》："槐，协韵回，乃周晋之俗言也。"

[①] （唐）佚名编，周勋初辑：《唐钞文选集注汇存》，上海：上海古籍出版社，2000年。

《古今正字》（《慧琳音义》卷六十六引）：蚋：秦谓之蚋，楚谓之蚊也。

《本草拾遗》（《证类本草》卷二十七引）：胡荽，石勒讳胡，并汾人呼为香荽也。

《考声切韵》（《慧琳音义》卷二十八引）：秦人谓花为葩。

《考声切韵》（《慧琳音义》卷三十七引）：胡谓神为天，今关中人谓天神为祆也。

《考声切韵》（《慧琳音义》卷五十五引）：今关中呼夫之父曰妐。

《史记·龟策列传》张守节正义：而骨直空枯：凡龟，其骨空中而枯也。直，语发声也，今河东亦然。

《天宝单方图药》（《本草纲目》卷十五"菊"引苏颂说引）：颂曰："唐《天宝单方图》载白菊云：'……颍川人呼为回峰菊，汝南名荼苦蒿，上党及建安郡、顺政郡并名羊欢草，河内名地薇蒿。'"

《慧琳音义》卷一：覆载：上敷务反。见《韵英》，秦音也。诸字书音为敷救反，吴楚之音也。

《慧琳音义》卷四：鸥：《尔雅》云："鸥鸠，王鸥也。"关东呼为鹗，好在洲渚上也。

《慧琳音义》卷九：螫：式亦反。《字林》："虫行毒也。"关西行此音。又呼各反，山东行此音。蛆，知列反，南北通语也。音蛆，误也。

《慧琳音义》卷九：牂：又作墙，同。自羊反。《字林》："颿，音帆，柱也。"江南行此音，关中多呼作竿。

《慧琳音义》卷九：樯：又作墙，同。才羊反。颿柱也。关中曰墙竿是也。

《慧琳音义》卷十：彗星：帚箒草。《形占书》云："关中呼为伎女草。"

《慧琳音义》卷十七：觜星：子移反，吴音醉唯反。秦音也。参星头上三小星也。

《慧琳音义》卷十七：韲：醢酱所和，细切曰韲，合物为菹。今中国皆言韲，江南悉言菹。

《慧琳音义》卷十七：训狐：关西呼为训侯，山东谓之训狐，即鸺鹠也，亦名钩格。昼伏夜行，鸣有怪。

《慧琳音义》卷二十五：瘤：当赖反。又作膪，同。《字林》："女人赤、白瘤二病也。"关中多音带。

《慧琳音义》卷二十五：螫：虫行毒也，一音尸赤反，是关西音也。又音呼各反，山东音也。又作蛆字，知列反，东西通用也。

《慧琳音义》卷二十六：镞：子木反。《字林》云："箭，镝也。"江南言箭金也，山东言箭足。

《慧琳音义》卷二十七：守宫：此在舍者，江南谓蝘蜓，然体一物，山东谓蛷蜈，陕以西谓壁宫。

《慧琳音义》卷二十七：椎：又音直泪反，关东谓之蚕槌。

《慧琳音义》卷二十七：打：吴音顶。又都挺反。今取秦音，得耿反。

《慧琳音义》卷二十七：复：吴音扶救反，秦音冯目反。

《慧琳音义》卷二十七：匾匬：《纂文》："薄也。"今俗呼广薄为匾匬，关中呼云俾递。

《慧琳音义》卷二十七：掣电：上昌制、尺折二反，阴阳激耀也。《释名》云："掣，引也。""电，殄也，谓乍见殄灭。"关中睒电，今吴人谓磁镡，上息念反，下大念反。

《慧琳音义》卷四十二：齩：又作齾，同。五狡反，中国音也。又下狡反，淮南音也。

《慧琳音义》卷四十三：草蔡：音察，草蘆也，亦芬。经文作藻，非也。蘆，音千古反，枯草也。今陕以西言草蔡，江南山东言草蘆，蘆音山东云七故反。

《慧琳音义》卷四十六：掣：《十州记》云："猛兽两目如磁磹之光。"今吴名电为磁磹，音息念、大念反，三辅名为覢电也。

《慧琳音义》卷四十六：蚑：巨仪反。《通俗文》："矜求谓之蚑蛷。"关西呼蛷溲为蚑蛷。蛷音求，溲，所诛反。

《慧琳音义》卷四十六：蚑：巨仪反。《声类》云："多足虫也。"关西谓蝨溲为蚑蛷，蝨音求俱反。

《慧琳音义》卷四十六：诡：谓变诈也。若齐都云诡且，关西是也。

《慧琳音义》卷四十八：秔：又作麧，同。痕入声，一音胡结反。坚米也。谓米之坚鞕，椿捣不破也。今关中谓麦屑坚也[①]为麧头，亦此也，江南呼为麱子，音徒革反。

《慧琳音义》卷四十九：齩：五狡反，中国音也。又下狡反，江南音也。

《慧琳音义》卷四十九：烟：《韵集》："一余反。"今关西言烟，山东言蔫。蔫音于言反。江南亦言痿，痿又作萎，于为反。

《慧琳音义》卷五十二：箭金：箭镞也。关西名箭金，山东名箭足。或言镝辩异名也。

《慧琳音义》卷五十七：妐：方言云："今关中人呼夫之父曰妐。"

《慧琳音义》卷五十六：髯：而甘反，江南行此音。又如廉反，关中行此音。

《慧琳音义》卷五十六：蜥蜴：斯历反，下音亦。山东名蝀蜈，陕以西名璧宫，在草者曰蜥蜴也。经文作蜥，非体也。蝀音士赐反，蜈音觅。

《慧琳音义》卷五十八：穄：子裔反。《说文》："穄：糜也。"似黍而不黏

① "也"字疑为"者"字之讹。

者。关西谓之糜，音美皮反。

《慧琳音义》卷五十九：晒：霜智反，北土行此音。又所隘反，江南行此音。

《慧琳音义》卷五十九：榜：音力导反。关中名磨，山东名榜，编棘为之以平块也。

《慧琳音义》卷五十九：结缕：《尔雅传》横目：孙炎云："三辅曰结缕。"今关西饶之，俗名苟屦草也。

《慧琳音义》卷五十九：钻：《释名》云："矛下头曰鐏。"音存闷反，江南名也。关中谓之钻，音子乱反。

《慧琳音义》卷五十九：刀鞘：《小尔雅》鞘，诸书作削，同。思诮反。《说文》："削，刀鞞也。"《方言》："剑削，关东谓之削，关西谓之鞞。"音饼。江南音啸，中国音笑。

《慧琳音义》卷五十九：筏：《通俗文》作艜，《韵集》作拨，同。抉月反。《方言》："箄谓之筏。"编竹木浮于河，以运物者。南土名箄，北人名筏也。箄音蒲佳反。

《慧琳音义》卷五十九：劈：古文鈲、派二形。《字林》："匹狄反，破也。"关中行此音。《说文音隐》披厄反。江南通行二音。

《慧琳音义》卷六十四：籑：子管反。锡杖下头铁也。应作钻，子乱反。关中名钻，江南名鐏。鐏音在困反。《释名》："矛下头曰鐏也。"

《慧琳音义》卷六十五：淰：江南谓水不流为淰，音乃点反。关中乃斩反。

《慧琳音义》卷六十六：厅厗：上遏丁反，下牙贾反。今河东人呼厅为厗。

《慧琳音义》卷七十：弋：关中之言阿橶，江南言椓杙也。橶，徒得反。

《慧琳音义》卷七十一：齩：又作骹，同。五狡反。齩，啮也。关中行此音。又下狡反，江南行此音。

《慧琳音义》卷七十三：虿：丑芥反，毒虫也。山东呼为蝎，陕以西呼为蠆蛬。音士曷、力曷反。

《慧琳音义》卷七十三：骹：又作齩，同。五狡反，关中音也。

《慧琳音义》卷七十三：概：古代反。《仓颉篇》："概，平斗斛木也。"江南行此音，关中工内反。

《慧琳音义》卷七十三：鸦：于牙反。白颈鸟也。关中名阿雅。

《慧琳音义》卷七十三：狡狯：《通俗文》："小儿戏谓之狡狯。"今关中言狡刮，讹也。

《慧琳音义》卷七十三：瘠：竹世、丁计二反，关中音多滞反。

《慧琳音义》卷八十二：枷：今秦中呼为连檐。呼为枷者，楚语也，亦通云橡枷也。

《元和郡县志》卷十六：太谷县：萝摩亭，俗名落漠城，在县西北十九里。

《元和郡县志》卷十六：榆次县：原过祠……俗名原公祠，在县东九里。

《元和郡县志》卷二十五：尚婆水，今名石磐水，水多磐石，因以为名。俗语音讹，故云尚婆。川中有鸟群飞，二月从北向南，八月从南还北，音如箫管，俗云伎儿鸟。

《荀子·礼论篇》杨倞注：今秦俗犹以枇发为栗。

《荀子·劝学篇》杨倞注：衢道，两道也。今秦俗犹以两为衢。

《酉阳杂俎》卷十七：蚁，秦中多巨黑蚁，好斗，俗呼为马蚁。

《酉阳杂俎》卷十九：野狐丝，庭有草，蔓生，色白，花微红，大如栗，秦人呼为野狐丝。

《资暇集》卷下：籚籧籧，因江东呼为筥，今京洛皆呼为竹筥。

《北户录》（《本草纲目》卷二十七“蕺”）：段公路《北户录》作蕋，音戟。秦人谓之菹子。菹、蕺音相近也。

《岭表录异》卷上：《尔雅》云：“鲵似鲇，四足，声如小儿。”今商州山溪内亦有此鱼，谓之鮎鱼海镜，广人呼为膏叶盘。

《湖南绝少含桃，偶有人以新摘者见惠，感事伤怀，因成四韵》（韩偓，《唐百家诗选》卷二十）[①]：苦笋恐难同象匕。自注：秦中谓三月为樱笋时。

三、赵魏

《纂文》（《尔雅·释亲》陆德明释文引）：娌，于贵反。《广雅》云：“娌，妹也。”《说文》云：“楚人谓女弟为娌。”《纂文》云：“河南人云妹娌也。”

《纂文》（《初学记》卷二十九引）：梁州以豕为猪（之于反），河南谓之彘，吴楚谓之豨（火岂反），渔阳以大猪为豝，齐徐以小猪为豵（仕主反）。

《纂文》（《太平御览》卷七百六十引）：《纂文》曰：“暖映，大筥也。赵代以筥为箪。”

《纂文》（《太平御览》卷九百〇三引）：何承天《纂文》曰：“梁州以豕为猪（之于反），河南谓之彘，吴楚谓之豨（火岂切），渔阳以大猪为豝，齐徐以小猪为豵（仕主反）。”

《毛诗义疏》（《齐民要术》卷十引）：菖：《义疏》曰：“河东关内谓之菖，幽充谓之燕菖，一名爵弁，一名蕒。”

《诗经·硕人》沈重注（陆德明释文引）：鲔：于轨反，鮥也，似鳣，大者名王鲔，小者曰叔鲔。沈云：“江淮间曰叔，伊洛曰鲔，海滨曰鮥。”

《重修玉篇·手部》：扼：乃果切。扼摘，赵魏云也。

---

① 王安石编，任雅芳整理：《王安石全集 唐百家诗选》，上海：复旦大学出版社，2016年。

《颜氏家训·音辞》：河北切攻字为古琮，与工、公、功三字不同。

《颜氏家训·音辞》：自葛洪《要用字苑》分焉字音训：若训何、训安，当音于愆反……若送句及助词，当音矣愆反……江南至今行此分别，昭然易晓；而河北混同一音，虽依古读，不可行于今也。

《颜氏家训·风操》：河北士人皆呼外祖父、母为家公家母，江南田里间亦言之。

《证俗音》（《北户录》卷一“蝘蜓”）：《证俗音》云：“山东谓之蛷螋，音七赐、名敌反。陕以西谓之壁宫。”

《玉烛宝典》卷五：蟾诸，京师谓之虾蟆，北州谓之去甫，或谓苦蠪。

《匡谬正俗》卷六：今山东俗谓众为洋。

《匡谬正俗》卷六：今山东俗谓伏地为趺。

《匡谬正俗》卷七：中，之当反，音张，谓中央也。犹呼音入耳。今山东俗犹有此言。

《匡谬正俗》卷七：山东俗新沐浴饮酒谓之几头。

《匡谬正俗》卷八：今人云骨鹿者，是鹄鹿耳。以鹿配鹄者，盖象其鸣声以呼之……今山东俗谓之鹄，此亦象其鸣声。

《汉书·高帝纪》颜师古注：（氾水）此水旧读音凡，今彼乡人呼之音祀。

《汉书·司马迁传》颜师古注：媒如媒娉之媒，孽如曲孽之孽。一曰齐人谓曲饼为媒也。

《汉书·张耳传》颜师古注：苏林曰：“泜音祗也。”晋灼曰：“问其方人，音柢。”师古曰：“苏、晋二说皆是也。苏音祗敬之祗，音执夷反，古音如是；晋音根柢之柢，音丁计反，今其土俗呼水则然。”

《汉书·司马相如传》颜师古注：鸧，鹄也。今关西呼为鹄鹿，山东通谓之鸧，鄙俗名为错落。错者，亦言鸧声之急耳。

《唐本草》（《本草纲目》卷三十八“蒲席”引）：恭曰：“青齐间人谓蒲荐为蒲席，亦曰蒲篕（音合）；谓藁作者为荐。山南、江左机上织者为席，席下重厚者为荐。”

《唐本草》（《本草纲目》卷四十二“蜈蚣”引）：恭曰：“山东人呼蜘蛛，一名蝍蛆。”

《文选·潘岳〈射雉赋〉》徐爰注（李善注引）：綷，同也，宋、卫之间谓混为綷也。

《后汉书·刘玄传》注：冀州北郡以八月朝作饮食为膢，其俗语曰膢腊社伏。

《朝野佥载》卷一：处郁曰：“飧苦入咽，百无一全。”山东人谓温饭为飧，幽州以北并为燕地，故云。

《本草拾遗》（《本草纲目》卷四十引）：螲蟷（音室当），《尔雅》作蛈蝪

（音迭汤）。今转为颠当虫，河北人呼为蚨蛸（音侄唐），《鬼谷子》谓之蚨母。

《天宝单方药图》（《本草纲目》卷十五"菊"引苏颂说引）：颂曰："唐《天宝单方图》载白菊云'……颍川人呼为回峰菊，汝南名荼苦蒿，上党及建安郡、顺政郡并名羊欢草，河内名地薇蒿。'"

《天宝单方药图》（《本草纲目》卷十六"水英"引苏颂说引）：水英，颂曰："唐《天宝单方图》言：'此草原生永阳池泽及河海边。临汝人呼为牛荭草，河北信都人名水节，河内连内黄呼为水棘，剑南、遂宁等郡名龙移草，淮南诸郡名海荏。岭南亦有，土地尤宜，茎叶肥大，名海精木，亦名鱼津草。'"

《通典》卷一百七十四：广武：汉浩亹县故城亦在西南。浩音合，亹音门。今俗呼此水为合门河，盖疾言耳。

《慧琳音义》卷九：潚：又作溅、嗜二形，同。子旦反。江南行此音。山东音涮，子见反。

《慧琳音义》卷九：螫：式亦反。《字林》："虫行毒也。"关西行此音。又呼各反，山东行此音。蛆，知列反，南北通语也。音蛆，误也。

《慧琳音义》卷十三：嫍：奴道反。《说文》："有所恨痛也。"今汝南人有所恨言大嫍，今皆作恼。

《慧琳音义》卷十七：陂泺：笔皮反，下普莫反。大池也。山东名泺，幽州名淀，淀音殿，今亦通名也。

《慧琳音义》卷二十五：螫：虫行毒也。一音尸赤反，是关西音也。又音呼各反，山东音也。又作蛆字，知列反，东西通用也。

《慧琳音义》卷二十六：镞：子木反。《字林》云："箭，镝也。"江南言箭金也，山东言箭足。

《慧琳音义》卷二十七：趺：江南谓开膝坐为跸跨坐，山东谓之甲趺坐也，跸音拔患反，跨音口化反。

《慧琳音义》卷二十八：湩：今汝南亦呼乳为湩也。

《慧琳音义》卷二十八：栋：山东呼栋为槆，音于靳反。

《慧琳音义》卷三十三：鼗：又作韜、鞉、鼛，三形同。徒高反。鼗如鼓而小，持其柄摇之者也，旁还自击。山东谓之韜牢。

《慧琳音义》卷四十三：草蔡：音察，草藞也，亦芬。经文作藻，非也。藞，音千古反，枯草也。今陕以西言草蔡，江南山东言草藞，藞音山东云七故反。

《慧琳音义》卷四十七：陂：山东名为泺，泺音匹各反；亦名汃，汃音公朗反。

《慧琳音义》卷四十七：蟾蜍：淮南谓之去父，山东谓之去蚊……江南俗呼蟾蜍。

《慧琳音义》卷四十八：厌：于冉反。《字苑》："厌，眠内不祥也。"山东音于业反。

《慧琳音义》卷四十九：烟：《韵集》："一余反。"今关西言烟，山东言蔫。

蔫音于言反。江南亦言矮，矮又作萎，于为反。

《慧琳音义》卷四十九：妖嬬：壮少之貌也。今江南谓作姿名嬬伊，山东名作嬬也。

《慧琳音义》卷五十二：箭金：箭镞也。关西名箭金，山东名箭足。或言镝辩异名也。

《慧琳音义》卷五十三：陂泺：上，笔皮反；下，匹博反。陂，池也。下山东有鸬鹚泺是也，幽州呼为淀，音殿。

《慧琳音义》卷五十六：蜥蜴：斯历反，下音亦。山东名蛺蜺，陕以西名壁宫，在草者曰蜥蜴也。经文作蜊，非体也。蛺音士赐反，蜺音觅。

《慧琳音义》卷五十六：枭鸮：古尧反。土枭也。下为骄反。《字林》："鹪鸠也。形似鸠而青白，出于山，即恶声鸟也。楚人谓之鹏鸟，亦鸥类也。"山东名鹪鸠，俗名巧妇。鹪音奴定反。下公穴反。

《慧琳音义》卷五十六：瘶：苏豆反。《说文》："瘶欬，逆气也。"欬音苦代反，江南行此音。《字隐》起志反，山东行此音。

《慧琳音义》卷五十七：墟：居也。南楚汝颖言亦墟声。

《慧琳音义》卷五十九：铫：古文鐎，同。余招反。《广雅》："銉谓之铫。"《说文》："温器也。似鬲，上有镮。"山东行此音。又徒吊反，今江南行此音。

《慧琳音义》卷五十九：磟：音力导反。关中名磨，山东名磟，编棘为之以平块也。

《慧琳音义》卷五十九：《通俗文》："坚鞕不消曰磑矼。"今山东谓骨绾纽者为磑矼子，盖取此为也。绾音乌板反。

《慧琳音义》卷五十九：沸：《通俗文》："体蟀沸曰癀沮。"音扶分、才与反。江南呼沸子，山东名癀沮。

《慧琳音义》卷六十五：气㴂：宜作欬瘶，欬音苦代反，江南行此音。又丘既反，山东行此音。下苏豆反。

《慧琳音义》卷七十：睫：子叶反。山东田里间音子及反。

《慧琳音义》卷七十：训狐：关西呼为训侯，山东谓之训狐，即鸠鸮也，亦名钩格。昼伏夜行，鸣有怪。

《慧琳音义》卷七十二：胫：《说文》："胫，脚胻也。"胻音下孟反。今江南呼胫曰胻，山东曰胻敵，胻音下孟反，敵音丈孟反。胫、胻俱是膝下两骨之名也。

《慧琳音义》卷七十三：蝱虻：补奂反。《说文》："蝱，啮牛虫也。"今牛马鸡狗皆有蝱也。下所乙反，啮人虫也。山东及会稽皆音色。

《慧琳音义》卷七十三：蛆：丑芥反，毒虫也。山东呼为蝎，陕以西呼为蠆蜇。音士曷、力曷反。

《元和郡县志》卷八：虞城县，孟诸泽在县西北十里，周回五十里，俗号盟诸泽。

《元和郡县志》卷九：古大索城，今县理是也。楚汉战于京、索间。《汉书注》："京县有大索亭、小索亭。晋末，荥阳人张卓、董遇鸠集流散，守固此城，因名大栅坞。"今呼为大刺，盖音之讹耳。

《元和郡县志》卷十七：沁源县，本汉谷远县地，旧在今县南百五十里孤远故城是也。语音讹转，故以谷为孤耳。后魏庄帝于今理置沁源县，因沁水为名也，属义宁郡。

《元和郡县志》卷十九：夷仪，故城在县西一百四十里，今俗谓之随宜城，盖语讹也。

《元和郡县志》卷二十二：寡妇故城，县北九里，后汉贾复追铜马、五幡贼，于此筑城，后人语讹，转呼为寡妇。①

《元和郡县志》卷二十二：新乐县，本春秋鲜虞国，汉为新市县之地。隋开皇十六年置新乐县，属定州，取新乐故城为名也。新乐者，汉成帝时中山孝王母冯昭仪随王就国，王为建宫于乐里，在西乡，呼为西乐城。时人语讹，呼西为新，故为新乐。②

《酉阳杂俎》卷十七：碎车虫，状如唧聊，苍色，好栖高树上，其声如人吟啸，终南有之。一本云，沧州俗呼为搔前，太原有大而黑者，声"唧聊"。碎车，别俗呼为没盐虫也。

四、幽燕

《纂文》（《初学记》卷二十九引）：梁州以豕为猪（之于反），河南谓之彘，吴楚谓之豨（火岂反），渔阳以大猪为豝，齐徐以小猪为豠（仕主反）。

《纂文》（《太平御览》卷九百〇三引）：梁州以豕为猪（之于反），河南谓之彘，吴楚谓之豨（火岂切），渔阳以大猪为豝，齐徐以小猪为豠（仕主反）。

《纂文》（《列子·黄帝篇》殷敬顺释文引）：吴人呼瞬目为恂目。

《三国志·简雍传》裴松之注：（简雍）或曰："雍本姓耿，幽州人语谓耿为简，遂随音变之。"

《重修玉篇·目部》（《方言疏证》卷三引）：盰：举目也，燕、代、朝鲜、列水谓卢瞳子为盰。

《重修玉篇·虫部》：蝱：蟁蝱也，腾也。燕曰蟏蛸，齐曰松公也。

《重修玉篇·人部》（《方言疏证》卷三引）：傁：燕之北效曰傁伀，谓形小可憎之貌。

---

① 寡妇故城在唐县境内，唐县故址在今河北保定境内。

② 新乐县故址在今山东宁津县北。

《匡缪正俗》卷六：蒲州盛酒缸谓蒲绹。

《汉书·五行志》颜师古注：（梏）音怙，其木堪为箭笴，今幽以北皆用之，土俗呼其木为梏子也。

《本草拾遗》（《本草纲目》卷二十七引）：翘摇，幽州谓之苕摇。

《本草拾遗》（《证类本草》卷二十七引）：胡荽子，主小儿秃疮，油煎傅之。亦主蛊、五痔及食肉中毒下血。煮，冷，取汁服。并州人呼为香荽，入药，炒用。

《慧琳音义》卷十七：陂泺：笔皮反，下普莫反，大池也。山东名泺，幽州名淀，淀音殿，今亦通名也。

《慧琳音义》卷五十三：陂泺：上，笔皮反；下，匹博反。陂，池也。下山东有鸬鹚泺是也，幽州呼为淀，音殿。

《慧琳音义》卷五十九：陂池：笔皮反，亦池也。山东名泺，泺音普各反，邺东有鸬鹚泺。今关中亦名泺。幽州名淀，音徒见反。

《慧琳音义》卷六十：埠螽：上音负，下音终。幽州谓春箕，齐鲁谓之春黍，或蚣蝑。

《慧琳音义》卷六十：额：江东人呼额为讶，幽州人谓额为鄂，皆声讹转也。

《慧琳音义》卷九十五：鉴：弭卑反。《字书》："青州人谓镰为鉴。"

《慧琳音义》卷九十六：蛮蟊：今雁门广武县夏屋山有兽，形如兔而大，相负其行，土俗名之为蟸鼠。

《酉阳杂俎》卷十七：碎车虫，状如唧聊，苍色，好栖高树上，其声如人吟啸，终南有之。一本云，沧州俗呼为搔前，太原有大而黑者，声"唧聊"。碎车，别俗呼为没盐虫也。

五、齐鲁

《纂文》（《倭名类聚抄》卷五引）：齐人以大槌为椓击。

《纂文》（《慧琳音义》卷十七引）：詑：兖州人以相欺为詑。

《纂文》（《初学记》卷二十九引）：梁州以豕为猪（之于反），河南谓之彘，吴楚谓之豨（火岂反），渔阳以大猪为豝，齐徐以小猪为㺨（仕主反）。

《纂文》（《太平御览》卷七百六十引）：箕：淅箕也。一曰籔，鲁人谓之淅籔。

《纂文》（《太平御览》卷九百〇三引）：梁州以豕为猪（之于反），河南谓之彘，吴楚谓之豨（火岂切），渔阳以大猪为豝，齐徐以小猪为㺨（仕主反）。

《三国志·蜀志·刘焉传》注：东人呼母为负。

《本草经集注》（《本草纲目》卷十四引）：美草：东人呼为山姜，南人呼为美草。

《名医别录》（《证类本草·菜部》引）："荏……东人呼为蓕。"

《水经注》卷八"济水"：光里，齐人言广音与光同。

《毛诗义疏》（《史记·孔子世家》张守节正义引）：鹎，齐人谓之击征，或谓之题肩，或曰省雁，春化为布谷。

《纂要》（《文选·思玄赋》李善注）：齐人谓生子曰娩。

《纂要》（《初学记》卷十五，《太平御览》卷五百七十三引）：齐歌曰讴，吴歌曰歈，楚歌曰艳，淫歌曰哇。

《重修玉篇·艸部》：葐：扶福切。芦葐也。江东呼菘菜。

《重修玉篇·艸部》：苦：公活切。苦蒌也。齐人谓之瓜蒌。

《重修玉篇·辵部》：迪：徒的切。作也、教也、导也、进也、道也。青州之间相正谓之迪也。

《重修玉篇·言部》：詑：兖州人谓欺曰詑。俗作訑。

《重修玉篇·爨部》：爨：千乱切。灶也，齐谓之炊。

《重修玉篇·肉部》：脈：呼尤、渠尤二切。瘠也。齐人谓瘠腹为脈。

《重修玉篇·女部》：婆：齐人呼母曰婆。或作媿。

《重修玉篇·弓部》：弹：猪吏切。青州谓弹曰弹。

《重修玉篇·虫部》：蝱：蠡蝱也，螣也。燕曰蝽蝓，齐曰松公也。

《重修玉篇·金部》：錍：亡支切。青州人呼镰也，亦作鉴。

《重修玉篇》（《慧琳音义》卷十四引）：鏶：《玉篇》云："齐人谓鏶为鏷鏶。音集。"

《诗经·斯干》陆德明释文：齐人名小儿被为褅。

《诗经·正月》陆德明释文：威之：呼悦反，齐人语也。

《诗经·汝坟》陆德明释文：如燬：音毁，齐人谓火曰燬。郭璞又音货。《字书》作焜，音毁。《说文》同。一音火尾反。或云："楚人名火曰燥，齐人曰燬，吴人曰焜。"此方俗讹语也。

《庄子·大宗师》陆德明释文：尘垢：如字，崔本作冢均，云冢音墶，均垢同。齐人以风尘为逢堁。

《尔雅·释兽》陆德明释文：豨：《字书》云："东方名豕也。一曰豕足也。"

《礼记·内则》陆德明释文：牟：木侯反，齐人呼土釜为牟。

《礼记·檀弓》陆德明释文：邾人呼邾声曰娄。

《礼记·礼器》陆德明释文：不摩：本又作磨，毁皮反。齐人谓快为摩。

《礼记隐义》（《礼记·曲礼》陆德明释文引）：乐浪人呼容十二石者为鼓。

《礼记·内则》孔颖达疏引庾氏（庾蔚之）、崔氏（崔灵恩）、《隐义》：庾氏曰："齐人谓之差訏。"崔氏云："北海人谓相激之事为掉磬。"《隐义》云："齐人谓相绞訏为掉磬。"

《左传·昭公十九年》孔颖达疏：去即藏也。《字书》去作弆，羌莒反。谓掌物也。关西仍呼为弄，东人轻言为去。

《礼记·大学》孔颖达疏：齐人语，谓登来为得来。

《汉书·食货志》颜师古注：东方名豕曰豨。

《汉书·蒯通传》颜师古注：东齐人物立地中为傳。

《汉书·李陵传》颜师古注：齐人名麴饼曰媒。

《急就篇》颜师古注：瘼者，无名之病，常漠漠然也。一曰齐人谓瘵病曰瘼。

《急就篇》颜师古注：麤者，麻枲杂履之名也，南楚江淮之间通谓之麤。

《急就篇》颜师古注：杅，盛饭之器也。一曰齐人谓盘为杅。无足曰盘，有足曰案，所以陈举食也。

《唐本草》（《本草纲目》卷十四"水苏"引）：恭曰："青、齐、河间人名为水苏，江左名为荠苧，吴会谓之鸡苏。"

《唐本草》（《本草纲目》卷十八"白英"引）：恭曰："白英，鬼目草也。蔓生，叶似王瓜，小长而五桠，实圆，若龙葵子，生青，熟紫黑。东人谓之白草。"

《唐本草》（《本草纲目》卷三十八"蒲席"引）：恭曰："青齐间人谓蒲荐为蒲席，亦曰蒲篿（音合）；谓藁作者为荐。山南、江左机上织者为席，席下重厚者为荐。"

《周礼·考工记·玉人》郑玄注：终葵，椎也。贾公彦疏：齐人谓椎为终葵。

《文选音决》（《文选·招魂》"参目虎首，其身若牛些"注）：《音决》："牛，曹合口呼谋，齐鲁之间言也。按：《楚辞》用此音者，欲使广知方俗之言也。"

《古今正字》（《慧琳音义》卷六十六引）：蚋：秦谓之蚋，楚谓之蚊也。

《刊谬补缺切韵·尾韵》：燬：齐人呼火。

《外台秘要方》卷四十：蝮蛇，又有一种，状如蝮而短，有四脚，能跳来啮人，东人呼为千岁蝮，或中之必死。然其啮人毕，即跳上林木，作声云研木、研木者，但营棺，其判不救。若云博叔，博叔者，犹可急疗之。吴音呼药为叔，故也。

《本草拾遗》（《本草纲目》卷十八引）：萝藦，东人呼为白环。

《本草拾遗》（《证类本草》卷二十一引）：蠱螽、蚯蚓二物，异类同穴，为雄雌，令人相爱。五月五日收取，夫妻带之。蠱螽如蝗虫，东人呼为蚱艋。

《慧琳音义》卷九：睎：望也，海岱之间谓睎。

《慧琳音义》卷十四：嘃：凡物无有孑遗名为嘃类，齐人语也。

《慧琳音义》卷二十五：癙：当赖反。又作膌，同。《字林》："女人赤、白癙二病也。"关中多音带。

《慧琳音义》卷二十七：复：吴音扶救反，秦音冯目反。

《慧琳音义》卷四十六：诡：谓变诈也。若齐都云诡且，关西是也。

《慧琳音义》卷五十六：髯：而甘反，江南行此音。又如廉反，关中行此音。

《慧琳音义》卷五十六：鳀：《广雅》"鮧，鳀，鮎也。"青州名鮎为鳀。

《慧琳音义》卷五十九：陂池：笔皮反，亦池也。山东名泺，泺音普各反，郓东有鸼鹚泺。今关中亦名泺。幽州名淀，音徒见反。

《慧琳音义》卷六十：埠螽：上音负，下音终。幽州谓春箕，齐鲁谓之春黍，或蚯蝍。

《荀子·议兵篇》杨倞注：齐人以勇力击斩敌者，号为技击。

《酉阳杂俎》卷十八：汉帝杏，济南郡之东南有分流山，山上多杏，大如梨，黄如橘，土人谓之汉帝杏，亦曰金杏。

《中华古今注》卷下：蟋蟀：一名秋吟蛩，秋初生，得寒则鸣噪。济南人谓之懒妇。一名青蚓，今之促织也。

《中华古今注》卷下：鹿：青州人谓鹿为獐也。

第二节　南北朝隋唐方言记载（中）

一、南方

《姓苑》（《广韵·翰韵》引）：汗，水名，又姓，《姓苑》云："东莞人呼旰切。"

《异苑》注（《玉烛宝典》卷一引）：南方多名妇人为姑。

《南越志》（《北户录》卷二引）：古度树，一呼郍子，南人号曰栫（日亚反），不华而实。

《南越志》（《北户录》卷三引）：桃枝，南人以为笙。

《南越志》（《太平御览》卷九百四十二引）：南土谓蛎为蚝，甲为牡蛎。

《本草经集注》（《证类本草》卷二十二引）：蛙：大而青脊者，俗名土鸭，其鸣甚壮。又一种黑色，南人名为蛤子，食之至美。

《本草经集注》（《本草纲目》卷十四引）：美草：东人呼为山姜，南人呼为美草。

《本草经集注》（《本草纲目》卷三十六引）：《别录》曰："楮实生少室山，所在有之，八月、九月采实日干，四十日成。"弘景曰："此即今构树也。南人呼谷纸亦为楮纸。"

《本草经集注》（《本草纲目》卷四十二引）：《别录》曰："蛙生水中，取无时。"弘景曰："一种黑色者，南人名蛤子。"

《本草经集注》（《北户录》卷二引）：蛤臛：蛤即蛙也。《周书》："腐草为蛙。"陶注《本草》："青脊者曰土鸭，黑者南人呼为蛤子。"

《述异记》卷下：苔草谓之泽葵。又名重钱，亦呼为宣薜，南人呼为妬草。

《荆楚岁时记》（《证类本草》卷十一引）：三月三日取鼠曲汁，蜜和为粉，谓之龙舌粹，以压时气。山南人呼为香茅。取花杂樺皮染褐，至破犹鲜。江西人呼为鼠耳草。

《重修玉篇·卤部》：鹻：士快切。南方呼酱。

《颜氏家训·风操》：《仓颉篇》有㑥字，《训诂》云："痛而呼也。音羽罪反。"今北人痛或呼之。《声类》音于未反，今南人痛或呼之。

《颜氏家训·音辞》：南人以钱为涎，以石为射，以贱为羡，以是为舐。

《证俗音》（《北户录》卷二引）：南方谓凝牛、羊、鹿血为䏑，以虀噉之消酒。

《尔雅·释草》陆德明释文：芏，郭他古反。按：今南人以此草作席，呼为芏，音杜。

《玉烛宝典》卷二：今验此虫，在家者身粗而短，走迟，北人呼为蝎虎，即是守宫；在野者身细而长，走尤疾，南土名为虵师，即是蜥蜴。

《尚书·禹贡》孔颖达疏：大泽蓄水，南方名之曰湖。

《尚书·禹贡》孔颖达疏：江以南水无大小俗人皆呼为江。

《左传·定公六年》孔颖达疏：南人谓陆为陵，此时犹然。

《匡谬正俗》卷八：年寿之字，北人读作受音，南人则作授音。

《汉书·卜式传》颜师古注：蹻即今草屦也，南方谓之蹻。

《汉书·五行志》：蜮犹惑也，在水旁能射人，射人有处甚者至死，南方谓之短弧。

《唐本草》（《证类本草》"薇衔"卷七引）：南人谓之吴风草，一名鹿衔草，言鹿有疾，衔此草瘥。又有大小二种，楚人犹谓大者为大吴风草，小者为小吴风草。

《唐本草》（《证类本草》卷七引）：天名精，《别录》："一名天蔓菁，南人名地松。"

《唐本草》（《证类本草》卷七引）：白菟藿，蔓生，山南俗谓之白葛。用疗毒有效。

《唐本草》（《证类本草》卷八引）：通草，其子长三四寸，核黑穰白，食之甘美。南人谓为燕覆，或名乌覆。

《唐本草》（《证类本草》卷十引）：由跋，今南人以为半夏。

《唐本草》（《证类本草》卷十一引）：蚤休：今谓重楼者是也。一名重台，南人名草甘遂。

《唐本草》（《证类本草》卷二十一"蠊"引）：此虫，味辛辣而臭，汉中人食之，言下气，名曰石姜，亦名卢蜰，一名负盘。《别录》云："形似蚕蛾，腹下赤，二月、八月采此，即南人谓之滑虫者也。"

《文选·祭古冢文》李善注：南人以物触物为枨。

《南史·陈本纪》：江淮以北，南人皆谓为虏。

《后汉书·西域传》李贤注：通天犀，南人名为骇鸡。

《本草拾遗》（《证类本草》卷十二"辛夷"引）：此花，江南地暖正月开，北地寒二月开，初发如笔，北人呼为木笔。其花最早，南人呼为迎春。

《本草拾遗》（《证类本草》卷十三引）：饭萝，烧作灰，无毒，主时行病后食劳，取方寸匕服。南方人谓筐也，又篮耳。烧作灰末傅狗咬疮。篮，竹器也。

《本草拾遗》（《证类本草》卷十四引）：桃竹笋，味苦，有小毒，主六畜疮中蛆。捣碎内之，蛆尽出，亦如皂李，叶能杀蛆虫。南人谓之黄笋，灰汁煮可食，不尔戟人喉。

《本草拾遗》（《本草纲目》卷十六引）：鬼针草，北人谓之鬼针，南人谓之鬼钗。

《本草拾遗》（《本草纲目》卷三十一引）：枳椇，木蜜树生南方，人呼白石木，枝叶俱甜。

《本草拾遗》（《本草纲目》卷三十四引）：辛夷，初发如笔头，北人呼为木笔。其花最早，南人呼为迎春。

《慧琳音义》卷十：筏：《集训》："缚竹木浮于水上，或运载，名之为拨。南土吴人或谓之潷，即筏也。潷音排。"

《慧琳音义》卷十七：齑：醯酱所和，细切曰齑，合物为菹。今中国皆言齑，江南悉言菹。

《慧琳音义》卷三十三：箄：《方言》"箄谓之筏。"南方名箄，北人名筏也。

《慧琳音义》卷五十九：筏：《通俗文》作橃，《韵集》作拨，同。抶月反。《方言》："簰谓之筏"。编竹木浮于河以运物者。南土名簰，北人名筏也。簰音蒲佳反。

《慧琳音义》卷七十（卷七十三同）：攒：扶味反，南人谓相扑为相攒也。

《慧琳音义》卷八十五：柱础：音楚，即今之柱下石矴也。亦名柱礩，一名柱碣。碣，音昔。南人呼为础，形声也。

《论语笔解》卷下：孔子时其亡也，而往拜之。韩曰："时当为待，古音亦作峙，南人音作迟，其实待为得。"

《丁卯诗集》卷下：南方呼市为虚。

《大唐传载》：润州金坛县，大历中，有北人为主簿，以竹筒赍蝎十余枚，置于厅事之柳树，后遂孳育至百余枚，为土气所蒸而不能螫人。南民不识，呼为主簿虫。

《北户录》卷一：《稽圣赋》云："水母，东海谓之蛇（音蜡）。"

《北户录》卷三：红藤簟：琼州出红簟，一呼为笙，或谓之蘧蒢，亦谓之行唐。

《北户录》卷三：鹤子草，蔓花也。当夏开，南人云是媚草，甚神，可比怀子、梦芝。采之曝干，以代面靥，形如飞鹤状，翅羽嘴距，无不毕备，亦草之奇者。草蔓延，春生双虫，常食其叶，土人收于叆粉间，饲之如养蚕法。诸虫老不食而蜕为蝶，女子佩之如细鸟皮，号为"媚[1]蝶"。郭子横记勒毕献细鸟，以方尺玉笼盛数百，形大如蝇，状如鹦鹉，声闻数百里间，如黄鹄也。国人以此鸟候曰晷，亦曰候日虫。帝得之，旬日飞尽。明年有细鸟集于帷帘，或袭人衣袖，因名禅衣。

《岭表录异》卷中：荔枝方过，龙眼即熟，南人谓之荔枝奴（以其常随于后也）。

《岭表录异》卷下：岭表朱槿花，茎叶皆如桑树，叶光而厚，南人谓之佛桑。（出《酉阳杂俎》）。

《岭表录异》卷下：箣竹笋，其竹枝上刺，南人呼为刺勒。

《岭表录异》卷下：比目鱼，南人谓之鞋底鱼，江淮谓之拖沙鱼。[2]

《岭表录异》卷中：蝤蛑，乃蟹之巨而异者。蟹螯上有细毛如苔，身有八足，蝤蛑则螯无毛，足后两小足薄而阔（俗谓之拨掉子）。与蟹有殊，其大如升，南人皆呼为蟹（有大如小碟子者。八月，此物与虎斗，往往夹杀人也）。

二、巴蜀

《纂文》（《汉书·扬雄传》注引）："向若陁隤"：何承天亦云："巴蜀谓山岸旁欲堕者为陁。"

《晋中兴书》（《太平寰宇记》卷一百三十八引）：賨者，廪君之苗裔，巴氏之子务相，乘土舟而浮，众异之，立为廪君，子孙布列于巴中。秦并天下，以为黔中郡，薄其税赋，人出钱四十。邑人谓赋为賨，遂因名。

《水经注》卷三十三"江水"：汤溪水，南流历县，翼带盐井一百所，巴川资以自给。粒大者方寸，中央隆起，形如张伞，故因名之曰伞子盐。

《益州记》（《蜀中名胜记》卷二十九《潼川府》引）：娄偻滩东六里有射江，土人语讹，以江为洪，后周从俗，因改射洪矣。

《益州记》（《太平寰宇记》卷七十三引）：两岐山在县西北二十七里。李膺记云："此山出木，堪为舡。本峨岐山，语讹为两岐山。"

《魏书·賨李雄传》：巴人谓赋为賨。

《重修玉篇·食部》：餹：蜀人呼蒸饼为餹。

《重修玉篇·屦部》：屜：他回切。屦也，西南梁益谓屦曰屜。

《重修玉篇·氏部》：氐：巴蜀谓山岸欲堕曰氐。

《重修玉篇·土部》：坝：必驾切。蜀人谓平川曰坝。

---

[1] "媚"一本作"细"。

[2] 《太平御览》卷九百三十八引《岭表录异》，"鞋底"作"鞋雁"。

《颜氏家训·勉学》：蜀土呼粒为逼。

《证俗音》（《慧琳音义》卷四十二引）：今江南人呼为铧锹，巴蜀之间谓锹为锸。

《礼记·内则》孔颖达疏：益州人取鹿杀而埋之地中，令臭，乃出食之，名鹿矮是也。

《匡谬正俗》卷八：今吴蜀之俗谓苦菜者，即《尔雅》所谓"藗，黄蒢"尔。

《唐本草》（《证类本草》卷十四引）：黄环，襄阳巴西人谓之就葛。

《唐本草》（《本草纲目》卷十四引）：牡丹，生汉中、剑南。苗似羊桃，夏生白花，秋实圆绿，冬实赤色，凌冬不凋，根似芍药，肉白皮丹。土人谓之百两金，长安谓之吴牡丹者，是真也。

《唐本草》（《本草纲目》卷十八上引）：黄环惟襄阳大有，余处虽有亦稀，巴西人谓之就葛。

《唐本草》（《本草纲目》卷十八引）：地不容生川西山谷，采无时，乡人呼为解毒子也。

《文选·南都赋》李善注：蕊，香菜，根似茆根，蜀人所谓菹香。

《文选音决》（《文选·蜀都赋》注）：樊以菹圃，滨以盐池。《音决》："菹音祖，又在古反，蜀俗言也。"

《刊谬补缺切韵·登韵》：燴：蜀人取生肉以竹中炙。

《刊谬补缺切韵·真韵》：藦：蜀汉呼水洲。

《本草拾遗》（《杜诗详注·暇日小园散病，将种秋菜，督勤耕牛，兼书触目》注引）：芜菁，北人名蔓菁，蜀人呼为诸葛菜。

《本草拾遗》（《本草纲目》卷十八下引）：曼游藤，生无为天门山谷，状如寄生，著大树，叶如柳，春花，色紫。蜀人谓之沉花藤。

《本草拾遗》（《本草纲目》卷三十二引）：盐麸子，蜀人谓之酸桶，亦曰醋桶。吴人谓之盐麸，戎人谓之木盐。①

《本草拾遗》（《鸡肋编》卷上引）："五倍子，蜀人谓之酸桷，又名醋桷。吴人呼乌盐。"

《韵诠》（《慧琳音义》卷二十九引）：欑：小猬也。荆楚巴蜀今谓之欑刀，长可丈余。

《通典》卷一百八十七：巴人呼赋为賨，谓之賨人焉，代号为板楯蛮夷。

《慧琳音义》卷五十八：芋：蜀多此物，可食，其大者谓之蹲鸱。

《慧琳音义》卷五十九：竽蔗：音干，下又作柘，同。诸夜反。今蜀人谓之竽

---

① "桶"疑当为"桷"。《本草拾遗》（《鸡肋编》卷上引）："（五倍子）蜀人谓之酸桷，又名醋桷。吴人呼乌盐。"

蔗。甘蔗，通语耳。

《慧琳音义》卷六十七：篾：莫结反。《埤苍》："折竹支也。"中国谓竹篾为笓，笓音弥。蜀土亦然也。

《慧琳音义》卷一百：叶粽：上阁接反，芯叶也，下音总，蜀人作去声，呼粽子，亦俗字也。正体从米从葼作糉，即五月五日楚人所尚糉子是。

《元和郡县志》卷三十三：潼水与涪江合，流急如箭，奔射涪江口，蜀人谓水口为洪，因名射洪。

《白氏长庆集》卷十八：《木莲树诗·序》：木莲树生巴峡山谷间，巴民亦呼为黄心树。

《酉阳杂俎》卷十七：碎车虫，状如唧聊，苍色，好栖高树上，其声如人吟啸，终南有之。一本云："沧州俗呼为搔前，太原有大而黑者，声唧聊。碎车，别俗呼为没盐虫也。"

《酉阳杂俎·续集》卷十：蜀中有木类柞，众木荣时枯枿，隆冬方萌芽布阴，蜀人呼为楷木。

《刘宾客嘉话录》：三蜀之人也，今呼蔓菁为诸葛菜，江陵亦然。

三、荆楚

《纂文》（《太平御览》卷八百二十三引）：江湖以铚为刘也。

《纂文》（《初学记》卷二十九引）：梁州以豕为猪，河南谓之彘，吴楚谓之豨，渔阳以大猪为豝，齐徐以小猪为㺔。

《文选·射雉赋》徐爰注（李善注引）：游，雉媒名，江淮间谓之游；游者，言可与游也。

《世说新语·豪爽》：王大将军年少时，旧有田舍名，语音亦楚。

《荆州记》（《慧琳音义》卷五十二引）：都梁，县名，有小山悉生兰，俗谓兰为都梁，即以名县也。

《荆州记》（《太平御览》卷九百八十三引）：都梁县有小山，山上水极浅，其中悉生兰草，绿叶紫茎，芳满藻谷，俗谓兰为都梁，即以号县。

《荆州记》（《史记·贾生列传》裴骃集解引）：巫县有鸟如雌鸡，其名为鹏，楚人谓之鹏。

《南越志》（《艺文类聚》卷八十一引）：卷施，拔心不死，江淮间谓之宿莽。

《南越志》（《太平御览》卷九百九十八引）：宁乡县草多卷施，江淮间谓之宿莽。

《宋书·庾悦、王诞、谢景仁、袁湛、褚叔度传》：史臣曰：高祖虽累叶江南，楚言未变，雅道风流，无闻焉尔。

《述异记》卷下：吴江中又有鱼步、龟步，湘中有灵妃步。昉按：吴楚间谓浦为步，语之讹耳。

《匡谬正俗》卷六：吴楚之俗谓相对举物为刚。

《水经注》卷三十二“沘水”：楚人谓冢为琴矣。

《水经注》卷三十八“资水”：（都梁县）县西有小山，山上有渟水，既清且浅，其中悉生兰草，绿叶紫茎，芳风藻川，兰馨远馥，俗谓兰为都梁，山因以号，县受名焉。

《荆楚岁时记》：十月朔日，黍臛，俗谓之秦岁首。

《纂要》（《初学记》卷十五，《太平御览》卷五百七十三引）：齐歌曰讴，吴歌曰歈，楚歌曰艳，淫歌曰哇。

《重修玉篇·艸部》：菩：胡利切。长沙人呼野苏为菩。

《重修玉篇·木部》：樾：禹月切。楚谓两树交阴之下曰樾。

《重修玉篇·木部》：橉：楚人呼门限曰橉。

《重修玉篇·欠部》：歆：户甘切。沅湘人言也。

《重修玉篇·页部》：顯：弥仙切。《方言》云“双也”，故淮南曰顯偶。

《重修玉篇·犬部》：狶：音喜。楚人呼猪声。

《重修玉篇·火部》：煤：呼隗切。楚人呼火为煤也。

《重修玉篇·心部》：慴：力低切。楚云慢言轻易也。

《重修玉篇·女部》：娟：云贵切。楚人呼妹公。

《重修玉篇·阜部》：隚：徒郎切。长沙谓隄曰隚。

《诗经·硕人》沈重注（陆德明释文引）：鲔，于轨反，鮥也，似鳣，大者名王鲔，小者曰叔鲔。沈云：“江淮间曰叔，伊洛曰鲔，海滨曰鮥。”

《尔雅·释畜》陆德明释文：瞯，目病也。吴江湖之间曰瞯。

《诗经·汝坟》陆德明释文：燬，音毁，齐人谓火曰燬。郭璞又音货。《字书》作焜，音毁。《说文》同。一音火尾反，或云：“楚人名火曰燥，齐人曰燬，吴人曰焜。”此方俗讹语也。

《列子·力命》陆德明释文：墨杘，江淮之间谓之无赖。

《匡谬正俗》卷三：今江淮田野之人犹谓区为丘，亦古之遗音也。

《汉书·货殖传》颜师古注：今西楚荆沔之俗卖盐豉者，盐豉各一升，则各为裹而相随焉，此则合也。

《汉书·货殖传》颜师古注：煏室干之，即鲰耳。盖今巴荆人所呼鳀鱼者是也。

《汉书·张汤传》颜师古注：古谓掘地为坑曰方。今荆楚俗土功筑作算程课者，犹以方计之，非谓避讳也。

《汉书·灌夫传》颜师古注：今吴楚俗犹谓牵引前却为根格。

《汉书·郊祀志》颜师古注：古谓之娣姒，今关中俗呼为先后，吴楚俗呼为妯娌，音轴里。

《后汉书·宣秉传》李贤注：今江淮人谓一石为一担。

《急就篇注》：籯，一名筥，盛杯器也。亦以为熏笼，楚人谓之墙居。

《急就篇注》：麤者，麻枲杂履之名也。南楚江淮之间通谓之麤。

《急就篇注》：戟，枝刃之矛也，楚谓之子。

《唐本草》注（《证类本草》卷九"莎草"引）：唐本注云："此草，根名香附子，一名雀头香……荆襄人谓之莎草根。"

《唐本草》（《本草纲目》卷十四"积雪草"引）：恭曰："此草叶圆如钱，荆楚人谓为地钱草。"

《唐本草》（《本草纲目》卷十五"薇衔"引）：恭曰："南人谓之吴风草，一名鹿衔草，言鹿有疾，衔此草即瘥也。"恭曰："又有大小二种，楚人谓大者大吴风草，小者为小吴风草。"

《唐本草》（《本草纲目》卷十五"青葙"引）：恭曰："荆襄人名为昆仑草。"

《唐本草》（《本草纲目》卷十六"荩草"引）：恭曰："荆襄人煮以染黄，色极鲜好，俗名菉蓐草。"

《唐本草》注（《证类本草》卷二十"秦龟"引）：唐本注云："鸯龟腹折，见蛇则呷而食之，荆楚之间谓之呷蛇龟。"

《唐本草》（《本草纲目》卷二十三"稷"引）：苏恭曰："穄即稷也。楚人谓之稷，关中谓之糜，呼其米为黄米。"

《唐本草》（《本草纲目》卷四十二"马陆"引）：恭曰："襄阳人名为马蚿，亦呼马轴。又名刀环虫，以其死侧卧，状如刀环也。"

《文选·吴都赋》"於菟之族"刘良注：於菟，虎也，江淮间谓虎为於菟。

《文选·吴都赋》"卉木歇蔓"刘良注：卉，百草总名，楚人语也。

《文选·述祖德诗》李善注：楚人谓深水为潭。

《南史·长沙景王道怜传》：道怜素无才能，言音甚楚，举止多诸鄙拙，畜聚常若不足。

《文选音决》（《文选》卷八《蜀都赋》"尔乃邑居隐赈，夹江傍山"注）：《音决》："山，协韵，所连反，楚俗言也。"

《古今正字》（《慧琳音义》卷九十八引）：楚人谓寡妇曰嫠。

《刊谬补缺切韵·脂韵》：秅：禾四把，长沙云。

《刊谬补缺切韵·庚韵》：横：荆州人呼渡津舫为横。

《刊谬补缺切韵·纸韵》：嬭：江淮间呼母。

《刊谬补缺切韵·尾韵》：豨：楚人呼猪。

《刊谬补缺切韵·荠韵》：妳：楚人呼母。

《刊谬补缺切韵·哿韵》：瓹：长沙人呼瓯。

《刊谬补缺切韵·霁韵》：些：楚音，语已词。

《史记·东越列传》裴骃集解：耘，音于粉反，此楚人声重耳。

《史记·孝文本纪》司马贞索隐：陈楚俗桓声近和。

《考声切韵》（《慧琳音义》卷六十一引）：孀居：上音霜。《考声》云："孀居，寡妇也。楚人谓寡为孀居。"从女，霜声。

《史记·货殖列传》张守节正义：果摇犹摇叠包裹也，今楚越之俗，尚有裹摇之语。

《史记·货殖列传》裴骃集解引《汉书音义》：（紫）音如楚人言荠。

《史记·高祖本纪》张守节正义：许北人呼为廁子，吴楚谓之志。志，记也。

《韵诠》（《慧琳音义》卷二十九引）：《韵诠》云："攒，小稍也。荆楚巴蜀今谓之攒刀，长可丈余。"

《唐韵》（《倭名类聚抄》卷五引）：齐楚曰塔，扬越曰㝔，一云塔下室也。

《韵海》（《太平御览》卷三十一引）：南楚谓卒为弩父，卒主担弩导，因以为名也。①

《秋日夔府咏怀奉寄郑监李宾客一百韵》（仇兆鳌《杜诗详注》卷十九）：自注：峡人目市井泊船处曰市暨，江水横通山谷处方人谓之瀼。

《封氏闻见记》卷八"二朱山"：密州之东，临海有二山，南曰大朱，北曰小朱，相传云，仙人朱仲所居也。按：朱仲，汉时人，《列仙传》所载，不言所居。若尔，朱仲未居之前，山无名乎？此西北数十里，有春秋时淳于城。淳于，州国也。吴楚之人谓居为于，古谓州为朱。然则此山当名州山也。

《慧琳音义》卷一：覆载：上敷务反。见《韵英》，秦音也。诸字书音为敷救反，吴楚之音也。

《慧琳音义》卷三：打：德梗反。《古今正字》："从手，丁声也。"江外音丁挺反。

《慧琳音义》卷四：茂：莫候反，吴楚之音也。《韵英》音为摸布反。

《慧琳音义》卷六：幢：南楚谓翳曰翿，翿即幢也。

《慧琳音义》卷七：浮：附无反，《玉篇》音扶尤反，陆法言音薄谋反。下二皆吴楚之音也，今并不取。

《慧琳音义》卷十二：打：得冷反，打，捶也，击也。从手，丁声也。吴音顶，今不取。

《慧琳音义》卷十二（卷四十一同）：阜：扶久反，吴楚之音也。

《慧琳音义》卷十四：椑桃：荆州谓之乌椑。

《慧琳音义》卷二十二：资生什物：《汉书集注》曰："什物者，为生之具也。"

---

① 唐代诗人皎然有《奉和颜使君真卿修〈韵海〉毕，州中重宴》一诗。

《三苍》曰："什，聚也，杂也。"吴楚之间谓资生杂具为什物。

《慧琳音义》卷二十九：疗：吴会江湘谓医病曰疗。

《慧琳音义》卷三十六：潭：南楚之人谓深水曰潭。潭，闲也，深也。

《慧琳音义》卷三十八：潭：深也，楚人名深曰潭也。

《慧琳音义》卷三十九：鲵：今江东呼为伇，荆州呼为鳎。

《慧琳音义》卷四十二：鼢：五狄反，中国音也。又下狄反，淮南音也。①

《慧琳音义》卷五十二：都梁：县名，有小山悉生兰，俗谓兰为都梁，即以县名也。

《慧琳音义》卷五十五：邀：今作速，同。桑鹿反。楚语人名也。

《慧琳音义》卷五十六：枭鸮：古尧反，土枭也。不为骄反，《字林》："鹎鸠也。"形似鸠而青白，出于山，即恶声鸟也。楚人谓之鹏鸟，亦鸥类也。山东名鹎鸠，俗名巧妇。鹎音奴定反。下公穴反。

《慧琳音义》卷五十七：墟：居也。南楚汝颍言亦墟声。

《慧琳音义》卷五十九：椑桃：音卑，似柿。南土有青、黄两种，荆州之乌椑也。

《慧琳音义》卷六十：盎：江淮吴楚之间谓之缸。缸音冈。

《慧琳音义》卷八十二：榱：《说文》云："秦名为屋椽，周人谓之榱，齐鲁谓之桷。"今楚人亦谓之桷子。

《慧琳音义》卷八十二：栖：今秦中呼为连檐。呼为栖者，楚语也，亦通云椽栖也。

《慧琳音义》卷九十三：哈：蚩笑也，楚人谓相调笑为哈。

《慧琳音义》卷一百：叶粽：上阁接反，茚叶也。下音总，蜀人作去声，呼粽子，亦俗字也。正体从米从叟作糉，即五月五日楚人所尚糉子是。

《慧琳音义》卷一百：剩：音承证反，亦楚郢之间语辞也。言剩如此者，意云岂能便如此。

《元和郡县志》卷二十四：桐柏县：天木山，俗名天目山，在县东北五十五里。祖逖为豫州刺史，藏家口于天木山，即此山也。山上有池，时人号为天目。

《柳河东集》卷二十九《袁家渴记》：由朝阳岩东南水行至芜江，可取者三，莫若袁家渴，皆永中幽丽奇处也。楚越之间方言，谓水之支流者为渴，音若衣褐之褐。

《岭表录异》卷下：比目鱼，南人谓之鞋底鱼，江淮谓之拖沙鱼。

---

① 《慧琳音义》卷四十八"淮南"作"江南"，似当作"江南"为是。

四、吴越

《纂文》(《初学记》卷二十九引):梁州以豕为猪(之于反),河南谓之彘,吴楚谓之豨(火岂反),渔阳以大猪为豝,齐徐以小猪为豬(仕主反)。

《纂文》(《太平御览》卷九百〇三引):梁州以豕为猪(之于反),河南谓之彘,吴楚谓之豨(火岂切),渔阳以大猪为豝,齐徐以小猪为豬(仕主反)。

《纂文》(《慧琳音义》卷二十五引):吴人以步屈名桑阖。

《纂文》(《慧琳音义》卷三十二引):垛,徒果反,谓土榻也。《纂文》云:"吴人以积土为垛也。"

《纂文》(《慧琳音义》卷五十六引):陊,徒果反。《纂文》云:"吴人以积土为陊聚也。聚,才句反。"

《纂文》(《列子·黄帝》殷敬顺释文引):何承天《纂要》云:"吴人呼瞬目为恂目。"[1]

《纂文》(《太平御览》卷八百三十四引):扬州取鱼罾也。吴人谓之为笱主。

《南越志》(《文选·江赋》"水母目虾"李善注):海岸间颇有水母,东海谓之蛇。

《南越志》(《太平御览》卷九百三十一引):龟甲名神屋,出南海,生池泽中,吴越谓之元仁。

《南越志》(《太平御览》卷九百四十三引):海岸间有水母,东海谓之蛇。(音蜡)。

《宋书·乐志》:又有《白纻舞》,按:舞词有巾袍之言,纻本吴地所出,宜是吴舞也。晋俳歌又云:"皎皎白绪,节节为双。"吴音呼绪为纻,疑白纻即白绪。

《宋书·顾琛传》:宋世江东贵达者,会稽孔季恭、季恭子灵符,吴兴丘渊之及琛,吴音不变。

《本草经集注》(《土风录》卷五"壁虎"引):陶弘景《本草》:"蝘蜒,吴人呼为壁虎。"

《本草经集注》(《本草纲目》卷四十九引):鸱:弘景曰:"鸱日状如黑伧鸡,作声似云同力,故江东人呼为同力鸟。"

《本草经集注》(《证类本草》卷二十六引):稻米:陶隐居云:"今江东无此,皆通呼粳米为稻耳。"

《述异记》卷下:吴江中又有鱼步、龟步,湘中有灵妃步。昉按:吴楚间谓浦为步,语之讹耳。

《述异记》卷下:璅蛣,似小蚌,有一小蟹在腹中,为出求食,故淮海之人呼

---

[1] 当为《纂文》。

为蟹奴。

《述异记》卷下：葳蕤草，一名丽草。又呼为女草，江浙中呼娃草。美女曰娃，故以为名。

《述异记》（《太平御览》卷九百九十六引）：萱草，一名紫萱，又呼曰忘忧草，吴中书生呼为疗愁花。

《世说新语•排调》：支道林入东，见王子猷兄弟。还，人问："见诸王何如？"答曰："见一群白颈乌，但闻唤哑哑声。"

《世说新语•排调》：刘真长始见王丞相，时盛暑之月，丞相以腹熨弹棋局，曰："何乃渹（吴人以冷为渹）？"刘既出，人问："见王公云何？"刘曰："未见他异，唯闻作吴语耳！"

《南齐书•王敬则传》：敬则名位虽达，不以富贵自遇，危拱彷徨，略不衿据，接士庶皆吴语，而殷勤周悉。

《南齐书•五行志》：盐官县石浦有海鱼乘潮来，水退不得去，长三十余丈，黑色无鳞，未死，有声如牛。土人呼为海燕，取其肉食之。

《纂要》（《李贺诗集•江南弄》吴正子注引）：梁元帝《纂要》云："齐歌曰讴，吴歌曰歈，楚歌曰艳，淫歌曰哇。"

《纂要》（《初学记》卷二引）：梅熟而雨曰梅雨，江东呼为黄梅雨。

《重修玉篇•艸部》：芮：营窘切。芮，菣也。今江东人呼藕根为菣。

《重修玉篇•艸部》：蕧：扶福切。芦蕧也。江东呼菘菜。

《重修玉篇•艸部》：蕖：渠与切。今之苦蕖。江东呼为苦荬。又音渠。

《重修玉篇•竹部》：箪：必匙、必是二切。江东呼小笼为箪。

《重修玉篇•木部》：柎：附具切。江东人呼草木子房为柎。

《重修玉篇•人部》：侬：奴冬切。吴人称我是也。

《重修玉篇•人部》（《文字音义》引）：犍：江东呼畜双产谓之犍。

《重修玉篇•水部》：湩：都贡切。江南人呼乳为湩。

《重修玉篇•门部》：闾：旅居切。里门也。又船首之闾，今江东呼船头为飞闾也。

《重修玉篇•叕部》：叕：吴人呼短物也。

《颜氏家训•风操》：凡宗亲世数，有从父，有从祖，有族祖。江南风俗，自兹已往，高秩者通呼为尊，同昭穆者，虽百世犹称兄弟；若对他人称之，皆云族人。河北士人，虽三、二十世，犹呼为从伯、从叔。

《颜氏家训•书证》：吴人呼祠祀为鸱祀，故以祠代鸱字；呼绀为禁，故以糸傍作禁代绀字；呼盏为竹简反，故以木傍作展代盏字；呼镣字为霍字，故以金傍作霍代镣字。

《颜氏家训•书证》：黄花似莼，江南俗亦呼为猪莼，或呼为荇菜。

《颜氏家训·书证》：江南别有苦菜，叶似酸浆，其花或紫或白，子大如珠，熟时或赤或黑。此菜可以释劳。按：郭璞注《尔雅》，此乃"蘵，黄蒢"也。今河北谓之龙葵。

《颜氏家训·书证》：（蒜颗），江南但呼为蒜符，不知谓为颗。

《颜氏家训·书证》：《月令》云："荔挺出。"江东颇有此物，人或种于阶庭，但呼为旱蒲，故不识马薤。讲《礼》者乃以为马苋；马苋堪食，亦名豚耳，俗名马齿。

《颜氏家训·音辞》：自葛洪《要用字苑》分焉字音训：若训何、训安，当音于愆反……若送句及助词，当音矣愆反……江南至今行此分别，昭然易晓；而河北混同一音，虽依古读，不可行于今也。

《颜氏家训·音辞》：玙、璠，鲁之宝玉，当音余烦，江南皆音藩屏之藩。岐山当音为奇，江南皆呼为神祇之祇。

《证俗音》（《北户录》卷一引）：（鱃），吴人呼为鲫鱼。

《证俗音》（《北户录》卷二引）：今江南呼饊饭，已煎米以糖饼之者为粰粭也。音浮流。

《证俗音》：（《慧琳音义》卷四十二引）：今江南人呼为铧锹，巴蜀之间谓锹为锸。

《诗经·九罭》陆德明释文：罶音古，今江南呼缀罶为百囊网也。

《诗经·东门之池》陆德明释文：西州人谓绩为缉。

《诗经·汝坟》陆德明释文：燬，音毁，齐人谓火曰燬。郭璞又音货。《字书》作炜，音毁。《说文》同。一音火尾反，或云："楚人名火曰燥，齐人曰燬，吴人曰㷿。"此方俗讹语也。

《诗经·硕人》沈重注（陆德明释文引）：鲔，于轨反，鮥也，似鳣，大者名王鲔，小者曰叔鲔。沈云："江淮间曰叔，伊洛曰鲔，海滨曰鮥。"[1]

《诗经·硕人》陆德明释文：蔼，五患反。江东呼之乌蓝。

《诗经·鱼丽》陆德明释文：江东呼鲇为鲧。

《庄子·知北游》陆德明释文：司马、郭云："捶者，玷捶钩之轻重，而不失豪芒也。"或说云："江东三魏之间人皆谓锻为锤。"音字亦同，郭失之。

《尔雅·释草》陆德明释文：亭历，今江东人呼为公荠。

《尔雅·释草》陆德明释文：江东人皆呼稻米为秔米。

《尔雅·释宫》陆德明释文：彴，音斫。《广雅》云："步桥也。"案：今江东呼彴，音约。

《礼记·曲礼》孔颖达疏引：《隐义》云："东海乐浪人呼容十二斛者为鼓，

---

[1] 沈重的《毛诗义》。

以量米，故云量米鼓。"①

《晋书·周玘传》：将卒，谓子勰曰："杀我者诸伧子，能复之，乃吾子也。"吴人谓中州人曰伧，故云耳。

《匡谬正俗》卷五：堤防之堤字，并音丁奚反。江南末俗往往读为大奚反，以为风流。

《匡谬正俗》卷五：江南俗呼人自高抗矜持为自拄置。

《匡谬正俗》卷六：今太原俗呼痛而呻吟谓之通唤……今痛而呻者，江南俗谓之呻唤，关中俗谓之呻恫。

《匡谬正俗》卷六：吴楚之俗谓相对举物为刚。

《匡谬正俗》卷六：今吴越之人呼齐等皆为丁儿反。

《匡谬正俗》卷七：愈，胜也，故病差者言愈……文史用之皆取此意，与病愈义同。而江南近俗读愈皆变为踰，关内学者递相放习，亦为难解。

《匡谬正俗》卷八：今吴蜀之俗谓苦菜者，即《尔雅》所谓"蘵，黄蒢"尔。

《匡谬正俗》卷八：（陶宏景）注"米"云："道家方药有俱用稻米、杭米，即是两物。云稻米穬白如霜，今江东无此，皆通呼粳米为稻米耳。"

《汉书·元后传》颜师古注：楫与檝同，濯与棹同，皆所以行船也。令执楫棹人为越歌也。楫，谓棹之短者也。今吴越之人呼为桡，音饶。越歌，为越之歌。

《汉书·灌夫传》颜师古注：今吴楚俗犹谓牵引前却为根格。

《汉书·郊祀志》颜师古注：古谓之娣姒，今关中俗呼为先后，吴楚俗呼为妯娌，音轴里。

《大业拾遗记》：帝尝醉游诸宫，偶戏宫婢罗罗者，罗罗畏萧妃，不敢迎帝，且辞以有程姬之疾，不可荐寝。帝乃嘲之曰："个人无赖是横波，黛染隆颅簇小蛾。幸得留侬伴成梦，不留侬住意如何？"帝自达广陵，宫中多效吴言，因有侬语也。

《唐本草》（《本草纲目》卷十四引）：恭曰："青、齐、河间人名为水苏，江左名为荠苎，吴会谓之鸡苏。"

《唐本草》（《本草纲目》卷四十五引）：摄龟：恭曰："蛩龟腹折，见蛇则呷而食之，故楚人呼呷蛇龟。江东呼陵龟，居丘陵也。"

《玄应音义》卷七：桊：居院反。《字书》："桊：牛拘也。"今江淮以北皆呼牛拘，以南皆曰桊。

《史记·货殖列传》张守节正义：果摇犹摇叠包裹也，今楚越之俗，尚有裹摇之语。

《史记正义》（《吴郡志》卷八引）：越来溪在越城东南，与石湖通溪流，贯行春及越溪二桥，以入横塘，清澈可鉴，越兵自此溪来入吴，故以名。《史记正

---

① 《〈礼记〉隐义》为南北朝人时撰。

义》：“越自松江北开渠至横山，东北入吴即此溪，来读曰厘，吴音也。”

《玄应音义》卷二十二：纥：关中谓麦屑坚者为麨头亦此也。江南呼为麮子，音徒革反。

《文选·宿东园》李善注：今以江东人呼鹿曰麎。

《文选·吴都赋》刘良注：吴俗谓好女为娃。

《文选·高唐赋》李善注：夜干，一名乌扇，今江东呼为乌莲，《史记》为射干。

《文选音决》（《文选·蜀都赋》注）：白雉朝雊，猩猩夜啼。《音决》：“协韵，逐移反，吴俗言。”

《文选音决》（《文选·挽歌》注）：周亲咸奔凑，友朋自远来。《音决》：“来，协韵，力而反，吴俗言也。”

《文选音决》（《文选·挽歌》注）：案辔遵长薄，送子长夜台。《音决》：“台，协韵，狄夷反，吴俗言。”

《后汉书·边让传》李贤注：比目鱼，一名鲽，一名王余，不比不行，今江东呼为板鱼。

《史通·杂说中》：渠们、底个，江左彼此之辞。

《外台秘要方》卷四十：沙虫，吴音名沙作盗，护如鸟长尾，盗者，言此虫能招呼溪气。

《外台秘要方》卷四十：又今东间诸山州县人，无不病溪毒，每春月多得，亦如京都伤寒之状，呼为溪温。

《史记·张仪列传》司马贞索隐：今江南亦谓苇篱曰芭蓠。

《本草拾遗》（《本草纲目》卷十八引）：通草：藏器曰：“江东人呼为畜葍子，江西人呼为拿子。”

《本草拾遗》（《本草纲目》卷二十八引）：土菌：藏器曰：“地生者为菌，木生者为檽。江东人呼为蕈。”

《本草拾遗》（《本草纲目》卷三十二引）：盐麸子，蜀人谓之酸桶，亦曰酢桶。吴人谓之盐麸，戎人谓之木盐。

《本草拾遗》（《本草纲目》卷三十五引）：俗呼椿为猪椿，北人呼樗为山椿，江东呼为虎目树，亦名虎眼。谓叶脱处有痕，如虎之眼目，又如樗蒲子，故得此名。

《本草拾遗》（《本草纲目》卷三十五引）：江东人通名杨柳，北人都不言杨。

《本草拾遗》（《本草纲目》卷三十六引）：冻青：藏器曰：“冬月青翠，故名冬青。江东人呼为冻青。”

《本草拾遗》（《本草纲目》卷四十九引）：鸮，即枭也，一名鵩。吴人呼为鹠魂，恶声鸟也。

《本草拾遗》（《证类本草》卷三引）：白师子，主白虎病，向①东人呼为历节风，置白师子于病者前自愈，此压伏之义也。

《本草拾遗》（《证类本草》卷十九引）：布谷脚脑骨，令人夫妻相爱。五月五日收带之各一，男左女右，云置水中，自能相随。又江东呼为郭公，北人云拨谷。一名获谷，似鹞，长尾。

《本草拾遗》（《证类本草》卷二十引）：鱼鲙以菰菜为羹，吴人谓之金羹玉鲙，开胃口，利大小肠。

《考声切韵》（《慧琳音义》卷三十一引）：藤，邓能反。《考声》云："蔓，莛延之类，吴越谓之藤。"

《考声切韵》（《慧琳音义》卷八十六"纹缯"条、卷八十七"纹彩"条并引）：纹，吴越谓小绫为纹也。

《考声切韵》（《慧琳音义》卷九十九引）：《考声》云："坱，吴越谓尘起为坱。"

《史记·老子列传》张守节正义：蓬，其状若蟠蒿，细叶，蔓生于沙幕中，风吹则根断，随风转移也。蟠蒿，江东呼为斜蒿云。

《天宝单方药图》（《本草纲目》卷十六引苏颂说引）：水英：颂曰："唐《天宝单方图》言：此草原生永阳池泽及河海边。临汝人呼为牛荵草，河北信都人名水节，河内连内黄呼为水棘，剑南、遂宁等郡名龙移草，淮南诸郡名海荏。岭南亦有，土地尤宜，茎叶肥大，名海精木，亦名鱼津草。"

《唐韵》（《倭名类聚抄》卷五引）：齐楚曰塔，扬越曰龛，一云塔下室也。

《唐韵》（《容斋随笔·三笔》卷五）：孙愐《唐韵》云："韩灭子孙分散，江淮间音以韩为何，字随音变，遂为何氏。"

《封氏闻见记》卷八"二朱山"：密州之东，临海有二山，南曰大朱，北曰小朱，相传云，仙人朱仲所居也。按：朱仲，汉时人，《列仙传》所载，不言所居。若尔，朱仲未居之前，山无名乎？此西北数十里，有春秋时淳于城。淳于，州国也。吴楚之人谓居为于，古谓州为朱。然则此山当名州山也。

《慧琳音义》卷一：覆载：上敷务反。见《韵英》，秦音也。诸字书音为敷救反，吴楚之音也。

《慧琳音义》卷四：茂：莫候反，吴楚之音也。《韵英》音为摸布反。

《慧琳音义》卷四：额：《释名》云："幽州人谓额为鄂。"今江外吴音呼额为讶，并边方讹也。

《慧琳音义》卷四：雁：今江东呼雁为舸鹅。或作歌，古字也。或作驾。

《慧琳音义》卷五：呰：兹此反。吴音子尔反。

---

① "向"疑为"江"。

《慧琳音义》卷七：浮：附无反，《玉篇》音扶尤反，陆法言音薄谋反。下二皆吴楚之音也，今并不取。

《慧琳音义》卷八：打：德耿反，陆法言云"都挺反"，吴音，今不取也。

《慧琳音义》卷九：牂：又作墙，同。自羊反。《字林》："驦，音帆，柱也。"江南行此音，关中多呼作竿。

《慧琳音义》卷九：墙：又作墙，同。才羊反。驦柱也。关中曰墙竿是也。

《慧琳音义》卷九：灒：又作濺、嘁二形，同。子旦反。江南行此音，山东音湔，子见反。

《慧琳音义》卷九（卷五十九、卷七十引）：髀：古文作踔，同。蒲米反，《说文》："股外也。"北人行此音。又方尔反，江南行此音。

《慧琳音义》卷十：筏：《集训》："缚竹木浮于水上，或运载，名之为拨。南土吴人或谓之潭，即筏也。潭音排。"

《慧琳音义》卷十一：打：德冷反，今江外吴地见音为顶。

《慧琳音义》卷十一：猫：莫包反，江外吴音以为苗字。

《慧琳音义》卷十二：阜：扶久反，吴楚之音也。

《慧琳音义》卷十二：湩：诛瀧反，龙重反。《说文》云："乳汁也。"江南见今呼乳汁为湩，去声。

《慧琳音义》卷十七：觜星：子移反，吴音醉唯反。秦音也。参星头上三小星也。

《慧琳音义》卷十七：虹：胡公反，江东音绛。

《慧琳音义》卷十七（卷四十八同）：齑：子西反，又作齏，同。酱属也。醢酱所和，细切曰齑，全物为菹。今中国皆言齑，江南悉言菹。

《慧琳音义》卷二十：胄：古文軸，同。除救反。《广雅》："胄，兜鍪也。"中国行此音。亦言鞮鍪，江南行此音。鞮音低，鍪，莫侯反。

《慧琳音义》卷二十六：髀：蒲米反，北人用此音。又必尔反，江南行此音。

《慧琳音义》卷二十六：镞：《字林》云："箭，镝也。"江南言箭金也，山东言箭足。

《慧琳音义》卷二十七：蚰蜒：音由延。江南谓大者即蜈蚣也。

《慧琳音义》卷二十七：蜼：《字林》"余绣反"。江东名也。又音余秀反，建平之名。

《慧琳音义》卷二十七：打：吴音顶。又都挺反。今取秦音，得耿反。

《慧琳音义》卷二十七：守宫：此在舍者，江南谓蝘蜓。然体一物，山东谓蜥蜴，陕以西谓壁宫。

《慧琳音义》卷二十七：掣电：上昌制、尺折二反，阴阳激耀也。《释名》云："掣，引也，电殄也，谓乍见殄灭。"关中睒电，今吴人谓礚镡，上息念反，下大念反。

《慧琳音义》卷二十七：复：吴音扶救反，秦音冯目反。

《慧琳音义》卷二十七：趺：江南谓开膝坐为跘跨坐，山东谓之甲趺坐也，跘音拔患反，跨音口化反。

《慧琳音义》卷二十八：炙𤐫：江北谓炙手足为炙燎。经文作燎，非体也。

《慧琳音义》卷二十八：哳：陟黠反。《楚辞》："嘲哳，鸟鸣也。"按：字义宜作呟，乌交反。江南以多声为呟咋。咋音仕白反。

《慧琳音义》卷二十九：疗：吴会江湘谓医病曰疗。

《慧琳音义》卷三十一：藤：邓能反。《考声》云："蔓莛之类，吴越谓之藤。"

《慧琳音义》卷三十三：顉：牛感反。今江南谓领纳摇头为顉傪，亦谓笑人为顉酌。傪音苏感反。

《慧琳音义》卷三十三：顀：直追反。《说文》："额出也。"今江南言顀头肤额，乃以顀为后枕高肤之名也。

《慧琳音义》卷三十七：膋：又作膫，同。力彫反。《字书》："膋，脂膏也。"谓肠间脂也。今中国言脂，江南言膋。

《慧琳音义》卷三十七：髂：《埤苍》："腰骨也。"江南呼髀上骨接腰者为骬。

《慧琳音义》卷三十九：鲵：今江东呼为伇，荆州呼为鳎。

《慧琳音义》卷四十二：锹：今江东人呼銎为鐅，音片蔑反，此皆方言别异也。从金秋声。

《慧琳音义》卷四十二：齩：又作𪘲，同。五狡反，中国音也。又下狡反，淮南音也。

《慧琳音义》卷四十三：蔡：音察，草蘆也，亦芥也。经文作㴍，非也。蘆音千古反，枯草也。今陕以西言草蔡，江南山东言草蘆，蘆音七故反。

《慧琳音义》卷四十四：伏：今江北通谓伏卵为菢；江南曰蓲，音央富反。

《慧琳音义》卷四十五：腨：又作腨，同。时兖反。《说文》："腨，腓肠也。"腓音肥。江南言腓肠，中国言腨肠，或言脚腨也。

《慧琳音义》卷四十六：潘：《说文》："潘：淅米汁也。"淅音苏历反，江北名泔，江南名潘。

《慧琳音义》卷四十六：厌：伊琰反。《字苑》："眠内不祥也。"山东音伊叶反。

《慧琳音义》卷四十六：掣：《十州记》云："猛兽两目如礒磹之光。"今吴名电为礒磹，音息念大念反，三辅名为类[①]电也。

《慧琳音义》卷四十六：楔：又作楔，同。先结反。《说文》："楔，櫼也。"

① "类"当为"睒"。

欘，子林反。今江南言欘，中国言届。楔，通语也。届音侧洽反。

《慧琳音义》卷四十七：蟾蜍：淮南谓之去父，山东谓之去蚁，蚁音方可反。江南俗呼蟾蜍者，音食余反。

《慧琳音义》卷四十七：札：庄黠反，《三苍》："柿，札也。"今江南谓破削木片为柿，关中谓之札，或曰柿札。柿音敷废反。

《慧琳音义》卷四十七：舶：《字林》："大船也。"今江南凡泛海舡谓之舶。

《慧琳音义》卷四十八（卷四十九同）：镕：以终反，江南行此音。谓镕铸销洋也。

《慧琳音义》卷四十八：札：侧黠反，《三苍》："柿，札也。"今江南谓斫削木片为柿，关中谓之札，或曰柿札。柿音敷废反。

《慧琳音义》卷四十八：疙：又作𪌭，同。痕入声，一音胡结反。坚米也。谓米之坚鞕，舂捣不破也。今关中谓麦屑坚也[1]为𪌭头，亦此也。江南呼为麱子，音徒革反。

《慧琳音义》卷四十八：拼：补茎反。谓弹绳墨曰拼。江南名坪，音普庚反。

《慧琳音义》卷四十九：镵刺：仕衫反，下千亦反。《说文》："镵，锐也。"今江南犹言镵刺也。

《慧琳音义》卷四十九：欧：欲吐也。江南或谓欧喀，喀音客。

《慧琳音义》卷四十九：悬腾：下邓能反。《集训》云："腾，藟也。音力鬼反。藟谓草之有枝条，蔓莚如葛之属也。吴越间谓之藤。"

《慧琳音义》卷四十九：烟：《韵集》："一余反。"今关西言烟，山东言蔫。蔫音于言反。江南亦言矮，矮又作萎，于为反。

《慧琳音义》卷四十九：妖嬬：壮少之貌也。今江南谓作姿名嬬伊，山东名作嬬也。

《慧琳音义》卷四十九：齩：五狡反，中国音也。又下狡反，江南音也。《说文》："齩，啮也。"

《慧琳音义》卷五十：㲉：又作殻，同。口角反。吴会间音哭，卵不坚皮也。

《慧琳音义》卷五十：楔：又作楔，同。先结反。《说文》："楔，欘也。"今江南言欘，楔，通语也。欘，子金反。

《慧琳音义》卷五十二：抨：普耕反，江南音也。抨，弹也。

《慧琳音义》卷五十五：箠：又作𥬇，同。音瑞。江南名𥬇，北人名𥮗。𥬇音换。

《慧琳音义》卷五十五：蚱蜢：侧格反，下莫绠反。蚱蜢，《字书》[2]云："淮

---

[1] "也"字疑为"者"字之讹。

[2] 据《隋书·经籍志》卷一，刘宋吴恭《字林音义》（五卷）和北魏杨承庆《字统》（二十一卷）之间有《古今字书》十卷、《字书》三卷、《字书》十卷三本书，皆不著撰人姓氏，但大致确定其为南北朝人所做。

南名田父也。"即蟾蜍也。

《慧琳音义》卷五十六：饤：丁定反，江南呼饤食为饤餖。经文作奠，徒见反。奠，置也，献也。餖音豆也。

《慧琳音义》卷五十六：甋砖：《通俗文》："狭长者谓之甋砖。"江南言言甓。①蒲历反。

《慧琳音义》卷五十六：髥：又作顉，同。而甘反，江南行此音；又如廉反，关中行此音。

《慧琳音义》卷五十六：瘶：苏豆反。《说文》："瘶，欬逆气也。"欬音苦代反，江南行此音。《字隐》起志反，山东行此音。

《慧琳音义》卷五十六：頨：直佳反。《说文》："出额也。"今江东南云頨头胅额也。

《慧琳音义》卷五十七：潘：敷袁反。《苍颉篇》云："泔汁也。"《说文》："潘，淅米汁也。"江北名泔，江南名潘。

《慧琳音义》卷五十七：跢：多个反。江南俗音带，谓倒地也。

《慧琳音义》卷五十八：蛭：江东名虮。

《慧琳音义》卷五十八：潘：敷烦反。《字林》："淅米汁也。"江南名潘，关中名泔。

《慧琳音义》卷五十八：鼾睡：下旦反，《说文》："卧息声也。"《字苑》："呼干反。"江南行此音。

《慧琳音义》卷五十八：泅：又作汓，同。似由反。《说文》："水上浮也。"今江南呼拍浮为泅也。

《慧琳音义》卷五十九：磨：《字林》作礳，同。亡佐反。郭璞注《方言》云："碢即磨也。"《世本》云："斑输作碢"。北土名也。江南呼摩。②

《慧琳音义》卷五十九：鑕：《释名》云："矛下头曰鑕。"音存闷反，江南名也。关中谓之钻，音子乱反。

《慧琳音义》卷五十九：泔：潘音翻。淅米汁也。江北名泔，江南名潘也。

《慧琳音义》卷五十九：劈：古文𢽚、𠂢二形。《字林》："匹狄反，破也。"关中行此音。《说文音隐》披厄反。江南通行二音。

《慧琳音义》卷五十九：揣：《说文》："揣量也。"音都果反，北人行此音。又初委反，江南行此音。揣非字义。

《慧琳音义》卷五十九：晒：霜智反，北土行此音。又所隘反，江南行此音。

《慧琳音义》卷五十九：銚：古文鐎，同。余招反。《广雅》："銷谓之銚。"

① 疑衍一"言"字。
② "摩"字当作"磨"。

《说文》："温器也。似鬲，上有镶。"山东行此音。又徒吊反，今江南行此音。

《慧琳音义》卷五十九：鞘：《小尔雅》鞘，诸书作削，同。思诮反。《说文》："削，刀鞘也。"《方言》："剑削，关东谓之削，关西谓之鞞。"音饼。江南音嘨。关中音笑也。

《慧琳音义》卷五十九：轨：《字林》音渠例反。木钉也。《广雅》："检、概，钉也。"江南谓之轨。

《慧琳音义》卷五十九：㭔：音力导反。关中名磨，山东名㭔，编棘为之以平块也。

《慧琳音义》卷五十九：拼：补耕反。今谓弹绳墨而拼也，江南名拼，音普庚反。

《慧琳音义》卷五十九：菴鞑：疑为靸鞑。《字苑》素合、都奚反。今江南谓靴无头者为靸。

《慧琳音义》卷五十九：筏：编竹木浮于河以运物者。南土名簿，北人名筏也。

《慧琳音义》卷五十九：行縢：江南厮役者有此物，亦谓之行缠。

《慧琳音义》卷五十九：什物：时立反。什谓会数之名也，亦聚也，杂也。资生之物也。今人言家产器物犹云什物，物即器也。江南名什物，北土名五行。

《慧琳音义》卷五十九：抖擞：又作敕，同。苏走反。郭璞注《方言》曰："抖擞，举也。"《难字》曰："抖擞，豰觳也。"江南言抖擞，北人言豰觳。音都谷反，下苏谷反。

《慧琳音义》卷五十九：沸：《通俗文》："体蟀沸曰癀沮。"音扶分、才与反。江南呼沸子，山东名癀沮。

《慧琳音义》卷五十九：厌：于冉反。《字苑》云："眠内不祥也。"论衡曰："卧厌不悟者也。"江东音于叶反。

《慧琳音义》卷六十：额：江东人呼额为讶，幽州人谓额为鄂，皆声讹转也。

《慧琳音义》卷六十：盎：江淮吴楚之间谓之缸。缸音冈。

《慧琳音义》卷六十：埠蠡：上音负，下音终。幽州谓春箕，齐鲁谓之春黍。

《慧琳音义》卷六十一：瓯：今江南谓瓷椀瓦椀总名为瓯。

《慧琳音义》卷六十一：潬：坛懒反。上声字也。《韵诠》云："潬，水中沙推出曰潬。江东语也。"从水单声。

《慧琳音义》卷六十四：纂：子管反。锡杖下头铁也。应作钻，子乱反。关中名钻，江南名鐏。鐏音在困反。《释名》："矛下头曰鐏也。"

《慧琳音义》卷六十四：泔：音甘。《说文》："泔，潘也。"谓米汁也。潘音翻，淅米汁也。江北名泔，江南名潘也。

《慧琳音义》卷六十五：气嗽：宜作欯嗽，欯音苦代反，江南行此音。又丘既反，山东行此音。下苏豆反。

《慧琳音义》卷六十五：淰：江南谓水不流为淰，音乃点反。关中乃斩反。

《慧琳音义》卷六十五：胡荾：又作荾。《字苑》作薞，同。私规反。《韵略》云："胡荾，香菜也。"《博物志》云："张骞使西域，得胡绥。"今江南谓胡薞，亦为葫蔧，音胡析。闾里间音火孤反。

《慧琳音义》卷七十（卷七十三同）：辣：《通俗文》："辛甚曰辣"。江南言辣，中国言辛。

《慧琳音义》卷七十：揣：古文敊，同。初委反，谓测度前人也。江南行此音。又音都果反，揣，量也，试也，北人行此音。

《慧琳音义》卷七十：弌：关中之言阿樴，江南言梀杙也。樴，徒得反。

《慧琳音义》卷七十：荾：又作荾。《字苑》作薞，同。私佳反。《韵略》云："胡荾，香菜也。"《博物志》云"张骞使西域得胡薞"是也。今江南谓胡薞。亦为葫芰，音胡析。近后改亦为香荾。

《慧琳音义》卷七十：札：庄黠反，今江南谓斫削木片为柿，关中谓之札，或曰柿札。柿音敷废反。

《慧琳音义》卷七十：趡：求累反，今江南谓屈膝立为蹳趡，中国人言胡跽。音其止反，胡音护，蹳音丈羊反。

《慧琳音义》卷七十：泅：《说文》作浮。或从囚作泅，音似流反，谓浮水上也。江南言拍浮也。

《慧琳音义》卷七十：篅：市缘反。圆仓也。江南行此音。又作上仙反，中国行此音。

《慧琳音义》卷七十：鼓籍：桑朗反。《埤苍》："鼓，柉也。"《字书》："鼓，材也。"今江南名鼓匡为籍。柉音五寡反。

《慧琳音义》卷七十：磕：苦盍反。《说文》："磕，石声也。"今江南凡言打物破碎为磕破。

《慧琳音义》卷七十一：脪：火靳反。江南言脪肿。

《慧琳音义》卷七十一：搯：他劳反。《说文》："搯，捾也。"捾，一活反。中国言搯，江南言挑，音土雕反。

《慧琳音义》卷七十一：尺蠖：一名步屈。宋地曰寻桑，吴人名桑阖，阖音古合反，即桑虫。

《慧琳音义》卷七十一：螔：之容反。江北通谓螽蝗之类曰螔，亦曰簸螔。一名螽螫，一名蚣蝑，俗作春黍。蚣音思容反，蝑音思与反。

《慧琳音义》卷七十一：瀹：《通俗文》："以汤煮物曰瀹。"《广雅》："瀹，汤内出之也。"江东呼瀹为煤。煤音助甲也。

《慧琳音义》卷七十一：齩：又作骹，同。五狡反。齩，啮也。关中行此音。又下狡反，江南行此音。

《慧琳音义》卷七十二：胫：《说文》："胫，脚胻也。"胻音下孟反。今江南呼胫曰胻，山东曰胻骳。胻音下孟反，骳音丈孟反。胫、胻俱是膝下两骨之名也。

《慧琳音义》卷七十二：迸：又作跰、赿，三形同。补诤反。迸，散也，走也，江南言赿趉。趉音赞。

《慧琳音义》卷七十二：眵：今江南呼眵为眵兜也。

《慧琳音义》卷七十三：柿：麸废反。《苍颉篇》："柿，札也。"《说文》："削木朴也。"江南名柿，中国曰札，山东名朴豆。札，朴，音孚豆也。

《慧琳音义》卷七十三：癉：又作膝，同。竹世、丁计二反，关中音多滞反。

《慧琳音义》卷七十三：蝱虻：补奚反。《说文》："蝱，啮牛虫也。"今牛马鸡狗皆有蝱也。下所乙反。啮人虫也。山东及会稽皆音色。

《慧琳音义》卷七十三：粹：《说文》："粝一斛舂取九升曰粹。"《三苍》注云："粹，精米也。"今江南亦谓舾米为粹。

《慧琳音义》卷七十三：髋：又作垸，同。胡灌反。《通俗文》："烧骨以桼曰垸。"《苍颉训诂》："垸，以桼和之。"今中国人言垸，江南言髋，音瑞。桼，古漆字。

《慧琳音义》卷七十三：舂晹：尸容反，下徒朗反……《广雅》："晹，舂也。"《韵集》云："舾，晹米也。"今中国言舾，江南言晹。

《慧琳音义》卷七十三：杷：郭璞曰："有齿曰杷，无齿曰朳。朳音八。"今江南有齿者为杷。

《慧琳音义》卷七十三：撒：又作挮、瓯，二形同。许宜反。《方言》："蠡或谓之撒。"今江南呼勺为撒。

《慧琳音义》卷七十三：縠：又作壳，同。口角反，吴会间音哭，卵外坚也。尚在卵中谓之縠也。

《慧琳音义》卷七十三：概：古代反。《苍颉篇》："概，平斗斛木也。"江南行此音，关中工内反。

《慧琳音义》卷七十三：漱糗：搜皱反，下丘久反。今江南言林琴奈，熟而粉碎谓之糗也。

《慧琳音义》卷七十四：颔车：俗名颛车，音公盍反。吴会曰颔颛，颛，苦姑反。

《慧琳音义》卷七十四：陶河：字宜作掏，徒刀反。中国言掏河，江南言鸊鷉，亦曰黎鷉。

《慧琳音义》卷七十五：淅米：思历反。《通俗文》："汰米曰淅。"淅，洮也。江南言淅，中国言洮。

《慧琳音义》卷七十九：湩：家用反。吴音呼乳汁为湩，今江南见行此音。

《慧琳音义》卷七十九：蟁：音文，吴音密彬反。

《慧琳音义》卷七十九：伫：搦耕反，吴音。

《慧琳音义》卷九十：掷碢：徒禾反，圆薄而小，形似辗碢，手掷以为戏，亦曰抛砳，云掷椤者是也。乃江乡吴越之文言，非经史之通语也。此字本无，诸儒各随意作之，故无定体，今并书出，未知孰真。《集训》从土作墒，《考声》从石作碥，《韵诠》从木作㮡，《文字集略》及《韵英》从石作碼，今且为正。

《慧琳音义》卷九十五：剂此：上齐细反。《尔雅》云："剂，齐也。"今南方人呼剪刀为剂刀。《古今正字》亦同声也。从刀齐声。

《慧琳音义》卷一百：挂：古画反。又吴音怪。

《元和郡县志》卷二十六：丹徒：互父山在县西北十里。晋破苻坚，获互贼，置此山下，因以为名。今土俗亦谓之金山。

《柳河东集》卷二十九《袁家渴记》：由朝阳岩东南水行至芜江，可取者三，莫若袁家渴，皆永中幽丽奇处也。楚越之间方言谓水之支流者为渴，音若衣褐之褐。

《酉阳杂俎·前集》卷十六：鸛，江淮谓群鸛旋飞为鸛井。鹤亦好旋飞，必有风雨。

《酉阳杂俎》卷十七：蝎：江南旧无蝎，开元初，尝有一主簿，竹筒盛过江，至今江南往往亦有，俗呼为主簿虫。

《酉阳杂俎·续集》卷九：莼根，羹之绝美，江东谓之莼龟。

《资暇集》卷下：麁簚篠，因江东呼为笪，今京洛皆呼为竹笪。

《甫里集》卷五：《渔具诗·沪》自注：沪，吴人今谓之籪。

《甫里集》卷五：《渔具诗·橚》自注：橚，吴人今谓之丛。

《吴地记》：织里，今织里桥在丽娃乡，俗呼失履桥、利娃乡，讹也。

《岭表录异》卷上：比目鱼，南人谓之鞋底鱼，江淮谓之拖沙鱼。

《岭表录异》卷下：彭蝟，吴呼为彭越，盖语讹也。

《中华古今注》卷下：绀蝶：一曰青令，似蜻蛉而色玄绀，辽东人为绀蟠，亦曰童蟠，亦曰天鸡。

《中华古今注》卷下：蚯蚓：一名蜜蟺，一名曲蟺。善长吟于地中，江东谓之歌女，或谓鸣砌，亦呼为謇蚓。

《中华古今注》卷下：鳖名：江东人谓青衣鱼，为婢鳋鱼，为童子鱼，为土父鳖，一名河伯使者。

《中华古今注》卷下：蛱蝶：一名野娥，一名风蝶。江东人谓之挞末，色白而背青者也。其大如蝙蝠者青斑，名曰凤车，一名鬼车，生江南柑橘园中。

《中华古今注》卷下：猪：一名参军，一名豕，豕曰刚鬣。《礼》云："豚曰豭肥。"亦曰彘。江东呼为狶，皆通名也。豕生子多谓之豵。

《本草》（《杜诗详注·种莴苣》引）：《本草》："莴苣，花子并同白苣，江东人谓之莴笋。"①

---

① 此《本草》不知所指为何，故此条材料暂置于此。

五、闽粤

《南越志》（《太平御览》卷九引）：熙安间多飓（音具）风，飓者，具四方之风也。一曰惧风，言怖惧也。常以六七月兴，未至时三日，鸡犬为之不鸣，大者或至七日，小者一二日。外国以为黑风。

《南越志》（《太平御览》卷九百三十八引）：鲳鱼，南越谓为环雷鱼，长二丈。

《南越志》（《太平御览》卷九百四十二引）：南土谓蚝为蚝，甲为牡蛎。

《南越志》（《太平御览》卷九百八十引）：猴葵，色赤，生石上，南越谓之鹿角。

《南越志》（《太平御览》卷九百八十二引）：零陵香，土人谓为燕草。

《南越志》（《太平御览》卷九百九十八引）：龙川县有皋芦草，叶似茗，味苦涩，土人以为饮。今南海谓为过罗，或曰拘罗。

《本草经集注》（《本草纲目》卷二十三引）：薏苡仁，出交趾者子最大，彼土呼为簳珠。

《述异记》卷下：悬肠草，一名思子蔓，南中呼为离别草。

《后汉书·马融传》李贤注：蜼，零陵、南康人呼之音余，建平人呼之音相赠遗之遗也。又音余救反，皆土俗轻重不同耳。

《外台秘要方》卷四十：又有一种，状如蝮而短，有四脚，能跳来啮人，东人呼为千岁蝮，或中之必死。然其啮人毕，即跳上林木，作声云研木、研木者，但营棺，其判不救。若云博叔，博叔者，犹可急疗之。吴音呼药为叔，故也。

《考声切韵》（《慧琳音义》卷三十引）：镩：短矛也。南越谓之㰌，正作矟也。

《考声切韵》（《慧琳音义》卷八十引）：纹：吴越谓小绫为纹也。

《本草图经》（《证类本草》卷二十引）：蛎房：晋安人呼为蚝莆。

《本草图经》（《证类本草》卷三十引）：《图经》曰："水英，临汝人呼为牛荠草，河北信都人名水节，河内连内黄呼为水棘，剑南遂宁等郡名龙移草，蜀郡人采其花合面药，淮南诸郡名海荏。岭南亦有，土地尤宜，茎叶肥大，名海精木，亦名鱼津草。"

《唐韵》（《倭名类聚抄》卷五引）：齐楚曰塔，扬越曰龛。一云塔下室也。

《通典》卷一百八十四"州郡十四"：五岭之南，人杂夷獠，不知教义，以富为雄（有鼓者号为都老，群情推服。本之旧事，尉佗于汉，自称蛮夷大长老夫臣佗，故俚人呼其所尊为倒老也。言讹，故又称都老云）。

《慧琳音义》卷二十七：蜼：《字林》"余绣反"。江东名也。又音余秀反，建平之名。

《柳州峒氓》（《全唐诗》卷三）：青箬裹盐归峒客，绿荷包饭趁虚人。自注：

岭南人呼市为虚。①

《唐国史补》卷下：南海人言海风四面而至名曰飓风，飓风将至则多虹蜺，名曰飓母，三五十年始一见。

《酉阳杂俎》卷十七：矛，蛇头鳖身，入水缘树木，生岭南，南人谓之矛。

《酉阳杂俎》卷十七：避役：南中名避役，一曰十二辰虫，状似蛇医，脚长，色青赤，肉鬣。

《酉阳杂俎·续集》卷九：重台朱槿，似桑，南中呼为桑槿。

《北户录》卷一：鹦鹉瘴，广之南新、勤春十州呼为南道，多鹦鹉。凡养之，俗忌以手频触其背，犯者即多病颤而卒。土人谓为鹦鹉瘴。愚亲验之。

《北户录》卷一：龟图注："南人呼市为虚，今三日一虚。"

《北户录》卷三：琼州出红蕈，一呼为笙，或谓之蘧蒢，亦谓之行唐。

《北户录》卷三：岭中荔枝才尽，龙眼子方熟，大如弹丸，皮褐，肉白而味过甜。俗呼为荔枝奴，非虚语耳。

《岭表录异》卷上：岭表或见物自空而下，始如弹丸，渐如车轮，遂四散。人中之即病，谓之瘴母。

《岭表录异》卷上：夷人通商于邕州石溪口，至今谓之獠市。

《岭表录异》卷上：南海秋夏间，或云物惨然，则其晕如虹，长六七尺。比候则飓风必发，故呼为飓母。

《岭表录异》卷上：沓潮者，广州去大海不远二百里，每年八月，潮水最大，秋中复多飓风。当潮水未尽退之间，飓风作而潮又至，遂至波涛溢岸，淹没人庐舍，荡失苗稼，沉溺舟船，南中谓之沓潮。或十数年一有之，亦系时数之失耳，俗呼为海翻，为漫天。

《岭表录异》卷中：筋竹笋，其竹枝上刺，南人呼为刺勒。

《岭表录异》卷中：鹤子草，蔓生也。其花曲尘，色浅紫，蒂叶如柳而短。当夏开花，又呼为绿花绿叶。南人云是媚草，采之曝干，以代面靥。形如飞鹤，翅尾嘴足，无所不具。此草蔓至春，生双虫，只食其叶，越女收于妆奁中养之，如蚕，摘其草饲之，虫老不食，而蜕为蝶，赤黄色。妇女收而带之，谓之媚蝶。

《岭表录异》卷中：榕树，桂广容南府郭之内多栽此树……南人以为常，又谓之瑞木。

《岭表录异》卷中：荔枝方过，龙眼即熟。南人谓之荔枝奴（以其常随后也）。

《岭表录异》卷中：广管罗州多栈香树，身似柳，其花白而繁，其叶如橘皮，堪作纸，名为香皮纸。

《岭表录异》卷中：蚊母鸟，形如青鹢，嘴大而长，于池塘捕鱼而食。每叫一

---

① 柳宗元诗。

声，则有蚊蚋飞出其口。俗云采其翎为扇，可辟蚊子，亦呼为吐蚊鸟。

《岭表录异》卷中：野葛，毒草也，俗呼胡蔓草。

《岭表录异》卷中：枫人岭多枫树，树老则有瘤瘿。忽一夜遇暴雷骤雨，其树赘则暗，长三数尺，南中谓之枫人。

《岭表录异》卷中：倒捻子，食者必捻其蒂，故谓之倒捻子。或呼为都念子，盖语讹也。

《岭表录异》卷中：鮊鱼，治之以姜葱，炰（音缶，蒸也）之粳米，其骨自软。食者无所弃，鄙俚谓之狗瞌睡鱼。以其犬在盘下，难伺其骨，故云狗瞌睡鱼也。

《岭表录异》卷下：岭表朱槿花，茎叶皆如桑树，叶光而厚，南人谓之佛桑。（出《酉阳杂俎》）

《岭表录异》卷下：鮨鱼，南人云鱼之欲产子者，须此鱼以头触其腹而产，俗呼为生母鱼。

《岭表录异》卷下：海镜，广人呼为膏叶盘。

《岭表录异》卷下：水母，广州谓之水母，闽谓之蛇（痴驾切）。

《岭表录异》卷下：瓦屋子，盖蚌蛤之类也。南中旧呼为蚶（音憨）子头[①]。顷因卢钧尚书作镇，遂改为瓦屋子，以其壳上有棱如瓦垄，故名焉。壳中有肉，紫色而满腹，广人尤重之。多烧以荐酒，俗呼为天脔炙。

《岭表录异》卷下：十二时虫，则蛇师蜥蜴之类也。土色者，身尾长尺余，脑上连背有髻鬣，草树上行极迅速，亦多在人家篱落间。俗传云，一日随十二时变色，因名之。

《岭表录异》卷下：石矩，亦章举之类，身小而足长，入盐，干烧食，极美。又有小者，两足如常，曝干后似射踏子，故南中呼为射踏子也。

《岭表录异》卷下：蟛蜞，乃蟹之巨而异者。蟹螯上有细毛如苔，身有八足，蟛蜞则螯无毛。足后两小足薄而阔（俗谓之拨掉子）。与蟹有殊，其大如升，南人皆呼为蟹。

《岭表录异》卷下：招潮子，亦蟛蜞之属。壳带白色，海畔多潮，潮欲来皆出坎，举螯如望，故俗呼招潮也。

《岭表录异》卷下：南土有金蛇，亦名蜴蛇，又名地鲜。州土出。黔中桂州亦有，即不及黔南者。其蛇粗如大指，长一尺许，鳞甲上有金银。

《岭表录异》卷下：蟕蠵者，俗谓之兹夷，乃山龟之巨者。

《岭表录异》卷下：比目鱼，南人谓之鞋底鱼，江淮谓之拖沙鱼。

《岭表录异》（《太平御览》卷九百七十一引）：槟榔，交广生者非舶槟榔，

---

① 一本无"头"字。

皆大腹子也，彼中悉呼为槟榔。[①]

《云仙杂记》卷十《茗战》：建人谓斗茶为茗战。

第三节　南北朝隋唐方言记载（下）

（其他地区）

《纂文》（《初学记》卷二十九引）：梁州以豕为猪（之于反），河南谓之彘，吴楚谓之豨（火岂反），渔阳以大猪为犯，齐徐以小猪为豵（仕主反）。

《后汉书·东夷传》：辰韩，其名国为邦，弓为弧，贼为寇，行酒为行觞，相呼为徒，有似秦语，故或名之为秦韩。

《世说新语》（《太平御览》卷七百一十九引）：江淮以北谓面脂为面泽。[②]

《水经注》卷二十五"沂水"：水上有桥，徐泗间以为圮。

《南齐书·东南夷传》：中国谓紫磨金，夷人谓之阳迈。

《重修玉篇·鼠部》：雛：南阳呼鼠为雛。

《周礼·典同》陆德明释文：罢，皮买反，字或作矲，音同。桂林之间谓人短为矲矮。矮，音古买反。

《汉书·武帝纪》颜师古注：匈奴谓天为祁连，今鲜卑语尚然。[③]

《汉书·地理志下》颜师古注：今其土俗人呼骊靬，疾言之曰力虔。

《汉书·地理志下》颜师古注：开头山：开，音苦见反，又音牵。此山在今灵州东南，土俗语讹谓之汧屯山。

《汉书·货殖传》颜师古注：于，发语声也，戎蛮之语则然。于越犹句吴耳。

《周书·文帝纪上》：其俗谓天曰宇，谓君曰文，因号宇文国，并以为氏焉。

《唐本草》（《本草纲目》卷十四"姜黄"引）：恭曰："姜黄根叶都似郁金……西戎人谓之蒁。"

《唐本草》（《本草纲目》卷十四"郁金"引）：恭曰："郁金生蜀地及西戎……胡人谓之马蒁。"

《唐本草》（《本草纲目》卷十八"络石"引）：恭曰："俗名耐冬……山南人谓之石血，疗产后血结，大良也。"

《唐本草》（《本草纲目》卷十九"香蒲"引）：恭曰："香蒲即甘蒲……山

---

① 今本《岭表录异》无。

② 今本《世说新语》无。

③ 又见《霍去病传》注。

南人谓之香蒲，以菖蒲为臭蒲也。"

《南史·东夷传》：（百济），言语服章略与高丽同，呼帽曰冠，襦曰复衫，裤曰裈。其言参诸夏，亦秦韩之遗俗云。

《后汉书·王符传》李贤注：今永州俗犹呼贡布为女子布也。

《后汉书·马融传》李贤注：蜼，零陵、南康人呼之音余，建平人呼之音相赠遗之遗也。

《刊谬补缺切韵·马韵》：姐：羌人呼母。

《本草拾遗》（《证类本草》卷九引）：石芒，江西人呼为折草。

《本草拾遗》（《证类本草》卷十三引）：松杨木皮，生江南林落间大树，叶如梨，江西人呼为凉木，松杨县以此树为名也。

《本草拾遗》（《证类本草》卷十三引）：石刺木，生南方林箐间。江西人呼为靳刺，亦种为篱院，树似棘而大，枝上有逆钩也。

《本草拾遗》（《本草纲目》卷十六引）：鼠曲草，山南人呼为香茅……江西人呼为鼠耳草也。

《本草拾遗》（《本草纲目》卷十八引）：通草：江东人呼为畜葍子，江西人呼为拿子。

《本草拾遗》（《本草纲目》卷二十引）：骨碎补本名猴姜。开元皇帝以其主伤折，补骨碎，故命此名……江西人呼为猢狲姜，象形也。

《通典》卷一百七十四：汉浩亹县故城亦在西南。浩音合，亹音门，今俗呼此水为合门河，盖疾言耳。

《通典》卷一百八十七：（松外诸蛮）自云其先本汉人，有城郭、村邑、弓矢、矛铤，言语虽小讹舛，大略与中夏同。

《慧琳音义》卷二十三：婆师迦花：西域呼夏为雨，其花生于夏时，故名也。

《慧琳音义》卷三十六：祆：胡人谓神明曰天，语转呼天曰祆。

《慧琳音义》卷七十三（卷五十九同）：曼：莫盘反，高昌人谓闻为曼。

《慧琳音义》卷七十四：宕：徒浪反。宕犹上也。高昌人语之讹耳。

《酉阳杂俎·前集》卷十六：耶希，有鹿两头，食毒草，是其胎矢也。夷谓鹿为耶，矢为希。

《蛮书》卷七：野桑木，永昌已西诸山谷有之，生于石上。及时月择可为弓材者，先截其上，然后中割之，两向屈令至地，候木性定，断取为弓。不施胶漆，而劲利过于筋弓。蛮中谓之膜弓者是也。[①]

《蛮书》卷七：波罗蜜果，土俗或呼为长傍果，或呼为思漏果，亦呼思难果。

《蛮书》卷八：取生鹅治如脍法，方寸切之，和生胡瓜及椒楼啗之，谓之鹅阙，

---

① 《新唐书·南诏传》作"暝弓"。

土俗以为上味。

《蛮书》卷八：言语音白蛮最正，蒙舍蛮次之，诸部落不如也。但名物或与汉不同，及四声讹重。大事多不与面言，必使人往来达其词意，以此取定，谓之行诺（才勺反）。大虫谓之波罗密（亦名草罗），犀谓之矣（读如咸），带谓之佉苴，饭谓之喻，盐谓之宾，鹿谓之识，牛谓之舍，川谓之赕，谷谓之浪，山谓之和，山顶谓之葱路，舞谓之伽傍。加，富也；阁，高也；诺，深也；苴，俊也。东爨谓城为弄，谓竹为翦，谓盐为眴，谓地为渘，谓请为数，谓酸为制。言语并与白蛮不同。

《北户录》卷三：枸橼子，朱槿之类，和盐曝之，梅为槿花所染，其色可爱，今岭北呼为红梅是也。

《北户录》卷三：香皮纸，罗州多笺香树，身如柜柳……皮堪捣纸，土人号为香皮纸。

《北户录》卷三：红藤簟，琼州出红簟，一呼为笙，或谓之蘧篨，亦谓之行唐。其色殷红，莹而不垢。

第四章

宋代方言专书和方言论述

第一节　宋代方言专书

史籍可考的宋代方言专书有吴良辅的《方言释音》一卷、王浩《方言》十四卷、王资深《方言》二十卷、佚名《北中方言》等，以及通常被视为方言类专书的《释常谈》三卷、《续释常谈》二十卷（《野客丛书》卷二十九）和《别释常谈》三卷，民间可能还印行有关方言的小册子。

一、吴良辅《方言释音》

郑樵《通志·艺文略》"尔雅"："《方言释音》一卷，吴良辅撰。"《宋史·艺文志》："吴良辅《诗重文说》七卷。"该书厕于"王安石《新经毛诗义》二十卷"和"吴棫《毛诗叶韵补音》十卷"之间，由此推知，吴良辅大概是北宋人。

二、王浩《方言》

王浩生平始末未详。郑樵《通志·艺文略》"尔雅"："《方言》十四卷，王浩撰。"郑氏将该书及《方言释音》缀于扬雄《方言》之后，可见其影响不小。宋绍兴《秘书省续编到四库阙书目》："王浩撰《方言》一十四卷，阙。"

三、王资深《方言》

北宋王资深亦著《方言》，但《宋史·艺文志》和宋代目录书无载。今人丁介民《方言考》亦未著录，可见其难以考寻。明李贤等撰《明一统志》卷十三《淮安府·人物》载："王资深，山阳人，第进士，累官尚书郎。初擢御史，首论在廷大臣，草具将上，蔡京遣所亲谓曰：'慎勿言，当以此位相处。'不答。翌日出知扬州，寻改明州。尝著《周书》及《方言》。"清《江南通志》卷一百四十二"人物志·宦绩·淮安府"亦载："宋王资深，字取道，山阳人，第进士，为御史。首论大臣，草将上，蔡京遣所亲谓曰：'谨勿言，当以此位相处。'资深不答。明日，出知扬州，寻改明州。所著《周书》及《方言》二十卷。"从篇卷数目看，王资深《方言》是一部内容丰富的方言专书。

四、佚名《北中方言》

《遂初堂书目》载有《蕃尔雅》《蜀尔雅》《北中方言》，并将其厕于《西川使程记》和《梁二十八国职贡图》两地志之间，说明此三书同类。《北中方言》是否为唐宋人所做，不得而知。《说郛》卷十下作"《北国方言》"。

五、佚名《释常谈》、龚养正《续释常谈》和施君英《别释常谈》

宋代的《释常谈》和《续释常谈》，书中虽无方域之称，但《中国丛书综录》将其列为方言类专书①，故此处不妨录之。将《释常谈》之类的著作视为方言专书，还是有一定道理的。因为作者所释常谈，如果能考证其通行区域，那其中很多词就是方言词了。

（一）佚名《释常谈》

《四库全书总目提要》："《释常谈》三卷（兵部侍郎纪昀家藏本）：不著撰人名氏。考陈振孙《书录解题》曰：'《续释常谈》二卷，秘书丞龚颐正养正撰。昔有《释常谈》一书，不著名氏，今故以续称。'凡常言俗语，皆著其所始。然则此书之作在龚颐正之前，当出北宋人手矣。原序称：'随日注解，总得二百事。'而此本仅一百二十六事，殆后人病其冗滥，有所刊除欤？明谢肇淛《文海披沙》云：'《释常谈》一书，作者不著名氏。其中援引芜陋，极有可笑。至以鹅为右军，箸为赵达，盲为小冠子夏，瘿为智囊，醉为倒载，觅食为弹铗，五迁为盘庚，子死为丧明，聋为龤纩，皆谬误不经，似村学究所为。其引负荆一段，尤似打鼓上场人语也'云云。今核其书，如谓'程普为程据'，谓'夫妇不睦为参商'，谓'戴帽为张盖'，'卸帽为倾盖'，谓'凤兮凤兮为孔子之语'，谓'屦步为不乘鞍马'，谓'膏肓之疾为晋悼公'。谓'秦医为卢医'，谓'董宣封强项侯'，谓'饮酒烛灭为绝缨'，谓'自称己善为自媒'，齐东之语，展卷皆是，尚不止肇淛之所摘。而灾梨祸枣，流传五六百年，亦事之不可理诘者矣。"

---

① 上海图书馆编：《中国丛书综录》，北京：中华书局，1982 年。

《释常谈·序》："世有轻裘公子，长铗少年，策玉辔于春朝，风流可爱；酌金壶于月夜，逸乐无偕。洎乎陪佳客之谈谐，与儒士之言论，理涉隐喻，不究津涯，几至面墙，真可痛惜。遂乃采古经之秘义，掇前史之奥词，仅以成编，随目注解，总得二百事，名曰《释常谈》。庶有饰于芜词，固不愧于博学。其或继玉麈尾者，无倦习诸云尔。"书中所收皆当时谈话中常用的典故，实际只有126条，因为是"随目注解"，所以称之为《释常谈》。有《百川学海》本、《丛书集成初编》本。

（二）龚养正《续释常谈》

《续释常谈》为《释常谈》的续书，龚养正撰，考证的都是常言俗语，辑录范围遍及经史子集。每条都举出例子，注明出处，但作者没有明确的解释。

黄潜《黄氏笔记》："龚养正《续释常谈》最号详博。'按酒'二字出《仪礼注》，乃遗而弗及，盖其所释者，当时南方之常谈耳。"有《唐宋丛书》本（三卷）、《丛书集成初编》本（一卷）。

（三）施君英《别释常谈》

施君英事迹史传未载。黄虞稷、倪灿《宋史·艺文志补》"小说家类"："施君英《别释常谈》三卷。"《四库全书》归入子部杂家类，《总目提要》云："《别释常谈》三卷（浙江巡抚采进本）：不著撰人名氏。其中引《中庸》冠以《礼记》，知为宋人。称齐桓公为威公，知为南宋人。故所征引如苏轼《东坡集》、苏辙《栾城集》、魏泰《临汉隐居诗话》之类，皆至北宋而止也。以先有《释常谈》《续释常谈》，故以'别释'为名。其浅陋鄙俚，亦与二书相等，摘之不可胜摘也。"

六、民间的方言小册子

宋代文献还经常提到"方言地志"。

①曾巩《元丰类稿》卷十七《南轩记》："顾吾之所好者远，无与处于是也。然而六艺百家史氏之籍，笺疏之书，与夫论美刺非、感微记远、山镵冢刻、浮夸诡异之文章，下至兵权、历法、星官、药工、山农、野圃、方言、地记、佛老所传，吾悉得于此。"

②孙觌《鸿庆居士集》卷十二《与曾端伯书》："宋兴二百年，宗公巨儒，骚人墨客，专门名家，大篇短章，或脍炙士大夫之口，或沦废于兵火，几亡而仅存，搜揽大略尽矣。而诗引所载，多者数百言，少者数十言。其人出处动静，词格高下，盛德之士，高风绝尘，师表一世；放臣逐客，兴微托远，属思千里，与夫山镵冢刻、方言地志、怪奇可喜

之辞，群嘲聚讪戏笑之谈，靡不毕载。"

又卷三十《切韵类例·序》："余少时读司马相如《上林赋》，间遇古字，读之不通，始得颜师古《音义》，从老先生问焉，累数十日，而后能一赋。于是喟然叹曰：'儒者之学，自六艺、百家、史氏之籍，笺疏之书，无不学也。《河图》《洛书》、山镌冢刻、方言地志、浮屠老子之言，无不记也。'"

③（汪藻）《浮溪文粹》附录孙觌《宋故显谟阁学士左太中大夫汪君墓志铭》："（汪藻）自六经百家太史之籍，先儒笺疏传注之书，兵家族谱、方言地志、星经历法、佛老之众说，与夫万里海外、蛮夷异域荒怪之序录，靡不记览。"

④《成都文类》卷二十九《新繁县卫公堂记》："公讳德裕，字文饶。大和中来镇蜀，由蜀入相。方言地志，驳落难究，传又不载在繁之因。"

宋代以后仍有"方言地志"的提法。

⑤元王沂《伊滨集》卷二十一《秘书监记》："至治之世，必有图籍之藏，此书省之所由设也。初，太祖皇帝经营天下，于文儒之事未遑也。世皇定江南，收赵宋图籍、大儒老生之论注、骚人墨客之文辞，与夫荒遐幽绝、余款坠刻、星翁乐工、兵书历法、方言地志、佛老所传，及胜士良工绘事之精、书法之妙、奇绝之迹，起上古，竟宋金季，莫不萃焉。"

⑥清蔡世远《二希堂文集》卷六《夏宛来小传》："夏君名骃，字宛来，浙之桐乡人也。少负奇气，岸然不可一世。长为诸生，试辄冠军。以明经选，补教职，未就，非其好也。其学自六经左史，下及诸子百家，方言地志，无所不览。"

笔者据上述材料推测，宋代以来，民间可能有一种记载各地方言的小册子，泛称"方言"，但此说尚需更多的旁证。

第二节　宋代方言论述

一、关于方言观的论述

《北梦琐言》卷九："唐李涪尚书，福相之子，以《开元礼》及第，亦[①]为小

文，好著述。朝廷重其博学，礼乐之事咨禀之，时人号为'周礼库'，盖籍于旧典也。广明以前，《切韵》多用吴音，而清青之字，不必分用。涪改《切韵》，全刊吴音。当方进而闻于宰相，佥许之。无何，巢寇犯阙，因而寝止。于今无人敢以声韵措怀也。然曾见《韵铨》，鄙驳《切韵》，改正吴音，亦甚核当，不知八座于此又何规制也？惜哉！"

《佩觿》卷上："田陈郙郤，史籍互书，虢郭韩何，载笔通用，其声近有如此者。万俟为墨祈，龟兹为丘慈，阏氏为燕支，令支为零岐，其方言有如此者。"

《涅盘玄义发源机要》："天竺五处不同者，五国咸名天竺而言音各异。天竺，或言身毒，或言贤豆，皆讹也，正言印度……如中国云摩诃，东南称摩醯也。此间楚夏者，此则言音大异，如中国云般涅，西北言涅隶。淮南曰楚，中原曰夏，楚即蛮夷也，中原语正类彼中天，淮楚语讹，类彼西北。"

《新唐书·柳宗元传》："楚越间声音特异，鸠舌啁噪，今听之恬然不怪，已与为类矣。"

《切韵指掌图·序》："然五方之人语音不类，故调切归韵，舛常什二三，曩以为病，暨得此编，了然在目，顿无读书难字过之累，亦一快也。"

《苏魏公集》卷十《奉使还至近畿，先寄史院诸同舍》其二："倏忽经冬又涉春，年光冉冉暗催人。要荒一去三千里，晦朔俄惊十二旬。绝代方言空问俗，蓬山直舍已凝尘。汗青何日成书去，头白常惭窃禄频。"

《梦溪笔谈》卷三："《庄子》云：'程生马。'尝观《文字注》：'秦人谓豹曰程。'予至延州，人至今谓虎豹为程，盖言虫也。方言如此，抑亦旧俗也。"

《长兴集》卷四："稽经于四库之广藏，抵隙于九土之方言。岁星一周，抱残编而自力；更书五易，惊烂简之复收。"

《麈史》卷二："京师谓人神识不颖者，呼曰乾。予因询一书生厥义云何。曰：'乾，阳数九；九者，不满足耳。'后予见扬子《方言》称：'齐人谓贼曰虔。'固知乾乃虔。《传》曰：'虔刘我疆鄙。'盖杀贼之义也。然则世俗俚语多有所本，但不能究译耳。"

《麈史》卷三："闽中呼梯为阶；阶，阶之讹也。鞋为脚，脚，属之讹也。"

《山谷外集》卷四《读方言》："八月梨枣红，绕墙风自落。江南风雨余，未觉衣衾薄。壁虫忧寒来，催妇织衣（去声）著（音斫）。荒畦杞菊花，犹用充羹臛。连日无酒饮，令人风味恶。颇似扬子云，家贫官落魄。忽闻辒轩书，涩读劳辅腭。虚堂漏刻间，九土可领略。愿多载酒人，喜我识字博。设心更自笑，欲过屠门嚼。往时抱经纶，待价一丘壑。卜师非熊罴，梦相解麋索。所欲吾未奢，倘使耕可获。今年美牟麦，厨馈丰饼饦。摩挲腹中书，安知非糟粕。"

《儒言》："字：先民之经皆科斗文字，如颜闵不死，游夏更生，则不复识今之文字矣。或以李斯之六书为一说，自谓得圣人之意，且有言曰：'殊方异音，译而通之，其义一也。'君子谓是义之说也，非字之义也。武陵先生患汉以降学士互相增添，字倍于古，其所感深矣。"

《景迂生集》卷十三："训：古人训诂缓而简，故其意全，虽数十字而同一训，虽一字而兼数用。后进好华务异，训巧而逼，使其意散，两字两训而不得通，或字专一训而不可变，或累数十言而不能训一字。嘉祐学者犹未睹此也。扬子云作《方言》，其辨已悉，犹有通训，何不览诸？"

《侯鲭录》卷三："洋者，山东谓众多为洋。《尔雅》：'洋、观、裒、众、那，多也。'今谓海之中心为洋，亦水之众多处。"

《舆地广记》卷二十二"婺州"："金华县：本汉乌伤县地，属会稽郡，初平三年，分县南乡置长山县。吴为东阳郡治，晋以后因之。或云，本曰长仙，赤松子采药此山，因而居之，故以为名。后传呼乖讹，字亦随改。"

《懒真子》卷五："扬州天长道中地名甘泉，有大古冢如山，未到三十里已见之，土人呼为瑠璃王冢。按：广陵王胥，武帝子也，都于广陵。后至宣帝时，坐谋不轨，赐死，谥曰厉。后人误以刘厉为瑠璃尔。"

《岩下放言》卷上："古语多不同，或各从其方言。"

《避暑录话》卷下："孟子言'乌！是何言也！'乌，盖齐鲁发语不然之辞，至今用之，作鼻音，亦通于汝颍。《汉书》记故人见陈涉言：'夥，涉之为王耽耽者。'夥，吴楚发语惊大之辞，亦见于今，应劭亦'祸'音，非是。此唇音，与坏相近。《公羊》记州公如曹，以齐人语'过我'为'化我'，今齐人皆以过为夬音。《欧阳文忠记》打音本谪耿切，而举世讹为丁雅切，不知今吴越俚人正以相殴击为谪耿音也。"

《鸡肋编》卷上："疮发于足胫骨傍，肉冷难合，色紫而痒者，北人谓之臁疮，南人呼为骭疮，其实一也。"

《筠溪集》卷十九《和学士秋怀》："官居城郭枕山根，嬉语儿童亦带村。老子痴顽甘避俗，欲从社叟学方言。"

《类说》卷四"避讳"："钱武肃王讳镠，至今吴越间谓石榴为金樱，刘家为金家，留住为驻住。杨行密据江淮，至今谓蜜为蜂糖。"

《中吴纪闻》卷四："吴人呼来为厘，始于陆德明，'贻我来牟''弃甲复来'皆音厘。盖德明吴人也。"

《芦川归来集》卷九《跋折仲古文》："晋郝隆为蛮府参军，有'娵隅跃清池'之句。娵隅，鱼也。唐顾况作《囝》诗，有'囝别郎罢'之句。郎罢，父也。今折丈傲睨万物，游戏笔端，而富丈印可之，如恓、㘝二字，是亦古人余意耶？然考诸《方言》，谓使为杀，当用'杀礼'之杀，以去声呼之，庶几近似。若乃曰柴，政恐两公一时听讹尔。"

《猗觉寮杂记》卷下："黄王不分，江南之音也，岭外尤甚。柳子厚《黄溪记》：

'神，王姓。莽之世也，莽尝曰：余，黄虞之后也。'黄与王声相通。以此考之，自唐以来已然矣。"

《能改斋漫录》卷十"罢休"："吴人言罢则以休继之，古如是也，吴王阖闾语孙武曰：'将军罢休。'"

《容斋随笔》卷七"将军，官称"："《前汉书·百官表》：'将军皆周末官，秦因之。'予按：《国语》：'郑文公以詹伯为将军'，又'吴夫差十旌一将军'。《左传》：'岂将军食之而有不足。'《檀弓》：'卫将军。'《文子》：'鲁使慎子为将军。'然则其名久矣。彭宠为奴所缚，呼其妻曰：'趣为诸将军办装。'《东汉书》注云：'呼奴为将军，欲其赦己也。'今吴人语犹谓小苍头为将军，盖本诸此。"

《容斋随笔·三笔》卷十五"别国方言"："今世所传扬子云《輶轩使者绝代语释别国方言》，凡十三卷，郭璞序而解之。其末又有汉成帝时刘子骏与雄书，从取《方言》，及雄答书。以予考之，殆非也。雄自序所为文，《汉史》本传但云：'经莫大于《易》，故作《太玄》；传莫大于《论语》，作《法言》；史篇莫善于《仓颉》，作《训纂》；箴莫善于《虞箴》，作《州箴》；赋莫深于《离骚》，反而广之；辞莫丽于相如，作四赋。'雄平生所为文尽于是矣，初无所谓《方言》。《汉艺文志》'小学'有《训纂》一篇，'儒家'有雄所序三十八篇，注云：'《太玄》十九，《法言》十三，乐四，箴二。'杂赋有雄赋十二篇，亦不载《方言》。"

《演繁露·续集》卷六"语讹"："难容州人去知无良县。容州加'南'字，以其在南也。无良县，饶州浮梁县也。难容、无良，皆不循谨之名也。"

《文忠集》卷四十一："麇头安得比麇茸，纹点胎斑更异同。《尔雅》昔尝窥郭璞，《方言》今试问扬雄。"

《文忠集》卷四十九《跋山谷题橘洲画卷》："橘洲在湘江中，巨浸不能没，膏润宜橘，是以得名唐，张曲江、杜子美、刘梦得皆见于诗。又《毕田序》云：'橘千余本，居民数百家，佛刹神祠、马氏书堂、诘盗官舍在焉。'张舜民记：'洲南北与州城等，有巡检寨及僧寺两三所，渔者数百家。'予比岁尝至其上，不复曩时之盛。今观山谷所题画卷，亦似疑其略也。橘，诀律切；吉，激质切。本作两音，北人混而为一。故郦道元注《水经》，橘洲，或作吉字；近世伪传东坡《录橘传》亦指为吉，五方音讹多此类。予以旧游，故详记之。"

《文忠集》卷五十四《曾氏农器谱题辞》："其在春秋之后无可疑者。世人习熟见闻，多惑是说，予之谵谆，亦可哂哉！若杷之属，扬雄《方言》往往三名，耒阳既书之矣。宦游寝遂，他日所至，枚举名物，采方言而附之，非所谓后世复有子云者耶！嘉泰辛酉八月。"

《楚辞集注》后附《楚辞辨证》："雄与凌叶，今闽人有谓雄为形者，正古之遗声也。"

《晦庵集》卷七十一："打字，今浙西呼如谪耿切之声，亦有用去声处。大抵方言多有自来，亦有暗合古语者。如浙人谓不为弗，又或转而为否（呼若甫云）；闽人有谓口为苦、走为祖者，皆合古韵，此类尚多，不能尽举也。"

《原本韩集考异》："今按：荼与茶，今人语不相近，而方云相近者，莆田语音然也。虽出俚俗，亦由音本相近，故与古暗合耳。今建人谓口为苦、走为祖，亦此类。方言多如此云。"

《朱子语类》卷八十："《诗》音韵，间有不可晓处。因说'如今所在方言，亦自有音韵与古合处。'子升因问：'今阳字却与唐字通，清字却与青字分之类，亦自不可晓。'曰：'古人韵疏，后世韵方严密。见某人好考古字，却说青字音自是亲，如此类极多。'（《木之》）。"

《朱子语类》卷一百三十四："《汉书》'引绳排根（音痕）不附己者'，今人误读'根'为'根'。注云：'犹今言根秳（音户谷反）之类。'盖关中俗语如此。根秳，犹云'抵拒担阁'也。引绳排根，如以绳扞拒然。（《僴》）。"

《朱子语类》卷一百四十："五方之民言语不通，却有暗合处。盖是风气之中有自然之理，便有自然之字，非人力所能安排，如'福'与'备'通。"

《淳熙稿》卷十三《舟行所历》："春今回首便天涯，留得芳英在物华。野色似云闲放犊，树阴如幄暗巢鸦。金钱满地空心草，紫绮漫郊苦菜花。试考《方言》助多识，欲传名字入诗家。"

《止斋集》卷四十一《跋〈尔雅疏〉》："古者重小学，《尔雅》所为作也。汉兴，除秦之禁，尝置博士，列于学官。至今汉儒书行于世，如毛氏《诗训》、许氏《说文》、扬氏《方言》之类，盖皆有所本云。隋唐以来，以科目取士，此书不课于举子，由是浸废。"

《成都文类》卷七《西园辨兰亭》："手种丛兰对小亭，辛勤为访正嘉名。终身服佩骚人宅，举国传香楚子城。削玉紫芽凌腊雪，贯珠红露缀春英。若非郢客相开市，几被方言误一生。"

《五百家播芳大全文粹》卷二十九汪彦章《除编修谢宰相启》："随牒南州，坐移再闰，翻书东观，还并群英……必才兼倚相，九丘风土以周知；非学至扬雄，诸国方言之孰正。"

《慈湖诗传》卷一："毛诗传曰：'覃，延也。'其义未安，覃本义深也。葛叶大而蔓小，故坠焉而深下，俗谓坠下曰覃，徒绀切。而《广韵》《集韵》无此音，《释文》徒南切。方音不同不可知也，而谓延也，则未安。"

《慈湖诗传》卷六："张衡《南都赋》：'楈枒栟榈，柍柘檍檀。结根竘本，垂条婵媛'。将，请也。请音轻清而高者也，故立此字以寄音，今方言有之。"

《慈湖诗传》卷十四："雕，拥也，塞也，当作壅，音雕。岂古借音耶？今京语谓拥为雕，声音轻清故也。"

《缘都集》卷五《静听》："静听鸟相喧，其中有意存。提壶爱宾客，脱袴惜儿孙。气结辽城怨，声衔蜀帝冤。阿谁能细译，收拾入方言。"

《野客丛书》卷二十三"地名语讹"："庆州有乐蟠县，本汉略畔道地，后讹为乐蟠；华州东有潼关，《水经》谓'河水自龙门南流，冲激华山，故名冲关'，后讹为潼关；镇戎军有笄头山，隗嚣使王元猛塞鸡头道即此也，后讹为訐屯山；凉州有姑臧县，《河西旧事》谓'旧匈奴'，盖臧城也，后讹为姑臧；婺州长山县本长仙县，其地赤松子采药之所，后讹为长山；北京馆陶县有屯氏河，汉《沟洫志》谓'河北决于馆陶，分为屯氏河'，后讹为毛氏河；临江新喻县本新渝县，盖有渝水，故名，而唐天宝后相承作新喻；隰州石楼县，本汉吐军县，后魏置吐京县，亦相沿之讹也。此类甚多。"

《鹤山渠阳经外杂抄》卷二："反切之学来自胡僧，因释经而流行，不知是否？然亦有一验，今西羌之人，忽劣（平）为靴，筶陁为科，犹兜为钩，突栾为团，窟笼为孔；南蛮之人，以不阑为斑，不乃为摆之类，不可胜举。深山穷谷之中，递递相承，久而不改，则反切之自来亦远矣。"

《爱日斋丛抄》卷五："扬州天长道中有古冢，土人呼为琉璃王冢。马氏《懒真子录》辨为汉广陵王胥，谥厉，后人误谓刘厉为琉璃尔。长安董仲舒墓，门人至皆下马，谓之下马陵，讹呼为虾蟆陵。"

《齐东野语》卷二十"舟人称谓有据"："余生长泽国，每闻舟子呼造帆曰欢，以牵船之索曰弹子，称使风之帆为去声，意谓吴谚耳。及观唐乐府有诗云：'蒲帆犹未织，争得一欢成。'而钟会呼捉船索为百丈，赵氏注云：'百丈者，牵船篾，内地谓之笪。'韩昌黎诗云：'无因帆江水。'而韵书去声内，亦有扶泛切者。是知方言俗语，皆有所据。陆放翁入蜀，闻舟人祠神，方悟杜诗'长年三老、摅钱之语，亦此类也。'"

《诗传遗说》卷六："因说：'《诗》音韵间有不可晓处。如今所在方言，亦自有音韵与古今合去。'子升因问：'今阳字却与唐字通，清字却与青字分之类，亦自不可晓。'曰：'古人韵疏，后世韵方严密。见某人好考古字，却说青字音自是亲。如此类极多。'（《钱木之录》）。"

二、关于各地方言的论述

《北梦琐言》卷六："唐罗给事隐、顾博士云，俱受知于相国令狐公。顾虽龊商子，而风韵详整。罗亦钱塘人，乡音乖剌。"

《清异录》（《说郛》卷一百二十上）"腹兵"："荆楚贾者与闽商争宿邸。荆贾曰：'尔一等人，横面蛙言，通身剑戟，天生玉网，腹内包虫。'闽商应之曰：'汝辈腹兵，亦自不浅。'盖谓荆字从刀也。"

《文苑英华》卷五百三十："闽瓯地隔，粤峤天嵚。五邻为里，辨方言之异华；三品称金，征土物之惟错。"

《太平广记》卷五十五"伊用昌"："江南人呼轻薄之词为覆窠。其妻告曰：'常言小处不要覆窠，而君须要覆窠之。譬如骑恶马，落马足穿镫，非理伤堕一等。君不用苦之。'如是夫妻俱有轻薄之态。"

《皇极经世书》卷四："前人于唇齿牙舌喉之中参以鼻音者，盖闽人以方言之音乱之也。"

《贡父诗话》："司马温公论九旗之名，旗与旐相近。《诗》曰：'言观其旂。'《左传》：'龙尾伏辰，取虢之旐。'然则此旐当为芹音。周人语转，亦如关中以中为蒸、虫为尘，丹青之青为妻也。五方语异，闽以高为歌，荆楚以南为难、荆为斤。昔闽士作《清明象天》，破题云：'天道如何，仰之深高。'会考官同里，遂中选。荆楚士题雪用先字，后曰：'十二峰峦旋旋添。'反读添为天字也。向敏中镇长安，土人不敢卖蒸饼，恐触中字讳也。"

《湘山野录》卷中："一岁，潭州试僧童经，一试官举经头一句曰：'三千大千'。时谷山一闽童接诵辍不通，因操南音上请曰：'上覆试官，不知下头有世界耶，没世界耶？'群官大笑。"

《湘山野录》卷中："镠起，执爵于席，自唱还乡歌以娱宾。曰：'三节还乡兮挂锦衣，吴越一王驷马归。临安道上列旌旗，碧天明明兮爱日辉。父老远近来相随，家人乡眷兮会时稀。斗牛光起兮天无欺！'时父老虽闻歌进酒，都不之晓。武肃觉其欢意不甚浃洽，再酌酒，高揭吴喉，唱山歌以见意。词曰：'你辈见侬底欢喜（吴人谓侬为我），别是一般滋味子（呼味为寐），永在我侬心子里！'歌阕，合声赓赞，叫笑振席，欢感闾里。今山民尚有能歌者。"

《梦溪笔谈》卷十六："士人刘克博观异书，杜甫诗有'家家养乌鬼，顿顿食黄鱼。'世之说者皆谓夔峡间至今有鬼户，乃夷人也。其主谓之鬼主，然不闻有乌鬼之说。又鬼户者，夷人所称，又非人家所养。克乃按《夔州图经》，称'峡中人谓鸬鹚为乌鬼，蜀人临水居者，皆养鸬鹚，绳系其颈，使之捕鱼，得鱼则倒提出之，至今如此。'予在蜀中，见人家养鸬鹚，使捕鱼，信然，但不知谓之乌鬼耳。"

《梦溪笔谈》卷二十四："蟪蟉之小而绿色者，北人谓之䗛，即《诗》所谓'螓首蛾眉'者也，取其顶深且方也。又闽人谓大蝇为胡螓，亦䗛之类也。"

《梦溪笔谈》卷二十二"谬误谲诈附"："李献臣好为雅言。曾知郑州，时孙次公为陕漕罢赴阙，先遣一使臣入京。所遣乃献臣故吏，到郑庭参，献臣甚喜，欲令左右延饭，乃问之曰：'餐来未？'使臣误意'餐'者谓次公也，遽对曰：'离长安日，都运待制已治装。'献臣曰：'不问孙待制，官人餐来未？'其人惭沮而言曰：'不敢仰昧，为三司军将日，曾吃却十三。'盖鄙语谓遭杖为餐。献臣掩口曰：'官人误也。问曾与未曾餐饭，欲奉留一食耳。'"

《渑水燕谈录》卷九："钱镠之据钱塘也，子跛，镠钟爱之，谚谓跛为瘸，杭人为讳之，乃称茄为落苏。杨行密之据淮阳，淮人避其名，以蜜为蜂糖，尤见淮浙之音误也。以瘸为茄，以蜜为密，良可哈也。"

《麈史》卷二："竟陵荆渚间，缭汉江筑堤以障泛水，彼人谓堤曰提。说者以为自高氏据其地，俗避其姓所讳，故不曰堤尔。予尝疑其不然。比见李肇《国史补》乃云：'今襄阳人呼堤为提，关中人呼稻为讨，皆讹谬所习也。'由是知讳姓之说为妄矣。"

《青箱杂记》卷二："太祖庙讳匡胤，语讹近香印，故今世卖香印者，不敢斥呼，鸣罗而已。仁宗庙讳贞，语讹近蒸，今内庭上下皆呼蒸饼为炊饼，亦此类。"

《青箱杂记》卷二："钱武肃王讳镠，至今吴越间谓石榴为金樱，刘家、留家为金家、田家，留住为驻住。又杨行密据江淮，至今民间犹谓蜜为蜂糖，滁人犹谓荇溪为菱溪。则俗语承讳久，未能顿易故也。"

《青箱杂记》卷六："闽人谓子为囝，谓父为郎罢。故顾况有《哀囝》一篇曰：'囝生闽方，闽吏得之，乃绝其阳。为臧为获，致金满屋。为髡为钳，如视草木。天道无知，我罹其毒。神道无知，彼受其福。郎罢别囝，吾悔生汝。及汝既生，人劝不举。不从人言，果获是苦。囝别郎罢，心摧血下。隔地绝天，及至黄泉，不得在郎罢前。'盖唐世多取闽童为阉奴以进之，故况陈其苦以讽焉。"

《埤雅》卷二："鼍，具十二少肉，蛇肉最后在尾。其枕莹净，鱼枕弗如。皮中冒鼓，《夏小正》曰'剥鼍以为鼓'也。今独将风则踊，鼍欲雨则鸣，故里俗以独谶风，以鼍谶雨。《诗》曰'鼍鼓逢逢'，先儒以为鼍皮坚厚，取以冒鼓，故曰鼍鼓。盖鼍鼓非特有取于皮，亦其鼓声逢逢然，象鼍之鸣，故谓之鼍鼓也。晋安《海物记》曰：'鼍宵鸣，如桴鼓。'今江淮之间谓鼍鸣为鼍鼓，亦或谓之鼍更，更则以其声逢逢然如鼓，而又善夜鸣，其数应更故也。今鼍象龙形，一名鳝，夜鸣应更，吴越谓之鳝更，盖如初更辄一鸣而止，二即再鸣也。旧云鼍性嗜睡，目睛常闭，能吐雾致雨，力亦酋健，善颓坎岸。一曰独鸣早，鼍鸣夜。赵辟公《杂说》曰：'鼍闻鼓声则鸣。'《续博物志》曰：'鼍长一丈，一名土龙，鳞甲黑色，能横飞，不能上腾，其声如鼓。'"

《遁斋闲览·证误》"朔言无正音"："欧公云契丹阿保机，李琪集中《赐契丹诏》乃为阿布机。后有人自朔中归，云朔人实呼为阿保人，以为传闻之讹。余尝思之，盖其言无正音，用华语译不能无讹谬，如汉身毒国亦号狷笃，其后改为干笃，又曰干竺，今遂呼为天竺矣。译者但取其语音与中国相近者言之，故随时更变而莫能定也。"

《石林燕语》卷八："元丰五年，黄冕仲榜唱名。有暨陶者，主司初以洎音呼之，三呼不应。苏子容时为试官，神宗顾苏，苏曰：'当以入声呼之。'果出应。上曰：'卿何以知为入音？'苏言：'《三国志》吴有暨艳，陶恐其后。'遂问陶乡贯，曰：'崇安人。'上喜曰：'果吴人也。'"

《避暑录话》卷上："今夏不雨四十日，自江左连湖外皆告旱。常岁五六月之间梅雨时，必有大风连昼夕，踰旬乃止，吴人谓之舶趠风。以为风自海外来，祷于海神而得之，率以为常。"

《避暑录话》卷下："刘惔盛暑见王导，导以腹熨弹棋局云：'何乃渹！'惔出，人问：'王公何如？'惔曰：'未见他异，唯闻吴语。'当谓渹为冷，吴人语也，今二浙乃无此语。"

《鸡肋编》卷中："车驾驻驿临安，以府廨为行宫。绍兴四年，大飨明堂，更修射殿以为飨所。其基即钱氏时握发殿，吴人语讹，乃云恶发殿，谓钱王怒即升此殿也。"

《鸡肋编》卷下："古所谓媵妾者，今世俗西北名曰祗候人，或云左右人，以其亲近为言，已极鄙陋。而浙人呼为贴身，或曰横床，江南又云横门，尤为可笑。"

《鸡肋编》卷下："西北人生子，其侪辈即科其父首，使作会宴客而后已，谓之捋帽会。江浙人家生女多者，俟毕嫁亦大会亲宾，谓之倒箱会。广南富家生女，即蓄酒藏之田中，至嫁方取饮，名曰女酒；贫家终身布衣，惟娶妇服绢三日，谓为郎衣。此皆可为对者。蜀人每食之余，不论何物，皆投于一器中，过三月方取食，谓之百日浆，极贵重之，非至亲至家不得而享也。江南闽中公私酝酿，皆红曲酒，至秋尽食红糟，蔬菜鱼肉，率以拌和，更不食醋。信州冬月又以红糟煮鲮鲤肉卖。鲮鲤，乃穿山甲也。"

《鸡肋编》卷下："广南俚俗多撰字画，以孞为恩，坒为稳，袤为矮，如此甚众。又呼舅为官，姑为家，竹舆为逍遥子，女婿作驸马，皆中州所不敢言。"

《萍洲可谈》卷一："余表伯父袁应中，博学有时名，以貌寝，诸公莫敢荐。绍圣间，蔡元度引之，乃得对。袁鸢肩，上短下陋，又广颡尖颔，面多黑子，望之如洒墨，声嘎而吴音。"

《学林》卷三："朱温祖名茂琳，改戊为武，至今北人呼戊为武。又温父名诚，温篡唐，居汴州，人为讳城字，故韦城、考城、胙城、襄城等县，至今但呼为韦县、考县、胙县、襄县也。李克用父名国昌，克用立州县名有昌字者，悉改避之；又人名有昌字者，亦改避之。"

《中吴纪闻》卷四"俗语"："吴人呼来为厘，始于陆德明。'诒我来牟''弃甲复来'皆音厘，盖德明吴人也。又吴人言罢，则以休继之，始于吴王。昔吴王语孙武曰：'将军罢休'，亦吴语也。"

《能改斋漫录》卷一"谓父为爹"："侬、欢出于江南风俗，政犹以父为爹，音徒我反。《南史》：'武兴王憺为荆州刺史，惠及百姓。诏还朝，人歌曰：始兴王，人之爹。赴人急，如水火。何时复来哺乳我？'荆土方言谓父为爹，故云。"

《能改斋漫录》卷二"经纪语"："江西人以能干运者为作经纪，唐已有此语。

滕王元婴与蒋王皆好聚敛，太宗尝赐诸王帛，敕曰：'滕叔、蒋兄自能经纪，不须赐物。'"

《能改斋漫录》卷二"以物质钱为解库"："江北人谓以物质钱为解库，江南人谓质库。然自南朝已如此。按：齐阳玠《谈薮》云：'有甄彬者行业，以一束苎就荆州长沙寺库质钱，后赎苎，于苎束中得金五两'云云。"

《容斋随笔·三笔》卷五："何韩同姓"："韩文公《送何坚序》云：'何与韩同姓为近。'尝疑其说无所从出，后读《史记·周本纪》，应劭曰：'《氏姓注》云，以何姓为韩后。'邓名世《姓氏书辩证》云：'何氏出自姬姓，食采韩原，为韩氏。韩王建为秦所灭，子孙散居陈、楚，江淮间以韩为何，随声变为何氏，然不能详所出也。'"

《容斋随笔·续笔》卷六"戊为武"："十干戊字只与茂同音，俗辈呼为务，非也。吴中术者又称为武。偶阅《旧五代史》，梁开平元年，司天监上言日辰，内戊字请改为武。乃知亦有所自也。今北人语多曰武，朱温父名诚，以戊类成字，故司天诣之耳。"

《演繁露》卷十二"俗语以毛为无"："《后汉书·冯衍传》说鲍永曰：'更始诸将虏掠，饥者毛食，寒者裸跣。'注：'毛，草也。太子贤按：《衍传》毛作无。今俗语犹然，或古亦通用乎？''耗矣哀哉！'注：'以耗为毛，毛，无也。'唐黄翻绰谐语以'赐绯毛鱼袋'，借毛为无，则知闽人之语亦有本。"

《演繁露》卷十五"林养"："《松陵集》陆龟蒙《樵子诗》云：'生自苍崖边，能谙白云养。'注：'养，去声读，山家谓养柴地为养'。予按刑浙东，民有投牒，言林养为人所侵者，书养皆作橛，予疑其无所本。今读陆诗，知二浙方言自来矣。"

《老学庵笔记》卷二："鲁直在戎州作乐府曰：'老子平生，江南江北，爱听临风笛。孙郎微笑，坐来声喷霜竹。'予在蜀见其稿，今俗本改笛为曲，以协韵，非也。然亦疑笛字太不入韵，及居蜀久，习其语音，乃知泸戎间谓笛为曲，故鲁直得借用，亦因以戏之耳。"

《老学庵笔记》卷三："吴人谓杜宇为谢豹。杜宇初啼时，渔人得虾曰谢豹虾，市中卖笋曰谢豹笋。唐顾况《送张卫尉》诗曰：'绿树村中谢豹啼。'若非吴人，殆不知谢豹为何物也。"

《老学庵笔记》卷三："曹孝忠者，以医得幸。政和、宣和间，其子以翰林医官换武官，俄又换文，遂除馆职。初，蜀人谓病风者为云，画家所谓赵云子是矣。至是，京师市人亦有此语，馆中会语及宸翰或谓曹氏子曰：'计公家富有云汉之章也。'曹忽大怒曰：'尔便云汉！'坐皆愕然，而曹肆骂不已。事闻，复还右选，除合门官。"

《老学庵笔记》卷六："四方之音有讹者，则一韵尽讹。如闽人讹高字，则谓高为歌、谓劳为罗；秦人讹青字，则谓青为萋、谓经为稽；蜀人讹登字，则一韵皆合口；吴人讹鱼字，则一韵皆开口，他仿此。中原惟洛阳得天地之中，语音最正。然谓弦为玄、谓玄为弦、谓犬为遣、谓遣为犬之类，亦自不少。"

《老学庵笔记》卷七："北人谓向为望，谓欲往城南，乃向城北，亦皇惑避死，不能记南北之意。"

《老学庵笔记》卷八："北方民家，吉凶辄有相礼者，谓之白席，多鄙俚可笑。韩魏公自枢密归邺，赴一姻家礼席，偶取盘中一荔枝，欲啖之，白席者遽唱言曰：'资政吃荔枝，请众客同吃荔枝。'魏公憎其喋喋，因置不复取。白席者又曰：'资政恶发也，请众客放下荔枝。'魏公为一笑。恶发，犹云怒也。"

《石湖诗集》卷十七："《丙申元日安福寺礼塔》：'耳畔逢人无鲁语，鬓边随我是吴霜。'（蜀人乡音极难解。其为京洛音，辄谓之虏语。或是僭伪时以中国自居，循习至今不改也。既又讳之，改作鲁语。）"

《吴郡志》卷二："吴语谓来为厘，本于陆德明，'贻我来牟'，'弃甲复来'，皆音厘。德明吴人，岂遂以乡音释注，或自古本有厘音耶？吴谓罢必缀一休字曰罢休，《史记》吴王语孙武曰：'将军罢休。'盖亦古有此语。"

《朱子语类》卷五十三："'满腔子是恻隐之心'，腔子犹言郛郭，此是方言，指盈于人身而言。因论'方言难晓，如横渠《语录》，是吕与叔诸公随日编者，多陕西方言，全有不可晓者。'（《蕃》）。"

《朱子语类》卷一百三十八："因说四方声音多讹，曰：'却是广中人说得声音尚好，盖彼中地尚中正。自洛中脊来，只是太边南去，故有些热。若闽、浙则皆边东角矣，闽、浙声音尤不正。'（《扬》）。"

《朱子语类》卷一百三十九："韩无咎文做着尽和平，有中原之旧，无南方啁哳之音。（《佐》）。"

《岭外代答》卷三"外国门下·五民"："钦民有五种：一曰土人，自昔骆越种类也。居于村落，容貌鄙野，以唇舌杂为音声，殊不可晓，谓之蒌语。二曰北人，语言平易，而杂以南音。本西北流民，自五代之乱，占籍于钦者也。三曰俚人，史称俚獠者是也。此种自蛮峒出居，专事妖怪，若禽兽然，语音尤不可晓。四曰射耕人，本福建人，射地而耕也。子孙尽闽音。五曰蜑人，以舟为室，浮海而生，语似福、广，杂以广东、西之音。蜑别有记。"

《岭外代答》卷四"风土门·方言"："方言，古人有之。乃若广西之蒌语，如称官为沟主，母为米囊，外祖母为低，仆使曰斋捽，吃饭为报崖。若此之类，当待译而后通。至城郭居民，语乃平易，自福建、湖湘，皆不及也。其间所言，意义颇善，有非中州所可及也。早曰朝时，晚曰晡时，以竹器盛饭如箧曰箪，以瓦瓶盛水曰罂，相交曰契交，自称曰寒贱，长于我称之曰老兄，少于我称之曰老弟，丈人行呼其少曰老侄，呼至少者曰孙，泛呼孩提曰细子，谓慵惰为不事产业，谓人仇记曰彼期待我，力作而手倦曰指穷，困贫无力曰力匮，令人先行曰行前，水落曰水尾杀，泊舟曰埋船头，离岸曰反船头，舟行曰船在水皮上，大脚胫犬曰大虫脚。若此之类，亦云雅矣。余又尝令译者以《礼部韵》按交址语，字字有异，唯花字不须译。又谓北为朔。因并志之。"

《淳熙三山志》卷四十："豪门大户爹呼父，娘呼母，其婢仆及在己下呼之曰郎君，曰娘；农贩下户罢呼父，妳呼母，其党类及在以下呼之曰叔伯，曰嫂。锱铢甚严，虽骤富骤贫不可移易，故其名分素定，岁时揖逊俯伏，井井可观。三十年来渐失等威，近岁尤甚，农贩细民至用道服背子紫衫者，其妇女至用背子霞帔，称呼亦反是，非旧俗也。"

《先圣大训》卷二："诸儒谓从从，高也；崽崽，广也。郑于从字不改读，而陆音总，又音崇，又士江反。简窃意从本丛字，以从字记音。古书多此类，事作士，截作节，我作卬，皆记音也。唯方音不同，古异方则莫晓，唯士江反近之。非也。潨字音崇，音琮，又有士江反。简，越人，方言有何居，亦以从为丛音。作《檀弓》者方音同欤？后世求其说而不获，撰字作鬖。《唐韵》附潨音，云：'高髻也。'正谓此从从尔。从字正音疾容反，故诸儒莫晓，陆集音凡三，无一中理。丛丛，谓高也。方言谓丛而起，实高髻之状，方言率以从为丛音，唯士子观韵书者从疾容反耳。"

《云麓漫抄》卷五："北人谚语目胡孙为马流。《交广志》：'马文渊立两铜柱于林邑，岸北有遗兵十余家不反，居寿冷岸南而对铜柱，悉姓马，自相婚姻。交州以其流寓，号曰马流，历年既长，人物与之俱化，语言啁哳，故取譬云。'"

《野客丛书》卷六"来南协声"："蔡宽夫《诗话》云：秦汉以来，字书未备，既多假借，而音无反切，平侧皆通用，如庆云、卿云，皋陶、咎繇之类，大率如此。《诗》：'瞻彼日月，悠悠我思。道之云远，曷云能来。''燕燕于飞，下上其音。之子于归，远送于南。'皆以为协声。仆谓宽夫之说是矣，然此二字未为不协也。来字协思字者，非来字，是厘字耳。如匡衡诗曰：'无说《诗》，匡鼎来。匡说《诗》，解人颐'，是亦以来字协诗字。今吴人呼来为厘，犹有此音。"

《野客丛书》卷十二"称翁姑为官家"："吴人称翁为官，称姑为家。钱氏纳土，盖尝奏过，谓其土俗方言。观范晔临刑，其妻骂曰：'君不为百岁阿家！'其母云云，妻曰：'阿家莫忆。'袁君正父疾，不眠，专侍左右，家人劝令暂卧，答曰：'官既未差，眠亦不安。'二事正在《南史》，知吴人之语为不诬也。"

《野客丛书》卷二十一《方言·序》："汉书《扬雄传》：'孝成帝时，客有荐雄文似相如者。上方郊祀甘泉，召雄待诏承明之庭，正月奏《甘泉赋》。'仆考《方言》，雄《答刘歆书》曰：'雄始草文，先作《县邸铭》《王佴颂》《阶闼铭》及《成都城四隅铭》。蜀人有杨庄者为郎，诵之于成帝，成帝好之，以为似相如。遂以此得外见。'乃知客者杨庄荐雄文者，《县邸铭》等以为似相如者。

帝鳌之语，非客所荐之词。又《方言·序》云：'雄为郎一岁，作《绣补灵节龙骨之铭》诗三章。及天下上计孝廉，雄问异语，纪十五卷，积二十七年。'汉成帝时，刘子骏与雄书从取《方言》，仆以歆、雄二书与传考之，取《方言》乃哀帝，非帝鳌也。不然，歆书何以称帝鳌谧，何以言先君云云，雄书何以及《太玄经》邪？"

《野客丛书》卷二十九"俗语有所自"："吴曾《漫录》曰：'江西俚俗骂人曰客作儿。'案：陈从易《寄荔枝与盛参政诗》：'橄榄为下辈，枇杷客作儿。'仆谓斥受雇者为客作，已见于南北朝。观袁翻谓人曰：'邢家小儿为人客作章表。'此语自古而然，因知俗语皆有所自。近龚养正作《续释常谈》二十卷，仆病其未广，更欲续之，未果，姑疏大略于兹：'楼罗'见《南史》，'噤门'见《晋书》，'主故'见《东汉》，'人力'见《北史》，'承受'见《后汉》，'证左'见《前汉》，'相仆'见《吴书》，'直日'见《礼记注》，'门客'见《南北史》，'察子'见《唐书》，'驵侩'见《前汉》，'求食'见《左传》，'措大'见《唐书》，'高手医'见《晋书》，'小家子''无状子'见《前汉》，'浮浪人'见《隋书》，'茶博士'见《语林》，'酒家儿'见《栾布传》，'厨下儿'见《吴书》，'家常使令'见《卫子夫传》，'快活三郎'见《开元传信录》，'掉书袋'见《南唐书》，'同年友'见《刘禹锡集注》，'斋衬钱''年月日子''入粗入细''看人眉睫'见《南北史》，'近市无价'见《曾子》，'巧诈宁拙诚'见《说苑》，'十指有长短，痛惜皆相似'见曹植诗，'卖浆值天凉'见姜子牙语，'近朱赤，近墨黑'见傅玄《太子箴》，'积财千万，不如薄艺随身''教儿婴孩，教妇初来'见《颜氏家训》，'生为人所咀嚼，死为人所欢快'见左雄语，'举头三尺有神明'见徐铉语，'龙生龙，凤生凤'见丹霞语，'对牛弹琴''作死马医''冷灰豆爆'皆见《禅录》。似此等语，不可枚举。今鄙俗语谓'不在被中眠，安知被无边'，而卢仝诗曰：'不予衾之眠，信予衾之穿。'谓'一日不作，一日不食'，而《赵世家》曰：'一日不作，百日不食。'谓'让一寸，饶一尺'，则曹氏令曰：'让礼一寸，得礼一尺。'谓'三世仕宦，方解着衣吃饭'，而曹氏令曰：'三世长者知被服，五世长者知饮食。'又如谓'一鸡死，一鸡鸣'，此语亦有自也，观《前汉·郅都传》曰：'亡一姬，复一姬'，疑是此意，'一姬'为'一鸡'耳。"

《履斋示儿编》卷二十三："《贡父诗话》云：'司马君实常论九旗之名，旗与旐相近，缓急何以区别。《小雅·庭燎》夜向晨，言观其旂，《左传》龙尾伏辰，取虢之旗，当为斤音耳。闽中人言清浊之清则不改，言丹青之青为萋。又以中为蒸、虫为尘，不知旗本是斤，亦闽中人语转青中为萋蒸也。'《珩璜论》云：'《诗》思乐泮水，薄采其芹。鲁侯戾止，言观其旗。《左传》丙之辰，龙尾伏辰。均服振振，取虢之旗。鹑之贲贲，天策焞焞。火中成军，虢公其奔。旗字从斤，以《诗》与《左传》验之，合音芹字，芹、畿声相近，故后人相承呼之，讹矣。'《古今诗话》云：'乐天诗云：请钱不早朝。请作平声，唐人语也。今人不用厮字，唐人作斯音，五代时作入声，陶谷诗云尖檐帽子卑凡厮是也。乐天又云：金屑琵琶槽，雪摆胡胜厮。胡语与今人同。章圣朝试《天德清明赋》，有闽士破题云：天道如何，仰之弥高（读作歌）。会考试者亦闽人，遂中选。又荆南士人云吟雪诗，用先字韵，其末句云：十二峰前渐渐添（读添为天）。'"

《云谷杂记》卷四："《容斋续笔》云：'十干戊字只与茂同音，俗辈呼为务，非也。吴中术者又称为武。偶阅《旧五代史》，梁开平元年，司天监上言日辰，内戊字请改为武。乃知亦有所自也。今北人语多曰武，朱温父名诚，以戊类成字，故司天诌之耳。'予按：温曾祖名茂琳，戊正其讳耳。今绍兴府城隍庙，有梁开平二年所刻庙记，称城隍曰墙隍，岁次曰武辰，城、戊皆以朱氏正讳而易。《容斋》谓戊类成字，故司天诌之。非也。"

《耆旧续闻》卷七："乡音是处不同，惟京师天朝得其正。陆德明作《释音》，韵切亦多浙音。司马温公论九旗之名，与旃相近，缓急何以分别。《小雅·庭燎》诗'言观其旗'，《左传》：'龙尾伏辰，取虢之旗。'然则此旗当为芹音耳。关中人言清浊之清，不改清字；丹青之青，则为萋音。又以中为蒸，虫为尘。不知旗本是芹音，亦周人语转，如青之言萋也。五方言若是者多，闽人以高为歌，荆楚人以南为难、荆为斤。文士作歌亦多不悟。真宗朝试《天德清明赋》，有闽士破题云：'天道如何，仰之弥高。'考官闽人，遂中选。《古今诗话》。"

《耆旧续闻》卷十："刘昌言，太宗时为起居郎，善捭阖以迎主意。未几，以谏议知密院。一旦，上眷忽解，曰：'刘某奏对，皆操南音，朕理会一字不得。'虽是君臣隆替有限，亦是捭阖之术穷矣。"

《贵耳集》卷下："德寿、孝宗在御时，阁门多取北人充赞喝，声雄如钟，殿陛间颇有京洛气象。自嘉定以来，多是明、台、温、越人在阁门，其声皆鲍鱼音矣。"

《桯史》卷二《贤己图》："元祐间，黄秦诸君子在馆。暇日观画，山谷出李龙眠所作《贤己图》。博弈摴蒲之俦咸列焉，博者六七人，方据一局，投进盆中，五皆骰，而一犹旋转不已。一人俯盆疾呼，旁观皆变色起立。纤浓态度，曲尽其妙。相与叹赏，以为卓绝。适东坡从外来。睨之曰：'李龙眠天下士，顾乃效闽人语耶？'众贤怪，请其故。东坡曰：'四海语音，言六皆合口，惟闽音则张口。今盆中皆六，一犹未定，法当呼六。而疾呼者乃张口，何也？'龙眠闻之，亦笑而服。"

《竹溪鬳斋十一续集》卷二十八《学记》："乡邦俗语，即方言也，今人简帖或用之。试取朱文公所用者录之，诚斋、东坡以下诸公并记于此：

索性、颠预、儱侗、胡涂、劳攘（吕子约四十八），持择（陈同父三十六卷），麻嗦、斗海、无转智、捻合（蔡李通合），骨董（江德功书），厮炒（杨子直），厮崖（廖子晦），四裸（黄商伯书），下梢头（潘叔昌），活络（黄仁卿书），杜撰、扛夯（吕子约），漩涡（吕子约末），打并（吕子约四十八），翻腾（上），折洗（上），排靸（上），搏量（吕子约），催儧（王子合未残上晋），郎当（黄仁卿二十九），揣模（张钦夫二十卷），钝滞（程正思五十），焦躁（黄子耕五十一），柄欛（万正淳五十一），捞摸（万正淳），苗脉（吴伯丰五十二），次第、节拍（姜叔权），遏捺（汪长孺五十二），撑掇（刘季章五十三），倒东来西（孙季和四五），白撰（项平父五十四），刮剔（上），点掇（吴宜之五十四），记当（徐居厚五十六），意寄（方宾王五十六），擎夯作弄（方宾王），腔窠（方宾王五十六），趱得课程（郑子上五六），丑差（徐子融五十六），凑泊（辅汉卿五十九），千生万变（杜叔高），略绰（潘子善），衬帖（张元德六十一），历落（张元德六一：说得历落。），相属（季通八五），锥劄（《刘韬仲续集》卷四上），间界、学问（陈同父二八），卒乍、白发（陈丞相二十五），盘剥（运米王漕二十六），各别（陈帅画一二十六），私挚（庚子封事），颜情（戊申封事），打并（打并人闻名利心，诚斋退休集），鼍鼟（坡诗注二十四），拉搭（坡诗注上，海市诗），惺惚（放翁诗第一卷），蓝镜（眼藏保宁百八），懵懂（上妙喜拈语），拉扱、懪懪、粗慥（大慧真赞），劈脊娄（上声，大慧真赞），磊苴（大慧真赞），掴（劈腮一掴，大慧真赞押客窄字韵），拍盲（大慧真赞），邹搜敛（廉上音，大慧真赞），聒噪（上），壁角落头（上），压捺（压捺朝头敆子胥，白诗二十二），淡泞（和顺之琴者，白诗五十二），峣嵼（格言十六说孟子），坏朴（格言十六说王通），蒿恼（邵康节诗，五言'他人蒿恼人'）。"

《四朝闻见录》卷三："洞仙歌：绍兴间，有题洞仙歌于垂虹者，不系其姓名，龙蛇飞动，真若不烟火食者。时皆喧传，以为洞宾所为书。浸达于高宗，天颜黁然而笑曰：'是福州秀才云尔。'左右请圣谕所以然，上曰：'以其用韵，盖闽音云。'其词曰：'飞梁压水，虹影澄清晓。橘里渔村半烟草。今来古往，物是人非，天地里，惟有江山不老。雨巾风帽，四海谁知我？一剑横空几番过。按玉龙、嘶未断，月冷波寒，归去也、林屋洞天无所。认云屏烟障、是吾庐，任满地苍苔，年年不扫。'久而知为闽士林外所为，圣见异矣。"

《方舆胜览》卷五十九："父罢母婆：杨晨云：'齐人呼母为婆，今巴俗亦然，呼父为罢，山中人亦呼为罢。'故诗云：'结网婆教女，采舟罢诟男。'"

《阆风集》卷七《三月十三日效乐天体》："柳疑楚舞腰偏细，莺学吴音舌更柔。"

《癸辛杂识·后集》"译者"："译者之称，见《礼记》，云'东方曰寄'，言传寄内外言语；'南方曰象'，言放象内外之言；'西方曰狄鞮'，鞮，知，通传夷狄之语，与中国相知；'北方曰译'，译，陈也，陈说内外之言。皆立此传语之人，以通其志。今北方谓之通事，南蕃海舶谓之唐帕，西方蛮徭谓之蒲义

（去声），皆译之名也。"

　　《癸辛杂识•续集》卷下"黄王不辨"："浙之东言语黄王不辨，自昔而然。王克仁居越，荣邸近属也，所居尝独毁于火，于是乡人呼为王火烧。同时有黄瑰者，亦越人，尝为评事，忽遭台评，云：'其积恶以遭天谴，至于独焚其家。乡人有黄火烧之号。'盖误以王为黄耳。邸报既行，而评事之邻有李应麟者，为维扬幕，一见大惊，知有被火之事，亟告假而归。制使李应山怜之，馈以官楮二万。及归，则家无患，乃知为误耳。盖黄无辜而受王之祸，而李无望而得二万之获，殊可笑。"

三、关于南北方言的论述

　　《可洪音义》卷二十五"楚夏"："今言梵音楚夏，谓五天竺国人言音各异，如神州之楚夏也。译经三藏是五天诸国人，俱来此地译经，大意虽同，文字、言音有异，亦如此方吴楚闽蜀诸方言，音与中国人不同，亦尔梗概而言，故云楚夏耳。"

　　《兼明书》卷五："今人呼菘为蔓菁，云北地生者为蔓菁，江南生者为菘，其大同而小异耳，《食疗本草》所论亦然。明曰：'此盖习俗之非也。余少时亦谓菘为蔓菁，常见医方用蔓菁子为辟谷药，又用为涂头油，又用之消毒肿。每讶菘子有此诸功，殊不知其所谓。近读《齐民要术》，乃知蔓菁是萝菔苗，平生之疑，涣然冰释，即医方所用蔓菁子皆萝菔子。汉桓帝时年饥，劝人种蔓菁以充饥。诸葛亮征汉，令军人种萝菔。则萝菔、蔓菁为一物，无所疑也。然则北人呼菘为蔓菁，与南人不同者，亦有由也。盖鼎峙之世，文轨不同。魏武之父讳嵩，故北人呼蔓菁，而江南不为之讳也。亦由吴主之女名二十，而江南人呼二十为念，而北人不为之避也。由此言之，蔓菁本为萝菔苗亦已明矣。'或曰：'根苗一物，何名之异乎？'答曰：'按地骨苗名枸杞，芎䓖苗名蘼芜，藕苗名莲荷，亦其类也。斯例实繁，不可胜纪，何独蔓菁萝菔不可异名乎？'又曰：'今北人呼为蔓菁者，其形状与江南菘菜不同，何也？'答曰：'凡药草、果实、蔬菜，踰境则形状小异，而况江南北地乎？'"

　　《宋景文公笔记》卷上"释俗"："南方之人谓水皆曰江，北方之人谓水皆曰河，随方言之便，而淮济之名不显。司马迁作《河渠书》并四渎言之。《子虚赋》曰：'下属江河。'事已相乱。后人宜不能分别言之也。"

　　《崇文总目》卷二："（《经典释文》）唐陆德明撰。德明为国子博士，以先儒作经典音训，不列注传，全录文，颇乖详略。又南北异区，音读罕同。"

　　《玉壶野史》卷五：刘枢密昌言，泉人。为起居郎，太祖连赐对三日，几至日旰。捷给诙诡，善揣摩捭阖，以迎主意。未几，以谏议知密院，然士论所不协。君臣之会，亦隆替有限。一日圣眷忽解，谓左右曰："刘某奏对，皆操南音，朕理会一句不得。"因遂乞郡，允之。

《梦溪笔谈·补笔谈》卷二："世俗十月遇壬日，北人谓之入易，吴人谓之倒布。壬日气候如本月，癸日差温类九月，甲日类八月，如此倒布之，直至辛日。"

《梦溪笔谈·补笔谈》卷三："据《本草》：'河豚，味甘，温，无毒，主补虚，去湿气，理脚腰。'因《本草》有此说，人遂信以为无毒，食之不疑，此甚误也。《本草》所载河豚乃今之鲦鱼，亦谓之鮠（五回反）鱼，非人所嗜者，江浙间谓之回鱼者是也。"

《内简尺牍》卷三："小注：今杨公又即其书，科别户分，著为十条。为图四十四，推四声子母相生之法，正五方言语不合之讹，清浊重轻形声开合。梵学兴而有华竺之殊，吴音用而有南北之辨。解名释象，纤悉备具。离为上下篇，名曰《切韵·类例》云。"

《容斋随笔·四笔》卷九"南北语音不同"："南北语音之异，至于不能相通，故器物花木之属，虽人所常用，固有不识者。如毛、郑释《诗》，以梅为楠，竹为王刍，萎为翘翘之草是矣。颜师古注《汉书》亦然。淮南王安《谏武帝伐越书》曰：'舆轿而隃领。'服虔曰：'轿音桥，谓隘道舆车也。'臣瓒曰：'今竹舆车也，江表作竹舆以行。'项昭曰：'陵绝水曰轿，音旗庙反。'师古曰：'服音、瓒说是也，项氏谬矣。此直言以轿过领耳，何云陵绝水乎？旗庙之音，无所依据。'又《武帝纪》：'戈船将军。'张晏曰：'越人于水中负人船，又有蛟龙之害，故置戈于船下，因以为名。'瓒曰：'《伍子胥书》有戈船，以载干戈，因谓之戈船也。'师古曰：'以楼船之例言之，则非为载干戈也。此盖船下安戈戟以御蛟鼍水虫之害。张说近之。'二说皆为三刘所破，云：'今南方竹舆，正作旗庙音，项亦未为全非。颜乃西北人，随其方言，遂音桥。'又云：'船下安戈戟，既难厝置，又不可以行。且今造舟船甚多，未尝有置戈者，颜北人，不知行船。瓒说是也。'予谓项音轿字是也，而云陵绝水则谬，故刘公以为未可全非。张晏云'越人于水中负船，'尤可笑。"

《禹贡论》卷上："孔颖达颇为然，然于是顺饰其说曰：'江南人呼水无大小皆曰江，或从分江或从外来皆得名江。'有意乎以郑为是，而实不究其本也。南人呼小水为江，特后世语尔，古何尝有是欤！经岷江以外，外无得名江者。汉水之大几与江埒，其未入江也，止得名汉，不得名江。安有浔阳间九小流者，方趋江未至，而肯以江命之乎？"

《老学庵笔记》卷五："曾觌字纯甫，偶归，正官萧鹧巴来谒。既退，复一客至，其所狎也，因问曰：'萧鹧巴可对何人？'客曰：'正可对曾鹑脯。'觌以为嫚己，大怒，与之绝。然鹧巴，北人实谓为札巴。"

《老学庵笔记》卷十："世多言白乐天用相字，多从俗语作思必切，如'为问长安月，如何不相离'是也。然北人大抵以相字作入声，至今犹然，不独乐天。老杜云：'恰似春风相欺得，夜来吹折数枝花。'亦从入声读，乃不失律。俗谓南人入京师，效北语，过相蓝，辄读其榜曰'大厮国寺'，传以为笑。"

《云麓漫抄》卷二："以此推之，北方曰黍稷，南方秔稴。盖稷是诸粟之总名，而黍黏可以为酒；南方秔，诸谷之总名，稴可以为酒。《字林》曰：'稴，黏；秔，稻之不黏者。'郭璞云：'沛国人呼稻为秔。'崔豹《古今注》：'稻之黏者为秫，禾之黏者为黍，亦谓之稷，亦曰黄黍。'今稻之属不下十余种，而稻其总名，从可知矣。北人云青粱、黄粱、白粱，南人云赤须、乌须、上秆青、红莲之类是也。《书》曰：'稼穑作甘。'五谷味皆甘。《本草》当以诸粟总之于禾，而下列青、黄、白与粟之别；总曰黍，而下列秬、秠之分；南方稻总曰秔，而下分赤须、乌须、白须、香秔之类；总曰稴，而亦疏早稴、中稴、晚稴，则焕然矣。"

《云麓漫抄》卷三："绍兴末，宿直中官以小竹编联，笼以衣，画风云鹭丝作枕屏，一时无名，号曰画丝。好事者大其制，施于酒席以障风，野次便于围坐，人竞为之，或以名不雅，易曰挂罳。又云：'出于房中，目曰话私，言遮蔽可以话私事。'乾道间，使者尝求其故，则不然矣。且以言为话，南人之方言，非北人语也。"

《云麓漫抄》卷十四："且四方之音不同，国、墨、北、惑字，北人呼作谷、木、卜、斛，南人则小转为唇音。北人近于俗，南人近于雅。若以四声切之，则北人之字可切，而南人于四声中，俱无是字矣。"

《云谷杂记》卷末："字画之差殊，篇章之殽乱，与夫方言南北之殊，地志古今之异，鸟兽草木之夥，器用名物之琐细，记录之纷纭，传写之脱略。或一物而异名，或一事而互见，或一书成而纠缪继之，或一说出而辩误随之（章颖之序）。"

四、关于方言本音本字的论述

《近事会元》卷五"捣蒜"："后唐闵帝初，秦雍间令长设酒食，私丐于部民，俗谓之捣蒜。及清泰初，安重诲为京兆尹，之镇长安，亦为之，秦人曰：'日为捣蒜。'老者详之，盖语讹耳，乃倒算是也。"

《宋景文公笔记》卷上"释俗"："国朝有骨朵子，直卫士之亲近者。予尝修日历，曾究其义。关中人谓腹大者为胍肫，上孤下都；俗因谓杖头大者亦为胍肫，后讹为骨朵。朵从平声，然朵难得音。今为军额，固不可改矣。"

《梦溪笔谈》卷二十六："稷乃今之穄也，齐晋之人谓即、积皆曰祭，乃其土音，无他义也。《本草注》云：'又名穄子。'穄子乃黍属。《大雅》：'维秬维秠，维穈维芑。'秬、秠、穈、芑皆黍属，以色为别，丹黍谓之穈（音门）。今河西人用穈字而音穄。"

《梦溪笔谈·补笔谈》卷一："梓榆，南人谓之朴，齐鲁间人谓之驳马。驳马即梓榆也，南人谓之朴，朴亦言驳也，但声之讹耳。《诗》'隰有六驳'是也。陆玑《毛诗疏》：'檀木皮似系迷，又似驳马。'人云：'斫檀不谛得系迷，系迷尚可得驳马。'盖三木相似也。今梓榆皮甚似檀，以其班驳似马之驳者。今解《诗》用《尔雅》之说，以为兽，锯牙，食虎豹。恐非也。兽，动物，岂常止于隰者，又与苞栎苞棣树檖非类，直是当时梓榆耳。"

《后山诗注》卷十二："《南史》：'何承天除著作佐郎，年已老，而诸佐郎并名家年少。荀伯子嘲之，呼为奶母。'此用其事。《金楼子》曰：'梁人呼书卷为黄奶，言其怡神养性，如乳媪也。'此借用其字。"

《明道杂志》（《说郛》卷四十三下）："《庄子》论万物出入于机，有'程生马，马生人。'而沈存中《笔谈》乃谓行关中，闻人云'此中有程'，遂以为生马之程。而不知秦声谓虫为程，虫即虎也，岂《庄子》之谓欤？"

《学林》卷四"方俗声语"："《史记·陈涉世家》曰：'陈胜已为王，其故人尝与耕者欲见王，乃召入宫。见殿屋帐帷，客曰：夥颐！涉为王沉沉者！'《前汉·陈涉传》曰：'夥！涉之为王沉沉者！'观国按：《字书》：'夥音胡果切，又音怀汏切，夥颐之夥当读为怀汏切。盖夥颐者，楚人土语，惊叹夸大之声也。'而班固于《汉书》乃削去颐字，惟存夥字，则楚俗之声不全矣。《史记·外戚世家》曰：'王太后在民间时所生女在长陵，韩嫣白武帝，帝曰：何不早言！乃自往迎取之。至门，使左右群臣入家求之。家人惊恐，女亡匿床下，扶持出。武帝下车曰：嘻！大姊何藏之深也？诏副车载入宫。'《前汉·外戚传》曰：'帝下车曰：大姊何藏之深也？'观国按：《字书》曰：'嘻胡伯切，大唤也。'武帝叹讶其藏匿而大唤之也。而班固于《汉书》乃削去嘻字，则不见其叹讶之声矣。《史记·甘罗传》曰：'秦使张唐往相燕，唐不行。甘罗谓文信侯曰：臣请行之。文信侯叱曰：去！我身自请之不肯，汝焉能行之！'观国按：去者，叱使听之声，至今四方人凡为叱退声皆曰去也。宋玉《招魂》每句下有些字。些音苏个切，楚人语言之助声也。宋玉于《招魂》之辞用之，从其类也。《南史》：'萧澹为荆州刺史，人甚安之，召还朝。人歌曰：始兴王，人之爹。赴人急，如水火，何时复来哺乳我。荆土方言谓父为爹。'注云：'爹，徒我反。'观国按：《字书》：'爹，徒可切，方人呼父也；又陟邪切，羌人呼父也。又有奢字，正奢切，吴人呼父也，各从其俗耳。'《史记》：'张良尝步游下邳圯上。'徐广注曰：'圯，音怡，桥也，东楚人谓之圯。'此亦土语也。江左人称我、汝皆加侬字，诗人亦或用之。孟东野诗曰'侬是拍浪儿'是也。欸乃者，湘楚人节歌声。柳子厚诗曰：'欸乃一声山水绿是也。'《礼记·檀弓》篇曰：'仲子舍其孙而立其子。'檀弓曰：'何居？我未之前闻也。'郑氏注曰：'居读为姬姓之姬，齐鲁间语助也。'《郊特牲》云：'孔子曰：三日斋，一日用之，犹恐不敬，二日伐鼓，何居？'郑氏注亦曰：'居读为姬，语之助也。'陆德明《释音》皆音居作姬，然则读居音姬，乃齐鲁之土语也。"

《能改斋漫录》卷四"桑落酒"："索郎酒者，桑落河出美酒，讹为索郎耳，见郦元《水经注》。皮日休诗云：'分明不得同君赏，尽日倾心羡索郎。'全无理意。本朝高若讷《后史补》：'桑落酒，河中有桑落坊，有井。每至桑落时，取其寒暄得所，以井水酿酒，甚佳。'乐天诗云：'桑落气熏珠翠暖，柘枝声引管弦高。'号桑落酒。旧京人呼为索郎，盖语讹耳。"

《老学庵笔记》卷八："陈师锡家享仪谓冬至前一日为冬住，与岁除夜为对，盖闽音也。予读《太平广记》三百四十卷有《卢顼传》云：'是夕冬至除夜。'乃知唐人冬至前一日，亦谓之除夜。《诗·唐风》'日月其除。'除音直虑反，则所谓冬住者，冬除也。盖传其语而失其字耳。"

《吴船录》卷上："蜀中称尊老者为波，祖及外祖皆曰波，又所谓天波、日波、月波者，皆尊之之称。此王波盖王老或王翁也。宋景文尝辩之，谓当作皤字。鲁直贬涪州别驾，自号涪皤，或从其俗云。癸卯，发王波渡，四十里至罗護镇。"

《朱子语类》卷八十七："《哀公问》中访字，去声读，只是方字。山东人呼方字去声。《汉书》中说文帝舅驷钧处，上文云'访高后时'，即山东音也，其义只是方字。按：此篇无访字，乃录误，当考。（《僩》）。"

《攻媿集》卷七十二："《上梁文》必言儿郎伟，旧不晓其义，或以为唯诺之唯，或以为奇伟之伟，皆所未安。在敕局时，见元丰中获盗推赏，刑部例皆节元案，不改俗语，有陈棘云：'我部领你懑厮逐去。'深州边告云：'我随你懑去。'懑本音闷，俗音门，犹言辈也。独秦州李德一案云：'自家伟不如今夜去'云。余哑然笑曰：'得之矣，所谓儿郎伟者，犹言儿郎懑，盖呼而告之，此关中方言也。'上梁有文尚矣，唐都长安循袭之。然尝以语尤尚书延之、沈侍郎虞卿、汪司业季路，诸公皆博洽之士，皆以为前所未闻。或有云'用相儿郎之伟'者，殆误矣。因附见之。"

《慈湖诗传》卷二："《博雅》注云：'尻，几声，今居乃箕倨字也，居虑切'，故《补音》用王肃，读鱼据切。简谓居有姬音者，姑慈切。今方言有之，则去声，姑自切矣。御即迓之方音。《聘礼》以讶为梧，梧御同音，特高下不同耳。居，姑自切，庶于迓音通，岂至汉世始转而为鱼据切欤？"

《慈湖诗传》卷十二："《毛诗序》曰：'《节南山》，家父刺幽王也。'言刺，大悖。《释文》：'节，在切反'，知其本截字也。今京语谓截为节，此云节者，记其音，失其本字欤？石削直如斩截，师尹居高位，民所具瞻，似之。"

《云麓漫抄》卷二："军额有'御龙骨朵子直'。《宋景文公笔记》云：'关中谓大腹为孤都，语讹为骨朵。'非也。盖檛字古作菜，常饰以骨，故曰骨菜，后世史文略去草，而只书朵。又菜、朵音相近，讹而不返，今人尚有檛剑之称，从可知矣。"

《云麓漫抄》卷三："今人呼劝酒瓶为酒京。《侯鲭录》云：'陶人为器，有酒经。'晋安人盛酒以瓦壶，小颈、环口、修腹，容一斗。凡馈人牲，兼置酒，书云一经，或二经、五经。它境人游是邦，不达是义，闻送五经，则束带迎于门。盖自晋安人语，相传及今。"

《履斋示儿编》卷二十三："京师食店卖酸馅者，皆大出牌榜，而俚俗昧于字法，转酸从食，馅从臽。有滑稽子谓人曰：'彼家卖馂馅，不知何物也。'饮食四方异宜，而名号亦随时俗言语不同，至或传者转失其本。汤饼唐人谓之不托，今俗谓之馎饦。晋束皙《饼赋》有'馒头薄持，起溲牢丸'之号，惟馒头至今名存，而'起溲、牢丸'莫晓何物。薄持，荀氏又谓薄夜，亦莫知何物也。"

《云谷杂记》卷四"宁馨"："马永卿《懒真子录》：山涛见王衍曰'何物老妪，生宁馨儿！'宁作去声，馨音亨，今南人尚言之，犹言'恁地'也。宋前废帝悖逆，太后怒，语侍者曰：'将刀来剖我腹，那得生宁馨儿！'此两宁馨同为一意。吴曾《能改斋漫录》：唐张渭诗'囊无阿堵物，门有宁馨儿'，以宁为去声。刘梦得《赠日本僧智藏》诗云'为问中华学道者，几人雄猛得宁馨'，以宁为平声。盖《王衍传》云'何物老妪，生宁馨儿'，山涛叱王衍语也。又《南史》：宋王太后疾笃，使呼废帝，帝曰：'病人间多鬼，那可往！'太后怒谓侍者：'取刀来剖我腹，那得生宁馨儿！'按二说，知晋宋间以宁馨儿为不佳也，故山涛、王太后皆以此为诋叱，岂非以为儿非馨香者耶？虽平去两声皆可通用，然张、刘二诗义则乖矣。东坡亦作仄声，《平山堂》诗云：'六朝文物余丘垄，空使奸雄笑宁馨'。晋宋间人语助耳。予按，宁馨自是晋宋间一时之语，浙人往往尚有此谈。晋人亦有单以馨为言者。《世说》：刘惔谓殷浩'田舍儿强学人作尔馨语！'又谓桓温曰：'使君如宁馨地，宁可斗战求胜？'王导云：'与何次道语，惟举手指地曰正自尔馨'。以上因文自可见义，无劳解说。然宁馨乃书传间假此二字以记一时俗语。吴曾以为有非馨香之义。此诬凿之甚。使如曾言，则尔馨等语当作何说。马永卿云'犹言恁地'，已得其义。而欲以馨音亨以协南人之音，又近于好奇矣。马虽得其义，尚恨其无证据。予尝读《金楼子》，见其亦载宋废帝、王太后事云：太后遣人召帝，帝曰：'病人多鬼，不可往。'太后怒曰：'引刀破我腹，那得生如此儿！'乃悟宁馨即如此也。是书，梁湘东王萧绎所纂，宋、梁相去不远，故知所谓'宁馨'者，即是'如此'。又《语林》云：王仲祖好仪形，每览镜自照曰：'王仲开那生如此宁馨儿。'以此二者为证，则义理自昭然，可以无辩矣。"

《鹤林玉露》卷九："今江湖间俗语谓钱之薄恶者曰悭钱。按贾谊疏云：'今法钱不立，农民释其末耜，冶镕炊炭，奸钱日多。'俗音讹以奸为悭尔。"

《爱日斋丛抄》卷五："林谦之诗：'惊起何波理残梦。'自注：'述梦中所见何使君，蜀人以波呼之，犹丈人也。'范氏《吴船录》记嘉州王波渡云：'蜀中称尊老者为波，祖及外祖皆曰波，又所谓天波、日波、月波者，皆尊之之称。此王波盖王老或王翁也。宋景文尝辩之，谓当作皤字。鲁直贬涪州别驾，自号涪皤，或从其俗云。'按景文所记云：'蜀人谓老为皤（音波）。取皤皤黄发义。'"

五、关于方言名源的论述

《清异录》卷上："笑矣乎，菌蕈，有一种食之令人得干笑疾，土人戏呼为笑矣乎。"

《清异录》卷上"唾十三"："《厌胜章》言，枭乃天毒所产，见闻者必罹殃祸，急向枭连唾十三口，然后静坐，存北斗，一时许可禳。伪汉蒙州刺判史龙骁，武人，极讳己名。又父名碏，子名蚩，亦讳之。郡人呼枭曰唾十三，鹊曰喜奈何，蚩曰秋风。部属私相告云：'若使君祖讳饭，吾辈亦当称甑家粥耶？'"

《传记略》（《说郛》卷三十二上）："福州王氏有国。闽土人言音诡异，呼两浙为东麂，亦不详其字义。第三主延钧时，忽野麂自东门奔入，报达知。钧曰：'寡人土疆，不可属东麂去。'钧遇害，子又去国，延羲身害国亡，至季达乞内附，果符归我（始初言在东麂，或作年纪之纪、自己之己，至麂兽入，字方定）。"

《墨客挥犀》卷九："杨行密之据扬州，民呼蜜为蜂糖。夫蜜、密二音也，呼吸不同，字体各异，亦由茄子、伽子之义。甚哉，南方之好避讳者如此！"

《续墨客挥犀》："闽岭已南多木棉，土人竞植之，有至数千株者。采其花为布，号吉贝布。余后因读《南史·海南诸国传》，言林邑等国出古贝木。其花成时如鹅毳，抽其绪，纺之以作布，与纻布不异。亦染成五色，织为斑布，正此种也。盖俗呼为古为吉耳。"

《临汉隐居诗话》："永叔《诗话》载陶谷诗云：'尖檐帽子卑凡厮，知鞠靴儿末厥兵。'不晓末厥之义。又尝问王洙，亦不晓。予顷在真定观大阅，有一卒植五方旗，稍不正，大校恚曰：'你可末豁如此！'予遽召问之，大校笑曰：'北人谓粗疏也。'岂'厥'之音'豁'乎，亦莫知孰是。"

《长安志》卷十六："阜儿山：在县东六十里。乡俗所传，尝有一禽止此山，众禽随之，疑为凤也，因名凤儿山，语讹作阜儿山。"

《梦溪笔谈》卷三"辩证一"："流沙：《唐六典》述五行，有禄命、驿马、涊河之目，人多不晓涊河之义。余在鄜延，见安南行营诸将阅兵马籍，有称'过范河损失'。问其何谓范河，乃越人谓淖沙为范河，北人谓之活沙。予尝过无定河，度活沙，人马履之百步之外皆动，顒顒然如人行幕上。其下足处虽甚坚，若遇其一陷，则人马驼车应时皆没，至有数百人平陷无子遗者。或谓此即流沙也。又谓沙随风流谓之流沙。涊，《字书》亦作堲（蒲滥反）。按古文堲，深泥也。

术书有澁河者，盖谓陷运，如今之空亡也。"

《梦溪笔谈》卷二十一："襄随之间故春陵、白水地，发土多得金麟趾、褭蹄。麟趾中空，四傍皆有文，刻极工巧；褭蹄作团饼，四边无模范迹，似于平物上滴成，如今干柿，土人谓之柿子金。《赵飞燕外传》'帝窥赵昭仪浴，多袖金饼以赐侍儿私婢'，殆此类也。"

《梦溪笔谈》卷二十一："登州海中时有云气，如宫室、台观、城堞，人物、车马、冠盖历历可见，谓之海市。或曰蛟蜃之气所为，疑不然也。欧阳文忠曾出使河朔，过高唐县驿舍，中夜有鬼神自空中过，车马人畜之声一一可辨，其说甚详，此不具纪。闻本处父老云：'二十年前尝昼过县，亦历历见人物。'土人亦谓之海市，与登州所见大略相类也。"

《梦溪笔谈》卷二十三："吴人多谓梅子为曹公，以其尝望梅止渴也。又谓鹅为右军，有一士人遗人醋梅与燖鹅，作书云：'醋浸曹公一甏，汤燖右军两只，聊备一馔。'"

《梦溪笔谈》卷二十四："元丰中，庆州界生子方虫，方为秋田之害，忽有一虫生，如土中狗蝎，其喙有钳，千万蔽地，遇子方虫则以钳搏之，悉为两段。旬日，子方皆尽，岁以大穰。其虫旧曾有之，土人谓之傍不肯。"

《梦溪笔谈·补笔谈》卷三："扶栘即白杨也。《本草》有白杨，又有扶栘。扶栘一条，本出陈藏器《本草》处，藏器不知扶栘便是白杨，乃重出之。扶栘，亦谓之蒲栘。《诗疏》曰：'白杨，蒲栘。'是也。至今越中人谓白杨只谓之蒲栘。"

《靖康缃素杂记》卷九"马岁"："司马温公《考异》云：'张万岁掌国马。'《唐统纪》云：'万岁三代典群牧，恩信行陇右，故陇右人谓马岁为齿，为张氏讳也。'按：《公羊传》晋献公谓荀息曰：'吾马之齿亦已长矣。'然则谓马岁为马齿，有自来矣，岂为张氏讳哉。"

《青箱杂记》卷三："韩退之《罗池庙碑》言'步有新船。'或以步为涉，误也。盖岭南谓水津为步，言步之所及，故有罾步，即渔者施罾者；有船步，即人渡船处。然今亦谓之步，故扬州有瓜步，洪州有观步，闽中谓水涯为溪步。"

《青箱杂记》卷三："岭南谓村市为虚。柳子厚《童区寄传》云：'之虚所卖之。'又诗云：'青箬裹盐归峒客，绿荷包饭趁虚人。'即此也。盖市之所在，有人则满，无人则虚。而岭南村市满时少，虚时多，谓之为虚，不亦宜乎？"

《懒真子》卷四："仆亲见一峡中士人夏侯节立夫言：'乌鬼，猪也。峡中人家多事鬼，家养一猪，非祭鬼不用。故于猪群中特呼乌鬼以别之。'此言良是。"

《埤雅》卷一："鱮鱼似鲂而弱鳞，其色白，北土皆呼白鱮。《西征赋》曰：'华鲂跃鳞，素鱮扬鬐。'性亦旅行，故其制字从与，亦或谓之鲢也。传曰：'连行鱼属'，若此之类是已。失水即死，弱鱼也。今吴越呼鳙。鲢鱼其头尤大而肥者，徐州人谓之鲢，或谓之鳙。《六韬》曰：'缗隆饵重，则嘉鱼食之，缗调饵芳，则庸鱼食之。'鱅，庸鱼也，故其字从庸，盖鱼之不美者。故里语曰：'网鱼得鱮，不如啖茹。'而鱅读曰慵者，则又以其性慵弱而不健故也。"

《靖康缃素杂记》卷二："又《肃宗实录》云：'杨国忠自入市，衣袖中盛胡饼。'安可易胡为炉也。盖胡饼者，以北人所常食而得名也，故京都人转音呼胡饼为胡饼，呼骨切。胡桃为胡桃，亦呼骨切。皆此义也。"

《侯鲭录》卷八："江州村民呼公曰大老，孟子所谓二老者，天下之大老也。天下之父归之，其子焉往，于此可验。"

《邵氏闻见后录》卷十九："夔峡之人，岁正月，十百为曹，设牲酒于田间，已而众操兵大噪，谓之养（去声）乌鬼。长老言：'地近乌蛮战场，多与人为厉，用以禳之。'沈存中疑少陵'家家养乌鬼'，其自也。疏诗者乃以'鸬鹚别名乌鬼'。予往来夔峡间，问其人，如存中之言，鸬鹚亦无别名。"

《岩下放言》卷上："楚辞曰些。沈存中谓梵语萨缚阿三合之音，此非是。不知梵语何缘得通荆楚之间，此正方言各系其山川风气所然，安可以义考哉？大抵古文多有卒语之词，如'螽斯羽，诜诜兮。宜尔子孙，绳绳兮'，以兮为终。老子文亦多然。'母也天只，不谅人只'，以只为终。'狂童之狂也且''椒聊且，远条且'，以且为终。'唐棣之华，鄂不韡韡而''俟我于著乎而，充耳以素乎而'，以而为终。'既曰归止，曷又怀止'，以止为终。无不皆然。风俗所习，齐不可移之宋，郑不可移之许。后世文体既变，不复论其终，为楚辞者类仍用些语，已误，更欲穷其义，失之远矣。"

《漫叟诗话》："川人嗜此肉，家家养猪，杜诗谓'家家养乌鬼'是也。每呼猪则作'乌鬼'声，故号猪为乌鬼。"

《鸡肋编》卷上："衢州府江山县，每春时昏翳如雾，土人谓之黄沙落。云有沙堕于田苗果菜之中，皆能伤败。沾桑叶，尤损蚕；中人亦能生疾。是亦岚瘴之类也，惟雨乃能解之。"

《鸡肋编》卷中："浙东人以畜产相呼，乃笑而受之，若及父祖之名，则为莫大怨辱，有殴击因是而致死者。又其语音讹谬，讳避尤可笑。处州遂昌县有大姓潘二者，人呼为两翁，问之，则其父名'义'也。"

《猗觉寮杂记》卷上："退之《忆昨行》'驿马拒地驱频颓。'蜀人谓立地为拒地。立地者，不容少休之意。"

《猗觉寮杂记》卷下："世号赘婿为布袋，多不晓其义，如入布袋，气不得出。顷附舟入浙，有一同舟者号李布袋。篙人谓其徒曰：'如何入舍婿谓之布袋？'众无语，忽一人曰：'语讹也，谓之补代。人家有女无子，恐世代自此绝，不肯嫁出，招婿以补其世代耳。'此言极有理。"

《通志》卷七十五："刘寄奴曰金寄奴，即乌藤菜，故江东人云乌藤菜'刘寄奴'，因宋武帝而得名。帝微时伐荻薪洲，遇大蛇，射之。明日往，见群儿捣药，问之，乃曰：'我王为刘寄奴所射，今捣此药傅之。'帝呵之，群儿忽不见，遂收其药，还以傅金疮，无不愈者。帝姓刘，小名寄奴，江南人姓刘者或呼为金，是以又有金寄奴之名。"

《通志》卷七十五："芜菁，亦作蔓菁，塞北名九英。此菜多生边塞，一名须，一名蕦芜，一名葑苁。见《尔雅》。春食苗，夏食心，秋食茎，冬食根。菜之最益人者，惟此尔，多种可以备饥岁。昔诸葛孔明所止，辄令兵士种蔓菁，云'取其才出甲可生啖，一也；叶舒可煮食，二也；久居则随以滋长，三也；弃不令惜，四也；回则易寻而采之，五也；冬有根可剜而食，六也。比诸蔬属，其利博乎？'今三蜀江陵人犹呼此为诸葛菜，大概似菘而有头。南人取而种之，初年相类，至二三岁则变为菘矣，惟河朔最多。《诗·谷风》云：'采葑采菲'，此即葑也。"

《尔雅注·序》："动物植物，五方所产各有名，古今所名亦异谓，此《释草》《释木》《释虫》《释鱼》《释鸟》《释兽》《释畜》所由作。"

《能改斋漫录》卷二"俗骂客作"："江西俚俗骂人有曰客作儿。按：陈从易《寄荔支与盛参政》诗云：'樱桃真小子，龙眼是凡姿。橄榄为下辈，枇杷客作儿。'盛问其说云：'樱桃，味酸小子也；龙眼，无文采凡姿也；橄榄，初涩后甘，下辈也；枇杷，核大肉少，客作儿也。凡言客作儿者，佣夫也。'"

《能改斋漫录》卷四"子规"："鲍彪《少陵诗谱论》引陈正敏曰：'飞鸟之族，所在名呼不同，有所谓脱了布袴。东坡云北人呼为布谷，误矣。此鸟昼夜鸣，土人云不能自营巢，寄巢生子。细详其声，乃是云不如归去，此正所谓子规也。今人往往认杜鹃为子规。杜鹃一名杜宇，子美亦言其寄巢生子。此盖禽鸟性有相类者。柳子厚作《永州游山诗》云：多秭归之禽。然秭归又是蜀中地名，疑其地多此禽也。'以上皆鲍说。予按：《史记·历书》曰：'昔自在古历，建正作于孟春。于时水泮发蛰，百草奋兴，秭鴂先滜。'注：'徐广曰：秭音姊，鴂音规，子规鸟也。一名鹈鴃。'乃知子厚以子规作秭归，不为无所本矣。郦道元《水经注》引袁崧曰：'楚屈原有贤姊，闻原放逐，亦来归，喻令自宽全，乡人冀其见从，因名秭归县。北有原故宅，宅之东北有女须庙。捣衣石犹存。'秭与姊同。然则县之得名秭归，正以屈原，而鲍以为因禽得名，非也。然《晋志》建平郡有秭归县。注云：'故子国。'"

《能改斋漫录》卷十五"鹘有数种"："鹘大如鹰，苍黑色，尾稍短，善击凫雁，中，必提之而飞，遇幽隐处则下食。鹘有数种，俊而大者，俗谓之木鹘，可以捕乌鹊。其养雏也，一巢数只，各有等差。最下者羽毛篷重，鼻根黄如蜡色，俗呼之曰蜡鼻，更无他能，反为众鸟所侮，故江湖间呼不肖子为蜡鼻。"

《瓮牖闲评》卷四："卢，黑色也。古剑名湛卢者，谓湛湛然黑色也；犬名韩卢者，盖六国时韩氏之黑犬也；水名卢龙者，北方谓水之黑色者也；果名卢橘者，亦黑色也。"

《容斋随笔》卷四"宁馨阿堵"："宁馨、阿堵，晋宋间人语助耳。后人但见王衍指钱云'举阿堵物却'，又山涛见衍曰：'何物老媪，生宁馨儿。'今遂以阿堵为钱，宁馨儿为佳儿，殊不然也……今吴中人语言尚多用宁馨字为问，犹言若何也，刘梦得诗：'为问中华学道者，几人雄猛得宁馨。'盖得其义，以宁字作平声读。"

《老学庵笔记》卷一："予在南郑，见西陲俚俗谓父曰老子，虽年十七八，有子亦称老子。乃悟西人所谓大范老子、小范老子，盖尊之以为父也。建炎初，宗汝霖留守东京，群盗降附者百余万，皆谓汝霖曰'宗爷爷'，盖此比也。"

《老学庵笔记》卷二："《酉阳杂俎》云：'茄子一名落苏。'今吴人正谓之落苏。或云，钱王有子跛足，以声相近，故恶人言茄子。亦未必然。钱王名其居曰握发殿，吴音握、恶相乱，钱塘人遂谓其处曰：'此钱大王恶发殿也。'"

《老学庵笔记》卷二："陈亚诗云：'陈亚今年新及第，满城人贺李衙推。'李乃亚之舅，为医者也。今北人谓卜相之士为巡官。巡官，唐五代郡僚之名，或谓以其巡游卖术，故有此称。然北方人市医皆称衙推，又不知何谓。"

《项氏家说》卷三："沱潜：荆、梁二州，江、汉所经，皆有沱、潜二水。《尔雅》谓'水自江出为沱，自汉出为潜'，盖经师所传如此，其辞简古，故至今莫知二水之处。按：四渎，济最微，无可言者。河最大，而出于西域，至中国而成河，故别流之来合者，皆不可见。独江、汉二水，近出梁州，夹蜀山而行。江在山之南，汉在山之北，自梁至荆，山行凡数千里。凡山南溪谷之水皆至江而出，山北溪谷之水皆至汉而出，其水众多，不足尽录。故南总为沱，北总为潜，盖当时之方言，犹今溪谷云尔。"

《朱子语类》卷九十八："张子书之一（凡入《近思》者为此卷）：张横渠语录用关陕方言，甚者皆不可晓，《近思录》所载皆易晓者。（《扬》）。"

《岭外代答》卷十"蛮俗门•卷拌"："南州法度疏略，婚姻多不正，村落强暴窃人妻女以逃，转移他所，安居自若，谓之卷伴，言卷以为伴侣也。已而复为后人卷去，至有历数卷未已者。其舅姑若前夫访知所在，诣官自陈，官为追究，往往所谓前夫亦是卷伴得之，复为后人所卷。惟其亲父母兄弟及初娶者所诉，即归始初被卷之家。"

《淳熙三山志》卷四十："驱傩：乡人傩，古有之，今州人以为打夜狐。曾师建云：'《南史》载，曹景宗为人好乐，在扬州日，至腊月则使人邪呼逐除，遍往人家乞酒食以为戏。'迄今闽俗乃曰打夜狐。盖唐敬宗夜捕狐狸为乐，谓之打夜狐。闽俗岂以作邪呼逐除之戏与夜捕狐之戏同，故云？抑亦作'邪呼'之语，讹而为打夜狐欤？"

《云麓漫抄》卷一："卢龙河在北方。《唐书》云：'狄人谓黑为卢，谓水为龙。'《书》云：'卢弓矢千。'《笺》云：'卢，黑弓也。'《战国策》：'韩卢，天下之骏犬。'《诗》亦有'田卢'。《笺》云：'卢，黑也。'犬之黑色者多善走而猛，故田犬以卢名之，若守犬则不以善走为事矣。大抵牛马之类，黑者健于黄白，不独犬耳。以此观之，古人皆以卢为黑，非北狄语也。"

《云麓漫抄》卷三："古人称父曰大人，又曰家父，捐馆则曰皇考。今人呼父曰爹，语人则曰老儿，捐馆曰先子，以儿、子呼父，习以为常，不怪也。羌人呼父为爹，渐及中国。《法帖》：陈隋诸帝与诸王书，自称耶耶。韩退之《祭女挐》文，自称曰阿爹、阿八，岂唐人又称母为阿八？今人则曰妈。按：《诗》'来朝走马，率西水浒。'马音姆，岂中国之人，因西音而小转耶？先子，《礼》《经》皆曰'先君子'，惟《孟子》载曾西之语曰'吾先子'，盖称父之爵耳。"

《云麓漫抄》卷十："李太白诗'吴姬压酒唤客尝'，说者以谓工在压字上，殊不知乃吴人方言耳。至今酒家有'旋压酒子相待'之语。"

《会稽志》卷九："下马山在县北二十七里，《旧经》云：'秦始皇息驾于此，一名虾蟆山。'按：此山四面皆水，非息驾之所，疑其音讹为下马，遂有息驾之说。"

《濊南集》卷三十三："学者多疑宁馨之义，或以为美，或以为鄙，皆非也。山涛目王衍曰：'何物老妪，生宁馨儿。然误天下苍生者，未必非此人。'此美之之辞也。《南史》宋王太后怒废帝曰：'将刀来破我腹，那得生宁馨儿。'此鄙之之辞也。夫宁馨犹言如此然也。今世方言往往有近之者，但声之转耳。故张谓诗以对'阿堵'，刘梦得《送日本僧》云：'为问中华学道者，几人雄猛得宁馨。'平仄虽殊，其意一也。《宋书》于太后语加'如此'字，盖误而不足凭焉。《魏书》作'如馨'，是则大同而小异耳。东坡《和王居卿平山堂》诗云：'六朝兴废余丘垄，空使奸雄笑宁馨。'殊无义理，特迫于趁韵，姑以为王衍之名而已。近观吴曾《漫录》亦论此字，并载王衍废帝事，云：'晋宋间人以宁馨为不佳，故山涛、王太后皆以此为诋叱之语。岂非以儿为非馨香者邪？张刘二诗盖乖其义。'此大谬也。山涛之言分明是叹美，安得并谓之诋叱哉？又以宁馨为非馨香，其鄙陋可笑甚矣！洪迈《容斋随笔》云：'刘真长讥殷渊源曰：田舍儿强学人作尔馨语。又谓桓温曰：使君如馨地，宁可战斗求胜。王导与何充语曰：正自尔馨。王恬拨王胡之手曰：冷如鬼手馨，强来捉人臂。至今吴中人语言，多用宁馨字为问，犹言若何也。'予谓迈引晋人语为证是矣，'若何'则义不然，惟城阳居士《桑榆杂录》曰：'宁犹如此，馨，语助也。'此得其当。"

《浩然斋杂抄》："峻，臧回切。又作赤子阴也。《老子》云：'未知牝牡之合而峻作，精之至也。'建宁人土音亦以此音呼小儿之阴。"

《癸辛杂识·前集》"葵"："今成都面店中呼萝卜为葵子，虽曰市井语，然亦有谓。按：《尔雅》曰：'葵，芦菔也。'郭璞以菔为菔，俗呼雹葵，先北反。或作卜。"

六、关于诗文中的方言的论述

《墨客挥犀》卷一"诗人多用方言"："南人谓象牙为白暗，犀为黑暗，故老杜诗曰'黑暗通蛮货'；又谓睡美为黑甜，饮酒为软饱，故东坡诗曰'三杯软饱后，一枕黑甜余。'"

《分门集注杜工部诗》卷十："李白一斗诗百篇，长安市上酒家眠，天子呼来不上船。苏曰：'船，方言也，所谓襟纽是已。'梦符曰：'右按：关中呼衣襟为船。诗曰：何以舟之，舟亦船也，其来远矣。'鲍曰：'刘伟明云：蜀人呼衣襟为船，有以见白醉甚，虽天子披襟自若，其真率之至也。'定功曰：'唐范传正作《白墓碑》曰：元宗泛白莲池，召李白作序。时已被酒，命高将军扶以登舟。蜀人谓衣领为船，妄也。'"

《宋景文公笔记》卷上："莒公言：'河阳出王鲔，即今黄鱼也。形如豕，口与目俱在腹下。每春二月出于石穴，逆河而上。人乃取之，其腥不可近。官以为鲊，献御，其味甚美，然有毒，所谓王鲔岫居者。'蜀人谓老为皤（音波），取'皤皤黄发'义。后有蛮王小皤作乱，今《国史》乃作小波，非是。蜀人见物惊异，辄曰噫嘻嚱，李白作《蜀道难》因用之。汾晋之间，尊者呼左右曰咄，左右必曰嗟，而司空图作《休休亭记》又用之。修书学士刘义叟为予言：'《晋书》言咄嗟而办，非是；宜言咄嗟而办。'然'咄嗟'，前世人文章中多用之，或自有义。今造屋，势有曲折者谓之庸峻，齐魏间以人有仪矩可喜者谓之庸峭，盖庸峻也。"

《倦游杂录》"语讹"："关右人或有作京师语音，俗谓之獠语，虽士大夫亦然。有太常博士杨献民，河东人。是时鄜州修城，差望青斫木，作诗寄郡中寮友，破题曰：'县官伐木入烟萝，匠石须材尽日忙。'盖以乡音呼忙为磨，方能叶韵。士人而徇俗不典，亦可笑矣。"

《梦溪笔谈》卷三："《楚辞·招魂》尾句皆曰些（苏个反）。今夔、峡、湖、湘，及南、北江獠人，凡禁咒句尾皆称些，此乃楚人旧俗，即梵语萨嚩诃也（萨音桑葛反，嚩无可反，诃从去声），三字合言之，即些字也。"

《梦溪笔谈》卷二十四"霜信"："北方有白雁，似雁而小，色白，秋深则来，白雁至则霜降。河北人谓之霜信。杜甫诗云'故国霜前白雁来'，即此也。"

《梦溪笔谈·补笔谈》卷一"南北音"："《经典释文》如熊安生辈，本河朔人，反切多用北人音；陆德明，吴人，多从吴音；郑康成，齐人，多从东音。如'璧有肉好'，肉音揉者，北人音也；'金作赎刑'，赎音树者，亦北人音也。至今河朔人谓肉为揉、谓赎为树。如打字音丁梗反，罢字音部买反，皆吴音也；如《疡医》'祝药劀杀之齐'，祝音呪，郑康成改为注，此齐、鲁人音也，至今齐谓注为呪；官名中尚书本秦官，尚音上，谓之常书者，秦人音也，至今秦人谓尚为常。"

　　《仇池笔记》"桃笙"："柳子厚诗云：'盛时一失贵反贱，桃笙葵扇安敢当。'不知桃笙为何物。偶阅《方言》：'簟，宋魏之间谓之笙。'乃悟桃笙以竹为簟也。梁简文《答南王饷书》云：'五离九折，出桃枝之翠笋。'乃谓桃枝竹簟也。桃枝出巴渝间，杜子美有《桃竹歌》。"

　　《青箱杂记》卷六："闽人谓子为囝，谓父为郎罢。故顾况有《哀囝》一篇曰：'囝生闽方，闽吏得之，乃绝其阳。为臧为获，致金满屋；为髡为钳，如视草木。天道无知，我罹其毒；神道无知，彼受其福。郎罢别囝，吾悔生汝，及汝既生，人劝不举。不从人言，果获是苦。囝别郎罢，心摧血下。隔地绝天，及至黄泉，不得在郎罢前。'"

　　《潏水集》卷五："承问杜诗所用事实。杜读书多，不曾尽见其所读之书则不能尽注。今藏书之家甚少，有藏者不肯借人，尝于一二家得其书目，亦少有异书，虽昔人常见之书，今已谓之僻书。其间又用方言，如岸溉、土锉，乃黔蜀人语。须是博问多读，兹非日近可了。某昔年亦尝注之，事实稍备，为人借去不还，世谓'借之与还皆痴'，正尔也。若有所疑，可见谕。"

　　《靖康缃素杂记·补辑》："《西清诗话》言王君玉谓人曰：'诗家不妨间用俗语，尤见工夫。雪止未消者，俗谓之待伴，尝有雪诗：待伴不禁鸳瓦冷，羞明常怯玉钩斜。待伴、羞明，皆俗语，而采拾入句，了无痕颣，此点瓦砾为黄金手也。'余谓非特此为然，东坡亦有之，'避谤诗寻医，畏病酒入务'，又云：'风来震泽帆初饱，雨入松江水渐肥。'寻医、入务、风饱、水肥，皆俗语也。又南人以饮酒为软饱，北人以昼寝为黑甜，故东坡云：'三杯软饱后，一枕黑甜余。'此亦用俗语也。"

　　《侯鲭录》卷八："金陵人谓中酒曰酒恶，则知李后主诗云'酒恶时拈花蕊嗅'，用乡人语也。"

　　《乐书》卷二十三："然相之为器，所以节文舞也。盖生于'春不相'之相，《笙师》'掌教舂'是已。昔梁王筑城，以小鼓为节，而役者以杵和之，盖其遗制也。郑氏谓'相以节乐'则是，谓之为拊，则非。岂惑于方言'以穰为相'之说欤。"

　　《冷斋夜话》卷一："诗人多用方言：南人谓象牙为白暗，犀为黑暗，故老杜诗曰'黑暗通蛮货'；又谓睡美为黑甜，饮酒为软饱，故东坡诗曰'三杯软饱后，一枕黑甜余。'"

　　《冷斋夜话》卷四"诗用方言"："句法欲老健有英气，当间用方俗言为妙，如奇男子行人群中，自然有颖脱不可干之韵。老杜《八仙诗》序李白曰：'天子呼来不上船。'方俗言也，所谓襟纽是也。'家家养乌鬼，顿顿食黄鱼。'川峡路人家多供祀乌蛮鬼，以临江故顿顿食黄鱼耳。俗人不解，便作养畜字读，遂使沈存中自差乌鬼为鸬鹚也。'夜阑更秉烛，相对如梦寐。'更互秉烛照之，恐尚是梦也。作更字读，则失其意甚矣。山谷每笑之，如所谓'一霎杜公雨，数番花信风'之类是也。江左风流久已零落，士大夫人品不高，故奇韵灭绝。东晋骚人胜士最多，皆无出谢安石之右。烟飞空翠之间，乃携婷婷登临之，与夫'雪夜访山阴故人，兴尽而返''下马据胡床，三弄而去'者异矣。"

《校定楚辞·序》："盖屈宋诸骚，皆书楚语，作楚声，记楚地，名楚物，故可谓之楚辞。"

《懒真子》卷四："老杜《遣闷诗》云：'家家养乌鬼，顿顿食黄鱼。'所说不同。《笔谈》以为鸬鹚，能捕黄鱼，非也。黄鱼极大，至数百斤，小者亦数十斤。故诗云：'日见巴东峡，黄鱼出浪新。脂膏兼饲犬，长大不容身。'又有《白小》诗云：'白小群分命，天然二寸鱼。细微沾水族，风俗当园蔬。'盖言鱼大小之不同也。仆亲见一峡中士人夏侯节立夫言：'乌鬼，猪也，峡中人家多事鬼，家养一猪，非祭鬼不用，故于猪群中特呼乌鬼以别之。'此言良是。仆又见浙人呼海错为虾菜，每食不可阙，始悟风俗当园蔬之意。"

《闻见后录》卷十七："荆公作挽诗云：'木稼曾闻达官怕，山颓果见哲人萎。'遂以魏公当之。潘邠老云：'花妥莺梢蜨，溪喧獭趁鱼。妥音堕，乃韵。'邠老不知秦音以落为妥上声，如曰雨妥、花妥之类。少陵秦人也。"

《闻见后录》卷十九："南人谓象齿为白暗，犀角为黑暗。少陵诗云：'黑暗通蛮货。'用方言也。"

《珊瑚钩诗话》卷三："又《戏作俳优体》二首，纯用方语云：'异俗吁可怪，斯人难并居。家家养乌鬼，顿顿食黄鱼。旧识难为态，新知已暗疏。治生且耕凿，只有不关渠。西历青羌阪，南留白帝城。于菟侵客恨，粗粝作人情。瓦卜传神语，畲田费火耕。是非何处定，高枕笑浮生。'予尝有语云：'碧藕连根丝不断，红蕖著子意何多'。亦风人类也。又《婺州山中诗》云：'作哵捉檐卸，呼田欸乃侬。山塘莫车水，梅雨正分龙。'亦方语也。"

《珊瑚钩诗话》卷十："子美'於菟侵客恨'，乃楚人谓虎为於菟；'土锉冷疏烟'，乃蜀人呼釜为锉；'富豪有钱驾大舸'，《方言》：'南楚江湘，凡船大者谓之舸'；'百丈谁家上水船'，荆峡以竹缆为百丈；'堑抵公畦棱'，京师农人指田云'几棱'；'市暨瀼西巅'，巂人谓江水横退山谷处为瀼。子厚'桃笙葵扇安可当'，宋魏之间谓簟为笙；'欸乃一声山水绿'，'欸乃'，楚人歌声。临川'窗明两不借'，楚人以草履为不借。东坡'倦看涩勒暗蛮村'，盖岭南竹名；又'蓬沓障前走风雨'，注云：'于潜妇人皆锺大银栉，谓之蓬沓'；又'几思压茅柴，禁网日夜急'。山谷'燕湿社公雨，莺啼花信风'。皆方言也。"

《学林》卷四："《史记》：'张良尝步游下邳圯上。'徐广注曰：'圯，音怡，桥也。东楚人谓之圯。'此亦土语也。江左人称我、汝皆加侬字，诗人亦或用之。孟东野诗曰'侬是拍浪儿'是也。欸乃者，湘楚人节歌声。子厚诗曰'欸乃一声山水绿'是也。《礼记·檀弓》曰：'仲子舍其孙而立子。檀弓曰：何居，我未之前闻也。'郑氏注曰：'居，读为姬姓之姬，齐鲁之间语助也。'《郊特牲》云：'孔子曰：三日斋，一日用之，犹恐不敬。二日伐鼓，何居。'郑氏注亦曰'居读为姬，语之助也。'陆德明释音皆音居作姬，然则读居为姬，乃齐鲁之土语也。"

《观林诗话》："半山云：'窗明两不借，榻净一籧篨'。扬雄《方言》：'纱作曰屦，麻作曰不借。'崔豹《古今注》：'草履曰不借'。许慎《说文》云：'縸，或作綦，帛苍艾色。《诗》缟衣綦巾，未嫁女所服。一曰不借。'常所服御而人皆易有者，皆可谓之不借，不独屦也。然半山所指乃草屦耳。"

《通志》卷三十四："方言之借：銅之为銅（音胄，銅阳，县名），歜之为歜（上音触，下徂感切。昌歜，即昌蒲也），罦之为罦（上如字，下音刻。《诗》'以我罦耜'），羮之为羮（上更字，下音郎，楚地名），咎之为咎（上如字，下音皋，皋陶字亦如此），谷之为谷（奴走切，楚人谓乳谷），枹之为枹（上必茅切，下音桴，鼓枹也），敦之为敦（音焘，《礼》：'每敦一几'），为敦（音雕，'敦弓'）。此皆非由音义而借，盖因方言之异，故不易其字。"

《六经奥论》卷一："盖上世之书无文字可传，但口授而已，或以竹简写之，家藏不过几本。此文所以不通于古也。有随方训释，取舍不同者，土音不同，而训诂亦异。吴楚伤于轻浅，燕赵伤于重浊，秦陇则去声为入，梁益则平声似去。是以熊安生本朔人，则多用北音；孔颖达取皇熊之说为《礼疏》，陆德明本吴人，则多从吴音；郑康成本齐人，则多收齐音。若夫楚音以来为黎，陆氏之音卫也，亦以来为黎；楚音以野为汝，陆氏之音卫也，亦以野为汝，则非也。故郑注经，字有不安，有曰当作、当为之语，有曰读作、读如之语，而不敢轻改圣贤之字。扬雄作《方言》曰：秦晋之逝，齐之徂，鲁之适，均为往之义也。齐鲁之允，宋卫之洵，荆吴淮泗之展，均为信之义也。如此则六经之文字虽不同，音各有异，而义归于一。"

《六经奥论》卷一："古人制字非直纪事而已，亦以齐天下不齐之音。'俟我于著乎而，充耳以素乎而'，素乎之声，此齐人之语也，而载于国风之诗。突如、其来如、焚如、死如、弃如，如之声，此山西之语也，而见于大易之书。声音之不齐，虽圣贤有所不免，而况欲以一音而尽律古今天下之言语乎？此《六经音辨》之所由作也。六经之言有出于方言，古今不变者。赎刑之赎，北方之音也。至今河朔人谓赎为树。罢，吴之音也，至今吴人谓罢为摆。《疡医》之祝药云祝，郑康成谓祝为注，齐言也，至今齐人谓祝为注。尚书，秦之官名也，今谓之尚书，以尚为常，秦音也。至今秦人谓尚为常。此声音之异，虽古今不变也。"

《尔雅注》卷上："毁，火也。方言有轻重，故谓火为毁，郭氏谓：'毁，齐人语。'"

《能改斋漫录》卷一"谓父为爹"："侬、欢出于江南风俗，政犹以父为爹，音徒我反。《南史》：'武兴王憺为荆州刺史，惠及百姓。诏还朝，人歌曰：始兴王，人之爹。赴人急，如水火。何时复来哺乳我。'荆土方言谓父为爹，故云。"

《能改斋漫录》卷十五"辨霞鹜"："梁江淹《赤虹赋》云：'霞晃朗而下飞，日通晼而上度。'张说《晚景》诗云：'水光浮日去，霞彩映江飞。'凡淹说所谓霞飞则云霞之霞也。王勃《滕王阁序》曰：'落霞与孤鹜齐飞，秋水共长天一色。'土人云：'落霞非云霞之霞。'盖南昌秋间有一种飞蛾，若今所在麦蛾是也。当七八月之间皆纷纷堕于江中，不究所自来，江鱼每食之，土人谓之霞，故勃取以配鹜耳。不知者便以为云霞，则长天岂可与秋水同色也哉？予又按，孔颖达曰：'野鸭曰凫，家鸭曰鹜。'鹜不能飞腾，故郑康成注《宗伯》云：'鹜取其不飞迁。'李巡亦云：'凫，野鸭名；鹜，家鸭名。'然则鹜本不能飞耳。论文虽不当如此，要之，作文者亦不可不察也。"

《能改斋漫录》卷十五"楮子"："京师中太一宫道士房，有楮结子如杨梅。徽宗车驾临观之，曰'拟梅轩。'李似矩、吴正仲皆有诗。正仲诗云：'阴阴绿叶不胜垂，著子全多欲压枝。自得君王一留顾，故应雨露亦饶滋。'其二云：'五月霏霏雨不开，若耶溪畔摘楞梅。朱丸忽向云窗见，疑是灵根越岭来。'其三云：'谁将蜜渍借微酸，小摘曾闻钉玉盘。争似江南风致在，瓶红初向绿阴看。'越州杨梅最佳，土人谓之楞梅。又北人以梅汁渍楮实，益以蜜，作假杨梅。故正仲后二篇皆及之。"

《苕溪渔隐丛话》卷二十一："蔡宽夫《诗话》云：'诗人用事，有乘语意到处，辄从其方言为之者，亦自一体，但不可为常耳。吴人以作为佐音，淮、楚之间以十为忱音，不通四方。然退之：非阁复非桥，可居兼可过。君欲问方桥，方桥如此作。乐天：绿浪东西南北水，红栏三百九十桥。乃皆用二音，不知当时所呼通尔，或是姑为戏也。呼儿为团，音蹇。父为郎罢，此闽人语也。顾况作《补亡训传》十三章，其哀闽之词曰：团别郎罢心摧血，况善谐谑，故特取其方言为戏，至今观者，为之发笑。然五方之音各不同，自古文字，曷尝不随用之。楚人发语之辞曰羌、曰蹇，平语之词曰些，一经屈、宋采用，后世遂为佳句。但世俗常情，不能无贵远鄙近耳。今毗陵人平语皆曰钟，京口人曰兜，淮南人曰坞，犹楚人曰些。尝有士人学为骚词，皆用此三语，闻者无不拊掌。'《苕溪渔隐》曰：'老杜诗有主人送客无所作（音佐），行酒赋诗殊未央之句，则老杜固已先用此方言矣。'"

《苕溪渔隐丛话·前集》卷二十六："《缃素杂记》云：'《西清诗话》言王君玉谓人曰：诗家不妨间用俗语，尤见工夫。雪止未消者，俗谓之待伴，尝有雪诗：待伴不禁鸳瓦冷，羞明常怯玉钩斜。待伴、羞明，皆俗语，而采拾入句，了无痕颣，此点瓦砾为黄金手也。余谓非特此为然，东坡亦有之：避谤诗寻医，畏病酒入务。又云：风来震泽帆初饱，雨入松江水渐肥。寻医、入务、风饱、水肥，皆俗语也。又南人以饮酒为软饱，北人以昼寝为黑甜，故东坡云：三杯软饱后，一枕黑甜余。此亦用俗语也。'"

《苕溪渔隐丛话·后集》卷三十一："予官闽中，见其风俗呼父为郎罢，呼子为囝。顾况有诗云：'郎罢别囝，囝别郎罢，及至黄泉，不得在郎罢前。'乃知顾况用此方言也。"

《演繁露·续集》卷四："天子呼来不上船：范传正作李白墓碑云：'玄宗泛白莲池，白不在宴，皇欢既洽，召作序。白已被酒于翰苑中，命高力士扶以登舟。'按：此即杜诗谓'天子呼来不上船'者也，或者谓方言以衣襟为船，误矣。"

《老学庵笔记》卷七："老杜《哀江头》云：'黄昏胡骑尘满城，欲往城南忘城北。'言方皇惑避死之际，欲往城南，乃不能记孰为南北也。然荆公《集句》两篇皆作'欲往城南望城北。'或以为舛误，或以为改定，皆非也。盖所传本偶不同，而意则一也。北人谓向为望。谓欲往城南，乃向城北，亦皇惑避死，不能记南北之意。"

《老学庵笔记》卷八："东坡《牡丹诗》云：'一朵妖红翠欲流。'初不晓'翠欲流'为何语。及游成都，过木行街，有大署市肆曰'郭家鲜翠红紫铺'。问土人，乃知蜀语鲜翠犹言鲜明也。东坡盖用乡语云。蜀人又谓糊窗曰泥窗，《花蕊夫人宫词》云：'红锦泥窗绕四廊。'非曾游蜀，亦所不解。"

《项氏家说》卷三："《盘庚》《商盘》《周诰》，古今以为聱牙。而当时用之，以告民庶，何哉？曰：'此其所以为聱牙也。告民庶之辞，与作文章不同。告民庶者，必俯而就之：或用时语，或用方言，或用官府吏文，或辨释当时事因，所以在当时众庶为易晓，在异代异俗为难通也。如今郡县晓谕文牓，自有土俗常用之语，与其所常有之事，他乡之人多不尽晓，况后世乎？'"

《项氏家说》卷四："《下武》：古语皆以下为后。《吕刑》曰：'遏绝苗民，无世在下'，言其后无子孙也。'自作元命，配享在下''今天相民，作配在下'，言其子孙世享于后也。然则《下武》谓其后踵武相接云尔，故曰：'下武维周，世有哲王。三后在天，王配于京。'正与'配享在下'辞意相类，意者其周人之方言欤？"

《晦庵集》卷六十四："三诗皆佳作，但首篇用韵多未晓。前此所示诸篇，亦多有类此者，屡欲奉和而辄忘之。古韵虽有此例（如《大明》诗林与兴叶之类），然在今日，却恐不无讹谬之嫌耳。然林与兴叶，亦是秦语，以兴为韵，乃其方言，终非音韵之正（今蜀人语犹如此，盖多用鼻音也）。"

《孟子集注》卷四："'予未得为孔子徒也，予私淑诸人也。'私，犹窃也；淑，善也。李氏以为方言是也。"

《孟子集注考证》卷六："赵孟：晋六卿赵氏为长，故春秋时谓之赵孟，战国之时赵已为国，孟子盖举旧俗方言尔。"

《孟子集注考证》卷七："不下带：古人视不下于带，因以目前常视为不下带，此古时方言也。"

《朱子语类》卷四十一："《典》《谟》之书，恐是曾经史官润色来。如《周诰》等篇，恐只似如今榜文，晓谕俗人者。方言俚语，随地随时，各自不同。（《人杰》）。"

《朱子语类》卷七十八："伯丰再问：'《尚书》古文、今文，有优劣否？'曰：'孔壁之传，汉时却不传，只是司马迁曾师授。如伏生《尚书》，汉世却多传者。晁错以伏生不曾出，其女口授，有齐音不可晓者，以意属成，此载于史者。及观经传，及孟子引享多仪出自《洛诰》，却无差。只疑伏生偏记得难底，却不记得易底。然有一说可论难易：古人文字，有一般如今人书简说话，杂以方言，一时记录者；有一般是做出告戒之命者。疑《盘》《诰》之类是一时告语百姓，盘庚劝谕百姓迁都之类是出于记录。'（《螢》）。"

《朱子语类》卷七十八："若《盘庚》之类，再三告戒者，或是方言，或是当时曲折说话，所以难晓。（《人杰》）。"

《朱子语类》卷七十九："安卿问：'《君牙》《冏命》等篇，见得穆王气象甚好。而后来乃有车辙马迹驰天下之事，如何？'曰：'此篇乃内史、太史之属所作，犹今之翰林作制语然。如《君陈》《周官》《蔡仲之命》《微子之命》等篇，亦是当时此等文字。自有个格子，首呼其名而告之，末又为呜呼之辞以戒之。篇篇皆然，观之可见。如《大诰》《梓材》《多方》《多士》等篇，乃当时编人君告其民之辞，多是方言。如卬字即我字，沈存中以为秦语平音，而谓之卬。故诸诰等篇，当时下民晓得，而今士人不晓得。如尚书、尚衣、尚食，尚乃主守之意，而秦语作平音，与常字同。诸命等篇，今士人以为易晓，而当时下民却晓不得。'（《义刚》）。"

《诗补传》卷十二："此僚兮、懰兮、燎兮，皆好貌；窈纠、慢受、夭绍，皆忧貌；悄兮、慅兮、惨兮，皆劳貌。诸国方言多不同，未易以一义求也。是诗三章皆赋也。"

《诗总闻》卷八："闻迹曰：'《豳》自《七月》以下，皆周公之诗，而系豳。周公生于豳岐之间，陶染西俗，习贯西音，盖千余年，风气所传，虽圣人乌能变也。当是此诗皆豳音入豳乐，郑氏所谓豳人吹籥之声章是也。古音久绝，后人不晓。孔子所以系豳，盖有自然之趣，初亦何心。非若后人强为穿凿，曲生辞说也。鲁成九年，晋侯见楚囚钟仪，使与之琴，操南音。今西音不知与古音何如。西人吐语，杀辞必曰斯，又若苏。此诗恩斯勤斯，鬻子之闵斯；《破斧》：哀我人斯。亦可想见其风俗也。'"

《诗总闻》卷十二："闻训曰：'沦胥，水回复貌。《诗》多言此，毛氏：沦，率也；胥，相也。言牵率相引也。大费意。《集韵》：沦，没也；胥，长也。皆言水状不能快流也。下云：无沧胥以败，此必是方言，但今不晓。'"

《九家集注杜诗》卷二："鲍云：'甫家居城南，欲往城南忘南北者，言迷惑避死，不能记其南北也。'赵云：'《古乐府》战城南，死北郭。曹植《吁嗟篇》当南而更北，谓东而反西。按：北人谓向为望，欲往城南乃向北，亦不能记南北之意。'"

《九家集注杜诗》卷四："布谷，鸣鸠也。赵云：'杨恽云田家作苦，故对布谷催耕之鸟。东坡在黄州作《五禽言》，自注曰：土人谓布谷为脱却布裤。'"

《九家集注杜诗》卷十八："雨来沾席上，风急打船头。①赵云：'《涅盘经》云：风雨所打。亦是方言，盖江南有谓之打头风者也。'"

《九家集注杜诗》卷十八："马头金匼匝，驼背锦模糊。赵云：'金匼匝言金络头，其状密而匼匝。鲍照《白纻歌》云：雕屏匼匝组帐舒。驼背负物，而以锦帕蒙之，此之谓模糊。公诗有云：子璋髑髅血模糊。亦遮盖之义。匼匝、模糊，皆方言。'"

《九家集注杜诗》卷二十："《除架》（瓜架也）。'束薪已零落，瓠叶转萧疏。'赵云：'西人方言直谓之除架，如甜瓜谓之收园也。瓜架之初，必以薪为之，今瓜已摘，而架上之薪零落矣。'"

《九家集注杜诗》卷二十二："本卖文为活，翻令室倒悬。赵云：'为活，蜀人方言；倒悬，言其室中饥饿，不啻倒悬，急于饮食之为解也。'"

《九家集注杜诗》卷二十七："乱波纷披已打岸，弱云狼籍不禁风。'狼籍不禁风'，赵云：'于波言纷披，于云言狼籍，此公之新奇者。打岸字应是方言，如风吹船谓之打头风之类。'"

《梁溪漫志》卷七："方言可以入诗，吴中以八月露下而雨，谓之淋露；九月霜降而云，谓之护霜。竹坡周少隐有句云：'雨细方淋露，云疏欲护霜。'方言又有勃姑、鸦舅、槐花黄、举子忙、促织鸣、懒妇惊之类，诗人皆用之。大抵多吴语也。"

《义丰集》"代胡仓进圣德惠民诗一首并序"："臣于此时得从大夫之后，备使一方，敢不激励奋发，以求不负陛下临遣之意，用集所见与其所闻，因其方言，间以俚语，稍加雕括，比为近体诗一百韵，走驿请通进司投进，冀尘一览，文词鄙陋，不足发挥至德之光，臣则有罪。"

《慈湖诗传》卷一："《补音》云：'芾，多读如邈，未详。'简观古用韵，亦不拘拘反切，况芾音之转如邈钦？《补音》云：'思服，蒲北切。一作匐，又作犕。《士冠礼》三加祝皆服与德叶；秦《泰山刻石》宾服与修饬叶；碣石刻石，咸服与灭息叶。诗一十有六，无用今房六切一读者。'简窃意方言所至不同。"

――――――――――――――

① "急"一本作"恶"。

《慈湖诗传》卷二："华音敷，下同。说见《桃夭·补音》：'车，斤于切。刘熙《释名》：车，古者音居，言行所以居人也。今曰车，式遮切，韦昭谓从汉始有居音，引《易》载鬼一车，《诗》王姬之车为证。不知华本音敷，而车与涂、孤叶用，尤显然见其为居，其论疏矣。'简谓居有姬音，乃姑慈切，则车亦有此音，今方言有之，而士大夫则必斤于切。"

《慈湖诗传》卷二："《麟之趾》云：'振振公子。'皆言肃敬，乡音之轻清者为真。毛传谓'振振，信厚'，其义未安。山南曰阳。殷，陆音隐，未安。隐音之轻清则为殷。本《诗》方音则然，何必改读？义则隐尔。"

《慈湖诗传》卷三："《式微》，此忠爱其君之诗也。《毛诗序》曰：'黎侯寓于卫，其臣劝以归也。'《尔雅》曰：'式微式微者，微乎微者也。'郭璞云：'言至微也。'郑笺云：'式，发声。'郑义亦未安。式，更也，方言有之。"

《慈湖诗传》卷六："马以高者为美，以最良马为两服，又两首昂举，故曰上襄。两骖在旁，与两服相次序，微斜，故曰雁行。忌者，语助之音，以字寄音，而《释文》音记者，方音不同尔。"

《慈湖诗传》卷六："'彼其之子，不与我戍许。怀哉怀哉，曷月予还归哉？'其，如字，或作记者，方音转讹也。"

《慈湖诗传》卷十九："燕群臣有乐，故'鼓咽咽'，鼓音也。本'渊渊'，方音讹而为咽，随方音。"

《先圣大训》卷一："'圣人耐以天下为一家，以中国为一人，非意之也'。郑康成云：'耐，古能字，《家语》作能。'简疑方音有以能为耐者，能耐音近，同母。"

《龙川集》卷二十一："闲居无用心处，却欲为一世故旧朋友作近拍词三十阕，以创见于后来。本之以方言俚语，杂之以街谭巷歌，捃摭义理，刬剥经传。而卒归之曲子之律，可以奉百世豪英一笑，顾于今未能有为我击节者耳。"

《絜斋集》卷十六："《先公行状》（代叔父作）：'先兄讳文，字质甫，姓袁氏，明之鄞人也……故其读书虽以大体为本，而节目纤悉亦必精研，于方言声韵字书之学尤精。取古三百五篇，参之方言，概以韵语，往往多合。由是以观昔人铭诗酹辞之属，音韵若不谐者，悉皆有本，非苟作也。'"

《云麓漫抄》卷六："太宗，开国之文君，不应赚脱一僧而取玩好，其谬七也。观其词有赚取、睨秀才，皆浙人语，必是会稽人撰此以神其事，不可不知也。"

《诗童子问》卷三："窈纠、懮受、夭绍，皆方言，不可深解，大抵是人心忧思牢结而难解之意。"

《野客丛书》卷六"作字"："《蔡宽夫诗话》曰：'诗人用事有乘语意到，辄从其方言为之者，亦自一体，但不可为常耳。吴人以作为佐音。退之诗：非阁复非船，可居兼可过。君欲问方桥，方桥如此作。乃用佐音，不知当时所呼通尔，或是戏语也。'仆按：《广韵》作字有三音，一则洛切，二臧路切，三则逻切。退之诗韵正叶则逻切，音佐耳。又《后汉·廉范传》云：'廉叔度，来何暮？不禁火，民安作？昔无襦，今五袴。'此作字，臧路切，音措耳。又《苕溪渔隐》引老杜'主人送客何所作'，以谓此语已先于退之用矣。仆谓何止老杜，与杜同时如岑参诗'归梦秋能作，乡书醉懒题'，在杜之先。如《安东平古调》'微物虽轻，拙手所作。余有三丈，为郎别厝。'此类甚多。在退之之前，不但杜用此语也。古词所叶，正与廉歌一同。《明道杂志》引皮日休诗'共君作个生涯'之语，谓作读为佐，不止退之一诗。仆谓张右史亦失记杜、岑之作尔。权德舆诗'小妇无所作'，自注音佐。仆考'小妇无所作'乃古乐府中语，以作为佐，知自古已然矣。毛诗'侯祝侯作'，字作诅字读。"

《群书考索·别集》卷四《朱文公语录》："训、诰、誓、命之文不同，大抵《书》文训、诰多奇涩，而誓、命多平易。盖训、诰皆是记录当时号令于众之本语，故其间多有方言及古语，在当时则人所共晓，而于今世反为难知。誓、命则是当时史官所撰，檃括润色，粗有体制，故在今日亦不难晓耳。"

《集千家注杜工部诗集》卷九："《送路六侍御入朝》：'童稚情亲四十年，中间消息两茫然。更为后会知何地，忽漫相逢是别筵。不分桃花红胜锦，生憎柳絮白于绵。剑南春色还无赖，触忤愁人到酒边。'（孙季昭曰：'杜子美善以方言里谚点化入诗句中，词人墨客口不绝谈，其曰：吾家老孙子，质朴古人风。客睡何曾著，秋天不肯明。枣熟从人打，葵荒欲自锄。一夜水高二尺强，数日不可更禁当。不分桃花红胜锦，生憎柳絮白于绵。负盐出井此溪女，打鼓发船何郡郎。此类尤多，不可殚述。'）"

《集千家注杜工部诗集》卷二十："赵曰：'古乐府：艳花勾引落'。鹤曰：'公尝有生憎柳絮白于绵之句。赤憎，犹生憎，皆方言也。'"

《履斋示儿编》卷十"用方言"："子美善以方言里谚点化入诗句中，词人墨客口不绝谈。其曰'吾家老孙子，质朴古人风'（《吾宗》）；'客睡何曾著，秋天不肯明'（《夜客》）；'汝去迎妻子，高秋念却回'（《舍弟观归蓝田》）；'父母养我时，日夜令我藏'（《新婚别》）；'枣熟从人打，葵荒欲自锄'（《秋野》）；'掉头纱帽侧，曝背竹书光'（同上）；'见耶背面啼，垢腻脚不袜'（《北征》）；'旧犬喜我归，低徊入衣裾；邻舍喜我归，沽酒携葫芦'（《草堂》）；'床前两小女，补绽才过膝'（《北征》）；'谁能更拘束，烂醉是生涯'（《守岁》）；'痴女饥咬我，啼畏猛虎闻'（《彭衙行》）；'家家养乌鬼，顿顿食黄鱼'（《遣兴》）；'一夜水高二尺强，数日不可更禁当'（《春水生》）；'不分桃花红胜锦，生憎柳絮白于绵'（《送路侍御入朝》）；'负盐出井此溪女，打鼓发船何郡郎'（《十二月一日》）；'去岁兹辰捧御床，五更三点入鹓行'（《至日遣兴》）；'凭陵大叫呼五白，袒跣不肯成枭卢'（《今夕行》）；'老妻书纸为棋局，稚子敲针作钓钩'（《江村》）；'与兄行长校一岁，贤者是兄愚是弟'（《狂歌行》）；'八月秋高风怒号，卷我屋上三重茅''南屯群儿欺我老无力，公然抱茅入竹去，唇焦口燥呼不得'（《茅屋为秋风所破歌》）；'但使残年饱吃饭，只愿无事长相见'（《病后遇王倚饮赠歌》）。"

《北磵集》卷七："《题皎如晦行书后山五诗》：皎如晦写陈后山《送宝讲主》云'暂息三枝论'，恐枝字不当从木。支，姓也。天下博知莫如三支：谦、亮、讖也。从木，有据乎？抑笔误耶？下云'重参二老禅'，指赵州、临济也。二老曹人，宝亦曹人。公在曹归徐时也。皎作二祖，非是。盖初祖至六祖，自有名。'三支'对'二老'最切。半山老人每以方语对方语，梵语对梵语，后山用是道也。"

《段氏毛诗集解》卷十二："《月出》：东莱曰：'此诗用字聱牙，意者其方言歟？'"

《鹤山集》卷二《出剑门后，日履危径，戏集轿兵方言》："篮舆陟险隘，兀兀不停辙。主人眩头目，仆夫困唇舌。前疑树梢拂，后虑崖石搽。方呼左畔跷，复叫右竿捺。避碍牢挂肘，冲泥轻下脚。或荆棘兜挂，或屋檐拐抹。或踏高直上，或照下稳踏。斯须有不审，债舆在目睫。深渊固可畏，平地尤险绝。作诗告仆夫，审诸秋毫末。识察既晓然，力行谨无忽。"

《鹤山集》卷六十四《跋牟少真〈发蒙中庸大学俗解〉》："吾儒之书，自诸老先生语录外，未有方言俚字为文者。盖弟子之于师，唯恐稍失其指，故聪听之，谨书之，莫之敢易也。近世乃剿入科举之文，以惑凡近，以欺庸有司。诿曰：'姑以给取利禄耳。'是固可陋。今牟君之为《中庸》《大学》发蒙，将以信今诒后，而为是俚俗之语，五方之言语不相通，而可强同乎！又若谓世人不可与庄语，姑俯而就之者，然则不浅之待人乎！言之不文，行而不远，牟君归，为我精思而文言之。亦有当商略者，兹未暇及也。"

《鹤山集》卷七十六《隆州教授通直郎致仕谯君墓志铭》："余与仲甫居相邻，学相友。余既仕达，仲甫不苟于随。奉使潼川，虚射洪尉阙以候之，将倚为助，辞不就。余备从臣，仲甫书来，有规警而无请寄。余尝移书隆守，责以郡有贤僚而不举。守谢曰：'非敢遗之，仲甫不欲也。'仲甫尝抵余书，论今士习之敝，不本之履践，不求之经史，徒剿取伊洛间方言，以用之科举之文。问之，则曰：'先儒语录也。'语录，一时门弟子所传抄，非文也，徒欲以乘有司之暗而给取之尔。"

《鹤山集》卷八十八："宝庆元年，改宣教郎，当差知什邡县。县为广汉郡，积弛既久，帑入告匮。公为更摧科之令，分额刻期，书之于册，俾民自视其条目以上诸县官。人情劝趋，不两月间，库笾充羡。未几，入外省，充点捡官。首谓：'士之涉猎浅浮者，掇拾关洛方言，窜入举文，以阿时好，最后学膏肓之疾，宜痛除以救文弊。'"

《迩言》卷十："或问：'《书》有艰深易直之异，何也？'曰：'古文二十五篇则易直；伏生所传多齐语，故艰深。晁错在当时十且不知二，后世强为之说，不无谬妄矣。'"

《娱书堂诗话》："鹧鸪，其声格磔可听，世俗想像其音，或云'懊恼泽家'，或云'行不得哥哥'。盖方言不同，而歌咏亦各用之。韦庄《咏鹧鸪》诗云：'南禽无侣似相依，锦翅双双傍马飞。孤竹庙前啼暮雨，汨罗祠畔吊残晖。秦人只解歌为曲，越女空能画作衣。懊恼泽家非有恨，年年长忆凤城归。'山谷《咏李居士驯鹧鸪》云：'真人梦出大槐宫，万里苍梧一洗空。终日忧兄行不得，鹧鸪应是庾亭公。'韦用前语，黄用后语。"

《竹溪鬳斋十一稿续集》卷二十八："《公羊》解'郑伯克段于鄢'曰：'母欲立之，已杀之，如勿与而已矣。'注曰：'如，即不如，齐人语也。'《诗》曰：'有周不显'，即显也。以如为不如，不显为显，皆古方言如此。"

《竹溪鬳斋十一稿续集》卷三十："赵次公注杜诗用工极深。其自序云：'余喜本朝孙觉莘老之说，谓杜子美诗无两字无来处。又王直方立之之说，谓不行一万里，不读万卷书，不可看老杜诗……又至用方言之稳熟，用当日之事实者。'"

《考工记解》卷上："大圭长三尺，杼上终葵首，天子服之。疏曰：'椎头也，齐人谓椎为终葵。此记必齐人为之。'"

《诗人玉屑》卷六："陵阳论用禅语：古人作诗多用方言，今人作诗复用禅语，盖是厌尘旧而欲好新也。"

《黄氏日抄》卷九十三："大廷之陈谟，佶屈聱牙，特顺方言而作诰。"

《四书纂疏·孟子》卷八："私犹窃也，淑，善也。李氏以为方言是也。辅氏曰：'独孟子用此二字，而他无所见，故知是当时方言俗语耳。'"

《四书纂疏·论语》卷九："胡氏曰：'程子欲人知礼乐之理无所不在，然学者纪录，杂以方言。'"

《困学纪闻》卷七"公羊"："公羊子，齐人，其传《春秋》多齐言。登来、化我、樵之、漱浣、笋将、踊为、诈战、往党、往殆、于诸、累、侊、如、昉、棓、脰之类是也。郑康成，北海人，其注《三礼》多齐言。曲麮曰媒，疾为戚，麋为獐，沤曰涹，椎为终葵，手足擘为骹，全菹为芋，祭为堕，题肩谓击征，滑曰㶁，相绞讦为掉磬，无发为秃楬，稹为相，殷声如衣，祈之言是之类是也。方言之异如此，则《书》之诰誓，其可强通哉！"

《困学纪闻》卷十八"诗评"："滴水李氏云：'老杜读书多，不曾尽见其所读之书，则不能尽注。其间又用方言，如岸溉、土锉，乃黔蜀人语，须是博问多读。'"

《齐东野语》卷四："钱王镠以石榴为金樱，改刘氏为金氏；杨行密据扬州，州人呼蜜为蜂糖；赵避石勒讳，以罗勒为兰香；高祖父名诚，以武成王为武明王，武成县为武义县；羊祜为荆州，州人呼户曹为辞曹之类，皆避国主、诸侯讳也。"

《齐东野语》卷十一："协韵牵强：诗辞固多协韵，晦庵用吴才老《补音》多通，然亦有太甚者。古人但随声取协，方言又多不同。"

七、其他方面的论述

《北梦琐言》卷九："广明以前，《切韵》多用吴音，而清青之字不必分用。"

《语林》卷八："有人检陆法言《切韵》，见其音字，遂云：'此吴儿，直是翻字太僻，不知法言是河南陆，非吴郡也。'"

《学林》卷四："按：《字书》曰：'芴，蕍华也。'其别名为薰荞，方言不同耳。"

《瓮牖闲评》卷六："《缃素杂记》云：'芦菔，江东人谓之菘菜。'芦菔乃是今之萝卜，与菘菜全不相类，江东人无缘以为一物，岂亦《缃素》不详审，而强名之也。"

《桂海虞衡志》"俗字"："边远俗陋，牒诉券约，专用土俗书，桂林诸邑皆然。今姑记临桂数字，虽甚鄙野，而偏傍亦有依附。奀（音矮），不长也。稳（音稳），坐于门中，稳也。奀（亦音稳），大坐亦稳也。仔（音嫚），小儿也。奀（音动），人瘦弱也。歪（音终），人亡绝也。乔（音腊），不能举足也。奀（音大），女大及姊也。岙（音礧），山石之岩窟也。闩（音闩），门横关也。他不能悉记，余阅讼牒二年，习见之。"

《孟子集注考证》卷二："活，《书》作逪。古书皆口传授，故字文或不一，然古人方言，多以四声通读。"

《孟子集注考证》卷三："暴，《说文》：'从日，从出，从大收，从米，晞也。'然《说文》作蒲报反，盖古字四声随方言而读，或去或入。今以去声者为暴烈，以入声者为暴晞，义亦相通。"

《朱子语类》卷八十："'下民有严'，协'不敢怠遑'。才老欲音严为庄，云避汉讳，却无道理。某后来读《楚词·天问》，见一严字乃押从庄字，乃知是叶韵，严，读作昂也。（《义刚》）……又此间乡音严作户刚反，乃知严字自与皇字叶。（《广》）。"

《岭外代答》卷四"风土门·俗字"："广西俗字甚多。如奀音矮，言矮则不长也；奀音稳，言大坐则稳也；奀音勒，言瘦弱也；歪音终，言死也；乔音腊，言不能举足也；仔音袤，言小儿也；奀徒架切，言姊也；闩音擅，言门横关也；岙音礧，言岩崖也；氽音泅，言人在水上也；癸音魅，言没人在水下也；乱音胡，言多髭；砊东敢切，言以石击水之声也。大理国间有文书至南边，犹用此圀字。圀，武后所作国字也。"

《离骚草木疏》卷一："邢昺云：'今江东人呼荷华为芙蓉，北方人便以藕为荷，亦以莲为藕。或用其母为华名，或用根子为母叶号，此皆名相错，习俗传误也。'"

《六经正误》卷一："坤：利牝，频忍反，徐邈扶忍反；又扶死反，盖吴音呼扶为蒲。蒲忍反与频忍反同，蒲死反与《否卦》否字音同。必争、争斗之争，凡争斗之争皆平声，谏争之争皆去声；无誉音余，又音预，凡声誉、毁誉皆有平去二音，合通用。闭，《字林》方结反，若依方字正音，反不成字。盖吴音呼方为帮，音鳖也。后多类此。《字林》及徐氏皆吴地人，陆德明居姑苏，亦吴人，故多用吴音。"

《鹤林玉露》卷一："洛阳人谓牡丹为花，成都人谓海棠为花，尊贵之也。亦如称欧阳公、司马公之类，不复指其名字称号。然必其品格超绝，始可当此；不然，则进而君、公，退而尔、汝者多矣。"

《齐东野语》卷四："蔡京在相位日，权势甚盛，内外官司公移皆避其名，如京东、京西并改为畿左、畿右之类。蔡门下昂避之尤谨，并禁其家人，犯者有笞责。昂尝自误及之，家人以为言，乃举手自击其口。蔡经国闻闽音称京为经，乃奏乞改名纯臣，此尤可笑。"

第五章

宋代方言记载

第一节 宋代方言记载（上）

一、北方[①]

《兼明书》卷五：今人呼菘为蔓菁，云北地生者为蔓菁，江南生者为菘，其大同而小异耳。

《蜀本草图经》（《证类本草》卷十"草蒿"引）：《蜀本图经》云："叶似茵陈蒿而背不白，高四尺许，四月五月采苗，日干。江东人呼为犰蒿，为其臭似犰，北人呼为青蒿。"

《本草图经》（《证类本草》卷十四"椿木叶"引）：《图经》曰："北人呼樗为山椿，江东人呼为鬼目。"

《本草图经》（《本草纲目》卷十五"蠡实"引）：恭曰："此即马蔺子也……"颂曰："马蔺子，北人讹为马楝子。"

《本草图经》（《本草纲目》卷二十六"蘹香"引）：颂曰："蘹香，北人呼为茴香，声相近也。"

《广韵·麻韵》：爹：羌人呼父也。陟邪切。

《广韵·尤韵》：湫：水池名，北人呼。

《广韵·侵韵》：鱏：大鱼曰鲟，小鱼曰鱏。一曰北方曰鲟，南方曰鱏。昨淫切。

《广韵·哿韵》：爹：北方人呼父。徒可切。

---

① 此处"北方"指文献中出现"北方""北人""河北""北土""中国"等字样的区域。书中的"南方"同理。

《广韵·个韵》：贺：北俗谓忠贞为贺若。魏孝文以其先祖有忠贞之称，遂以贺若为氏。

《广韵·个韵》：贺：《贺拔胜传》云："其先与魏俱出阴山，代为酋长。北方谓土为拔。为其总有地土，时人相贺，因为贺拔氏。"

《集韵·遇韵》：霜：雨貌，北方语。

《证类本草》卷三：石药，亦主恶疮、热毒、痈肿、赤白游、瘰蚀等疮，北人呼肿名之曰游。

《证类本草》卷五：北人呼粮罂为食罂也。

《证类本草》卷十一：鸭跖草，生江东、淮南平地。叶如竹，高一、二尺。花深碧，有角如鸟嘴。北人呼为鸡舌草，亦名鼻斫草，吴人呼为跖。跖、斫声相近也。

《证类本草》卷十九：鹊嘲：其鸟南北总有，似鹊，尾短，黄色。在深林间，飞翔不远，北人名鸲鶲。

《证类本草》卷十九：布谷脚脑骨，令人夫妻相爱。五月五日收带之各一，男左女右，云置水中，自能相随。又江东呼为郭公，北人云拨谷。一名获谷，似鹞，长尾。

《证类本草》卷二十七：胡瓜，北人亦呼为黄瓜，为石勒讳，因而不改。

《本草衍义》（《本草纲目》卷十六引）：宗奭曰："地黄，叶如甘露子，花如脂麻花，但有细斑点，北人谓之牛奶子花，茎有微细短白毛。"

《梦溪笔谈》卷二十四"蛼"：蟰蟷之小而绿色者，北人谓之蛼。

《梦溪笔谈》卷二十四"霜信"：北方有白雁，似雁而小，色白，秋深则来，白雁至则霜降。河北人谓之霜信。杜甫诗云"故国霜前白雁来"，即此也。

《梦溪笔谈》卷二十四"北狄山水"：大底北方水多黑色，故有卢龙郡，北人谓水为龙，卢龙即黑水也。

《埤雅》卷一"鱮"：鱮鱼似鲂而弱鳞，其色白，北土皆呼白鱮。

《山谷内集诗注》卷十三：茄子老者，其子坚黑如谷，北人谓之谷子茄。

《遁斋闲览》"谐谑"：我侬尔侬：杜三思，吴人，有口辩，襄邑人李防戏曰："闻仙乡有尔侬我侬之说，出于何典？"答曰："出应我里第二篇，应我里，盖北人相语之词。"

《侯鲭录》卷四：细切曰齑，全物曰菹，今中国皆言齑，江南皆言菹。

《诗人玉屑》卷六"点石化金"：南人以饮酒为软饱，北人以昼睡为黑甜。

《类说》卷四十七"我侬尔侬"：杜三思，吴人，有口辩，襄邑人李防戏曰："闻仙乡有尔侬我侬之说，出于何典？"答曰："出应我里第二篇。应我里，盖北人相语之词。"

《松漠纪闻》卷二：鹿顶合：燕以北者方可车，须是未解角之前。才解角血脉通，冬至方解，顶之上为合，正须亦作合。好者有"人"字，不好者成"八"字，有髓眼不实。北人谓角为鹿角合，顶为鹿顶合（南中止有鹿角合）。

《猗觉寮杂记》卷上：石勒据长安，北人以罗勒为香菜，至今不改，必是当时犯讳令严，故人不敢犯。

《猗觉寮杂记》卷下：北人食面名餺（音博）飥（音托）。扬雄《方言》饼谓之飥。

《通志》卷七十五：罗勒，俗呼西王母菜，北人呼为兰香，为石勒讳也。

《通志》卷七十五：蠡实曰荔实、曰剧草、曰三坚、曰豕首、曰马薤，即马蔺子也。北人呼为马楝子，江东呼为旱蒲。多植于阶庭。

《西溪丛语》卷上：今人不善乘船，谓之苦船；北人谓之苦车。苦音库。

《瓮牖闲评》卷六：《西溪丛话》载："南人不善乘船，谓之苦船；北人不善乘车，谓之苦车。苦音库。"而浙人乃云注船注轿子，是亦苦船苦车也，然二字其义皆不可晓，以其音相近，故知其意则同。

《老学庵笔记》卷二：北方人市医皆称衙推，又不知何谓？

《老学庵笔记》卷二：今北人谓卜相之士为巡官。

《老学庵笔记》卷七：北人谓向为望。

《老学庵笔记》卷十：然北人大抵以相字作入声，至今犹然。

《诗总闻》卷八：蚕月条桑：条桑，南人谓之梯桑、批桑，北人谓之穿桑、采桑，止取叶不伐条也。

《诗总闻》卷九：每有良朋，烝也无戎。朋作蓬音，今北人多作此呼。

《桂海虞衡志·志虫鱼》：墨蛱蝶，大如扇，橘蠹所化，北人云玄武蝉。

《桂海虞衡志·志果》：甘剑子，似巴榄子，仁附肉有白靥，不可食，发病。北人或呼为海胡桃。

《范石湖集·诗集》卷二十三：捻粉团栾意，熬秫膨脝声。自注：炒糯谷以卜，俗名孛娄，北人号糯米花。

《淳熙三山志》卷四十一：蘹香子：亦名茴香。叶似葫荽，疏细作丛，花头如圆盖，黄白色，实如麦而小，北人呼为土茴香。

《履斋示儿编》卷十五：兰香曰罗勒。罗勒，北人呼兰香，为石勒讳也。

《云麓漫抄》卷一：卢龙河在北方。《唐书》云："狄人谓黑为卢，谓水为龙。"……以此观之，古人皆以卢为黑，非北狄语也。

《云麓漫抄》卷七：见范参政致能说，燕北人呼酒瓶为甂，大将之酒瓶，必令亲信人负之。范尝使燕，见道中人有负罍者，则指云："此背甂也。"故韩兵用以名军。甂即罍，北人语讹故云，韩军误用字耳。

《云麓漫抄》卷九：又中原人以击锣为筛锣，今南方亦有言之者。

《会稽志》卷十七：鱅，鲢鳙也，弱鳞而色白，北土皆呼白鳙。《西征赋》曰：

"华魴跃鳞，素鳂扬鬐。"

《考工记解》卷上：察其线，欲其藏也：皮作，北人谓之双线工。藏者，缝之而不露线也。

《东雅堂昌黎集注》卷三十六：（朱熹）：今按：氁、资与居、书叶，今北人语犹谓毛为谟。公作《董生》诗，咨与书、渔叶，皆可证也。

二、秦晋

《说文系传·穴部》：今旧京谓地窖藏酒为窖。

《后史补》（《类说》卷二十六）：桑落酒，河中有桑落坊，有井。每至桑落时，取其寒暄得所，以井水酿酒，甚佳。乐天诗云："桑落气熏珠翠暖，柘枝声引管弦高。"号桑落酒。旧京人呼为索郎，盖语讹耳。

《食性本草》（《本草纲目》卷四十五"秦龟"引）：士良曰："秦人呼蟪蟥为山龟。是矣。"

《太平寰宇记》卷一百三十四：尚婆水，今名石盘水，水多盘石，因以为名。俗语音讹，故为尚婆也。川中有鸟群飞，二月从北向南，八月从南还北，音如箫管，俗云伎儿鸟。

《太平寰宇记》卷一百五十五：（宕州）风俗：大类陇右，语杂羌、蜀。

《广韵·董韵》：轈：关西呼轮曰轈。

《广韵·止韵》：你：秦人呼傍人之称。乃里切。

《广韵·果韵》：遍：过也。秦人呼过为遍也。

《广韵·换韵》：糤：糤孝，秦人云馈丧家食。

《广韵·范韵》：腌：今河东谓淫肿为腌。府犯切。

《广韵·觉韵》：跑：秦人言蹴。

《广韵·辖韵》：铡：秦人云切草。

《广韵·屑韵》：鴶：鶷鴶，鸟名。关西曰巧妇，关东曰鶷鴶。

《原本广韵·合韵》：菈：菈遝，秦人呼萝卜。

《附释文互注礼部韵略·先韵》：祆：胡谓神为祆。关中谓天为祆也。

《集韵·钟韵》：松：木也。关内语。

《集韵·钟韵》：妦：夫之兄为兄妦。一曰关中呼夫之父曰妦。或省，通作钟。

《集韵·之韵》：仍：因也。关中语。

《集韵·鱼韵》：麠：麠子也。一曰关中谓小儿为麠子，取此义。

《集韵·模韵》：胍：胍肨，大腹貌，一曰椎之大者。故俗谓仗头大为胍肨，关中语讹为胍榓。

《集韵·咍韵》：頤（臣）：曳来切。颔也。关中语。或省。

《集韵·真韵》：晨：旦也。关中语。
《集韵·文韵》：秎：穧也。关中语。
《集韵·寒韵》：忏：《博雅》："善也。"一曰秦晋谓好曰忏。
《集韵·先韵》：祆：一曰胡谓神为祆。关中谓天为祆也。
《集韵·爻韵》：梻：蠶槅也。关中呼长杖曰梻条。
《集韵·麻韵》：蛇：关中谓毒虫曰蛇。
《集韵·麻韵》：挼：儒邪切。揉也。关中语。
《集韵·侵韵》：䧹：汉中呼鸡为䧹。
《集韵·纸韵》：魏：细也。秦晋之间凡细而有容谓之魏。
《集韵·晧韵》：稻：杭也。关西语。
《集韵·晧韵》：䅖：关西呼蜀黍曰䅖黍。
《集韵·拯韵》：耳：仍拯切。耳也。关中河东语。
《集韵·拯韵》：齿：称拯切。齿也。河东云。
《集韵·寑韵》：訦：燕代谓信曰訦。
《集韵·霁韵》：轪：韩魏谓车轮曰轪。
《集韵·换韵》：镘：胡戟也。秦晋语。
《集韵·过韵》：北：关东谓冢大曰北。
《集韵·禡韵》：欨：企夜切。张口息也。关中谓权卧为欨。
《集韵·映韵》：婴：关中谓孩子曰婴。
《集韵·宥韵》：䨲：关东谓甑通作䨲。
《集韵·宥韵》：镏、磂：梁州谓釜曰镏。或从石。
《集韵·沁韵》：突：深貌，俗谓深黑为窨突。一曰瘗也。关中谓瘗柩为突。
《集韵·范韵》：䏊：补范切。河东谓肿为䏊。
《集韵·术韵》：泪：关中谓目汁曰泪。
《集韵·术韵》：䫂：䫈䫂，短貌。一曰关中谓癯弱为䫈䫂。
《集韵·薛韵》：拔：晋俗谓平地除粪臭曰拔。
《集韵·药韵》：籴：关中谓买粟麦曰籴。
《集韵·铎韵》：鈼：甑也。梁人呼为鉹，吴人呼为鈼。
《集韵·昔韵》：瘍：关中谓病相传为瘍。
《集韵·职韵》：扐：缚也。关中语。
《集韵·德韵》：蟘：关中谓蛇虿毒曰蟘。或书作蚮。

《宋景文公笔记》卷上"释俗"：关中人谓腹大者为胍肫，上孤下都。俗因谓杖头大者亦为胍肫，后讹为骨朵。

《江邻几杂志》卷一：同州民谓沾足为烂雨。

《长安志》（《随园随笔》卷二十四引）：秦人以水骤长为霸长。

《类篇·隹部》：雛：汉中呼鸡为雛。

《类篇·肉部》：腜：河东谓肿为腜。

《类篇·肉部》：臕：秦晋谓肥曰臕。

《类篇·食部》：饟：周人谓馈也。

《类篇·木部》：槌：传追切。蚕曲柱。又驰伪切。县蚕曲。关东谓之槌，关西谓之持。

《类篇·禾部》：稻：秔也。关西语。

《类篇·禾部》：秎：穧也。关中语。

《类篇·人部》：仍：因也。关中语。

《类篇·北部》：北：关东谓冢大曰北。

《类篇·欠部》：欥：关中谓权卧为欥。

《类篇·虫部》：蛥：关中谓蛇蚕毒曰蛥。或书作蚍。

《本草图经》（《证类本草》卷八引）：图经曰："淫羊藿：关中俗呼三枝九叶草。"

《贡父诗话》：关中以中为蒸、虫为尘，丹青之青为萋也。

《梦溪笔谈》卷二十六"青蒿"：陕西绥、银之间有青蒿，在蒿丛之间，时有一两株迥然青色，土人谓之香蒿。

《梦溪笔谈·补笔谈》卷一"南北音"：官名中尚书本秦官，尚音上。谓之尚书者秦人音也，至今秦人谓尚为常。

《画墁录》：刘综知开封府，一日奏事毕，真庙延之，从容曰："卿与中宫近属，已拟卿差遣，当知否？"综变色作秦音，启陛下："臣本是河中府人，出于孤寒，不曾有亲戚在宫中。"

《孔氏谈苑》卷二：同州人谓雨沾足为烂雨。

《山谷题跋》卷七《杂书》：《本草》赭魁注："黄独，肉白皮黄，巴汉人蒸食之。"江东谓之土芋。余求之江西，江西谓之卵，蒸煮食之，类芋魁。

《明道杂志》（《说郛》[①]卷四十三下）：《庄子》论万物出入于机，有"程生马，马生人。"而沈存中《笔谈》乃谓行关中，闻人云"此中有程"，遂以为生马之程。而不知秦声谓虫为程，虫即虎也，岂《庄子》之谓欤？

《游城南记》：庄之前有南北大路，俗曰天门界，北直京城之明德门，皇城之朱雀门，宫城之承天门。则界当为街，俗呼之讹耳。许浑有《天门街望》之诗可据。

《东轩笔录》卷十五：有张师雄者，西京人，好以甘言悦人，晚年尤甚，洛中号曰蜜翁翁。出官在边郡，一夕，贼马至界上，忽城中失雄所在，至晓，方见师雄重衣披裘，伏于土窟中，已痴矣。西人呼土窟为空，寻为人改旧诗以嘲曰："昨

---

① （明）陶宗仪：《说郛》（《景印文渊阁四库全书》本），台北：台湾商务印书馆，2005 年。

夜阴山吼贼风，帐中惊起蜜翁翁。平明不待全师出，连着皮裘入土空。"

《靖康缃素杂记》卷九"马岁"：陇右人谓马岁为齿。

《侯鲭录》卷四：黄鹂，关中谓之楚雀。

《侯鲭录》卷四：同州民谓沾足为烂雨。

《证类本草》卷二十七：苦耽：生故墟垣堑间，高二三尺，子作角，如撮口袋，中有子如珠，熟则赤色，人有骨蒸多服之。关中人谓之洛神珠，一名王母珠，一名皮弁草。

《类说》卷二十六：桑落酒，河中有桑落坊，有井。每至桑落时，取其寒暄得所，以井水酿酒，甚佳。乐天诗云："桑落气熏珠翠暖，柘枝声引管弦高。"号桑落酒。旧京人呼为索郎，盖语讹耳。

《曲洧旧闻》卷三：洛下稻田亦多，土人以稻之无芒者为和尚稻，亦犹浙中人呼师姑粳，其实一也。

《曲洧旧闻》卷三：穄，西北人呼为縻子，有两种，早熟者与麦相先后，五月间熟者，郑人呼为麦争场。

《通志》卷七十五：薯蓣曰山蓣，曰修脆，曰薯蓣，曰儿草。秦楚名玉延，郑越名土藷，齐名山芋。

《苕溪渔隐丛话·前集》卷十引《三山老人语录》：西北方言以堕为妥，花妥即花堕也。

《东坡诗集注》卷一：公自注："是日晚，自郿起至青秋镇宿。道过太白山，相传云：'军行鸣鼓角，过山下，辄致雷雨。山上有湫，甚灵。以今岁旱，方议取之。'次公《偷》字韵，盖方言取龙水谓之偷湫也。"

《诗总闻》卷八：我徂东山。闻音曰：山西人呼曰师，又若曰沙，今犹有此音。

《朱子语类》卷七十九：如尚书、尚衣、尚食，"尚"乃守主之意，而秦语作平音，与常字同。（《义刚》）。

《离骚草木疏》卷一"蘪芜"：《图经》云："其苗四五月间生，其叶倍芎或蒿，于园庭则芬馨满径，七八月开白花。关中出者，俗呼为京芎。"

《四声篇海·缶部》：鎦，关东谓甑曰鎦。

《五音集韵·觉韵》：榖，木名，关中谓楮为榖。

《补注杜诗》卷二：洙曰："《西京杂记》：'太液池边皆雕胡、紫箨、绿节之类，菰之有米者，长安谓为雕胡。'谢灵运诗：'引领冀良觌。'"赵曰："菰米为饭，极滑。长安人谓为雕胡。出宋玉《讽赋》曰：'主人之女为臣炊雕胡之饭，劝臣食也。'"

《补注杜诗》卷四：苏曰："土酥即今之芦菔也，其种兰皋金城尤佳，魏夫人帖云：'脍土酥如练。'秦人呼为地酥，能解面毒。"

《补注杜诗》卷十八"花妥莺捎蝶"：苏曰：关中人谓落为妥。

《补注杜诗》卷二十七：洙曰："熟食日即寒食节也，秦人呼寒食为熟食日，言其不动烟火，预办熟食物过节也。齐人呼为冷节，又云禁烟。"

三、赵魏

《北梦琐言》卷四：颖川呼人为卿。

《太平寰宇记》卷三十六：今求于牵屯山，河水之次，在今源州高平县，即今笄头山。笄头语讹，亦曰沂屯山。

《太平寰宇记》卷五十：按：谷远县，今在州南一百五十步沁源县南，孤远故城是也，语音讹，故谓之孤远耳。

《太平寰宇记》卷五十九：故夷仪城，在县西一百四十里，今俗谓之随宜城，盖语讹也。

《太平寰宇记》卷六十二：寡妇故城在县北九里，后汉贾复追铜马、五幡贼，于此筑城。后人语讹，转呼为寡妇。

《太平寰宇记》卷一百五十一"陇右道·兰州"：广武县：浩亹故城（浩音合，亹音门）：汉县。废城在今县西南，有河所经，今俗呼此水为合门河，盖疾言而音类耳。县因水以为名。

《广韵·等韵》：能：夷人语，奴等切。本又奴登切。

《广韵·职韵》：劈：赵魏间呼棘。

《集韵·之韵》：猉：汝南谓犬子为猉。

《集韵·鱼韵》：㳟、𣐈：宋魏之间谓杷为㳟𣐈。或作𣐈，通作渠。

《集韵·模韵》：来：徕也。山东语。

《集韵·齐韵》：䬫：饵也。兖豫谓之糖䬫。

《集韵·山韵》：鏟：赵魏谓小凿为鏟。

《集韵·先韵》：橖、𣐈，赵魏之间谓栗之小者曰橖。或作𣐈。

《集韵·咸韵》：械：赵魏谓杯曰械。

《集韵·讲韵》：㧬、扛：山东谓担荷曰㧬。或作扛，通作𢶍。

《集韵·小韵》：犥：兽名。一曰赵魏谓牛马腾跃曰犥。

《集韵·果韵》：扼：赵魏之间谓摘为㧗扼。

《集韵·遇韵》：姁：妪也。一曰河南谓妇。

《集韵·祭韵》：呭、哗、詍：语多也。山东云。或做哗、詍。

《集韵·祭韵》：拽：拖也。山东语。

《集韵·术韵》：綷：周也。宋卫语。

《集韵·薛韵》：笔：山东谓笔。

《集韵·药韵》：嬳、孃：作姿态也。江南谓之咿，山东谓之嬳。

《集韵·德韵》：熤：赵魏谓熬曰熤。

《宋景文公笔记》卷上"释俗"：齐魏间以人有仪矩可喜者谓之庸峭，盖庸峻也。

《江邻几杂志》卷上：都下鄙俗目军人为赤老。

《欧阳居士集》卷九：田家唯听夏鸡声。自注：鹈鴂，京西村人谓之夏鸡。

《类篇·犬部》：猉：汝南谓犬子为猉。

《类篇·食部》：餥：饵也。兖豫谓之餥餥。

《本草图经》（《证类本草》卷三十引）：《图经》曰："水英，临汝人呼为牛荭草，河北信都人名水节，河内连内黄呼为水棘，剑南遂宁等郡名龙移草，蜀郡人采其花合面药，淮南诸郡名海荏。岭南亦有，土地尤宜，茎叶肥大，名海精木，亦名鱼津草。"

《本草图经》（《离骚草木疏》卷一引）：菊花，南京又有一种，开小花，花瓣下如小珠子，谓之珠子菊，入药亦佳。正月采根，三月采叶，五月采茎，九月采花，十一月采实。颍川人呼白菊为回蜂菊，汝南名茶苦蒿，上党及建安顺政郡并名羊欢，河内名地薇。

《古今诗话》（《履斋示儿编》卷十五引）：北方白雁而少白，白雁至而霜降，河北人谓之霜信。

《孔氏谈苑》卷四：北方有白雁，似雁而小，色白，秋深至则霜降，河北人谓之霜信。杜甫诗云"故国霜前白雁来"，即此意也。

《梦溪笔谈》卷三"虎豹为程"：《庄子》云："程生马"。尝观《文字注》："秦人谓豹曰程。"予至延州，人至今谓虎豹为程，盖言虫也，方言如此，抑亦旧俗也。

《梦溪笔谈》卷二十三"色缴"：库藏中物，物数足而名差互者，帐籍中谓之色缴。尝有一从官知审官西院，引见一武人，于格合迁官，其人自陈年六十无材力，乞致仕，叙致谦厚，甚有可观。主判攘手曰："某年七十二，尚能拳殴数人，此辕门也，方六十岁岂得遽自引退？"京师人谓之色缴。

《梦溪笔谈》卷二十四"霜信"：北方有白雁，似雁而小，色白，秋深则来，白雁至则霜降。河北人谓之霜信。杜甫诗云"故国霜前白雁来"，即此也。

《梦溪笔谈·补笔谈》卷三"黄环"：黄环，即今之朱藤也，天下皆有。叶如槐，其花穗悬，紫色，如葛花，可作菜食，火不熟亦有小毒。京师人家园圃中作大架种之，谓之紫藤花者是也。

《画墁录》：相国寺烧朱院，旧日有僧惠明，善庖，炙猪肉尤佳，一顿五斤。杨大年与之往还，多率同舍具飧。一日，大年曰："尔为僧，远近皆呼烧猪院，安乎？"惠明曰："奈何？"大年曰："不若呼烧朱院也。"都人亦自此改呼。

《山谷别集》卷六"论俗呼字"：虇（郎假切）苴（音鲊），泥不熟也。中州人谓蜀人放诞，不遵轨辙曰川虇苴。

《萍洲可谈》卷一：都下市井辈谓不循礼者为乖角，又谓作事无据者为没雕当（入声）。

《侯鲭录》卷三：几头酒，山东风俗新沐讫饮酒谓之几头。

《本草衍义》（《本草纲目》卷四十"水蛭"引）：宗奭曰："汴人谓大者为马鳖，腹黄者为马蟥。"

《类说》卷四"香印"：太祖庙讳，语讹近香印，故今卖香印者不敢斥呼，鸣锣而已。仁宗讳语讹近蒸，今呼蒸饼为炊饼。

《类说》卷四十四"荇菜"：江南谓之猪莼、苦菜，河北谓之龙葵、马兰，《广雅》谓之马薤。

《舆地广记》卷八：中下泌阳县，汉湖阳、舞阴、平氏县地，属南阳郡。后魏置石马县，后语讹为上马。

《绀珠集》卷四"龙葵"：苦菜，河北谓之龙葵。

《曲洧旧闻》卷三：郑、许田野间，二三月有一种花，蔓生，其香清远，马上闻之，颇似木犀花。色白，土人呼为鹭鸶花，取其形似也，亦谓五里香。

《枫窗小牍》卷下：鸡冠花，汴中谓之洗手花。中元节则儿童唱卖，以供祖先。

《碧溪诗话》卷十：京师农人指田云几棱（去声）。

《通志》卷七十五：薯蓣曰山薯，曰修脆，曰藷薁，曰儿草。秦楚名玉延，郑越名土藷，齐名山芋。

《墨庄漫录》卷三：班行李质，人材魁岸，磊落甚伟。徽庙朝欲求一人相称者为对，竟无可俪，当时同列目为察只子——京师俚语谓无对者为察只。

四、幽燕

《北梦琐言》卷七：那个髒儿射落雁。夹注：渤海鄙言。多呼人为髒儿。

《太平寰宇记》卷七十：卢龙县：临余山本名临渝山，音讹为余。

《太平寰宇记》卷七十一：柳城县：彭卢水，一名卢河水，即唐龙水也。后魏《舆地图·风土记》云："水至徒河入海，与地平，故曰平卢。"今语讹为彭卢水。

《广韵·戈韵》：矮：燕人云多。

《广韵·昔韵》：苀：燕人呼荧。

《集韵·支韵》：䴩：幽州谓麴曰䴩。

《集韵·萧韵》：蹓：并州谓豆曰蹓。

《集韵·戈韵》：矬：燕人谓多曰矬。

《集韵·侯韵》：劮、敄：北燕之外相勉努力谓之劮。一曰彊也，或作敄。

《集韵·迥韵》：泂：北燕谓瀁曰泂。

《集韵·过韵》：溠：燕代谓喜言人恶为溠。

《集韵·劲韵》：鉼：北燕谓釜曰鉼。

《集韵·屑韵》：甈：器，受一斗。北燕谓瓶为甈。

《类篇·石部》：砦：燕人谓喜言人恶为砦。

《类篇·冫部》：洄：北燕谓澯曰洄。

《类篇·糸部》：缤：莫狄切。《博雅》："索也"。一说并州谓帆索曰缤。

《类篇·虫部》：蚯：求于切。商蚯，虫名。北燕谓之马蚿。

《类篇·虫部》：蚰：女六切。虫名，蚰蜒也。北燕谓之蚰蜒。

《本草图经》（《离骚草木疏》卷一引）：芙蓉：《图经》云："叶名荷，圆径尺余，其华未发为菡萏，已发为芙蓉。其根藕，幽州人谓之光旁。"

《通志》卷七十五：萝摩曰芄兰，曰苦丸，幽州人曰雀瓢，东人曰白环。

《通志》卷七十五：罗勒，俗呼西王母菜，北人呼为兰香，为石勒讳也。胡荽曰胡菜，并州人呼为香荽。

五、齐鲁

《广韵·东韵》：柊：木名。又齐人谓椎为柊楑也。

《广韵·支韵》：錍：青州人云镰。

《广韵·支韵》：嬷：齐人呼母。

《广韵·肴韵》：媸：齐人呼姊。

《广韵·尤韵》：桴：齐人云屋栋曰桴也。

《广韵·眞韵》：弽：青州人云弹弽。

《广韵·志韵》：弽：青州呼弹弓。

《原本广韵·支韵》：錍：青州人云镰。

《原本广韵·合部》：蓫：东鲁人呼芦菔曰菈蓫。

《集韵·支韵》：鏎、錍：青州谓镰为鏎。或作錍。

《集韵·脂韵》：硾：东齐谓磨曰硾碾。

《集韵·微韵》：碾：硾碾，磨也。齐人语。

《集韵·鱼韵》：蕛、菩：东人呼苣为蕛。或作菩。

《集韵·模韵》：姶：青州呼女曰姶。

《集韵·齐韵》：嬷：齐人呼母曰嬷。

《集韵·戈韵》：稞、粿：青州谓麦曰稞。或作粿。

《集韵·戈韵》：湤：浊也，沤也。楚人曰沤，齐人曰湤。

《集韵·咸韵》：咸：棺傍所以系绋者。齐人谓棺束为咸绳。《礼》："大夫窆以咸。"通作缄。

《集韵·旨韵》：敁：齐楚谓壐曰敁。

《集韵·準韵》：䐠：角，齐谓之䐠。

《集韵·梗韵》：㑎：海岱之人谓勇悍曰㑎。

《集韵·暮韵》：蘰：恶絮也。齐人语。

《集韵·祭韵》：涗：沛和也。盏，齐谓之涗酌。

《集韵·祭韵》：㪜：齐人谓急持曰㪜。

《集韵·线韵》：鐟、劃：齐谓相箋曰鐟，或从刀。

《集韵·觉韵》：錐：齐人谓大椎曰錐。

《集韵·月韵》：盂：齐人谓盘曰盂。

《集韵·末韵》：鮋：鱼名。青州呼鱺为鮋。

《集韵·药韵》：尳：齐楚谓跛曰尳。

《集韵·德韵》：螜：虫名。齐人呼蝠为蟻螜。

《集韵·缉韵》：鷙：羊华也。一曰东夷谓锹为鷙。

《集韵·合韵》：葢：菜名，芦菔。东鲁谓之葢蕯。

《集韵·盍韵》：盖：青齐人谓蒲席曰蒲盖。

《集韵·叶韵》：鍱：鎘也。齐人语。

《宋景文公笔记》卷上：齐魏间以人有仪矩可喜者谓之庸峭。

《类篇·草部》：盖：青齐人谓蒲席曰蒲盖。

《类篇·木部》：欋：权俱切。齐鲁谓四齿杷曰欋。

《类篇·禾部》：稞、稞：苦禾切。青州谓麦曰稞。或作稞。

《类篇·石部》：礌：伦追切。东齐谓磨曰礌。又鲁猥切。众石也。

《类篇·水部》：澶：齐人谓滑曰澶。

《梦溪笔谈·补笔谈》卷一"南北音"：至今齐谓注为咒。

《梦溪笔谈·补笔谈》卷一：梓榆，南人谓之朴，齐鲁间人谓之驳马。驳马即梓榆也。南人谓之朴，朴亦言驳也，但声之讹耳。

《书传》卷五：檿桑，山桑。惟东莱出此丝，以织缯，坚韧异常，莱人谓之山茧。

《侯鲭录》卷三：洋者，山东谓众多为洋。

《类说》卷三十六：蟋蟀，一名蛩，济南人谓之懒妇。

《通志》卷七十五：萝摩曰芄兰，曰苦丸，幽州人曰雀瓢，东人曰白环。

《通志》卷七十五：薯蓣曰山蓣，曰修脆，曰藷蓣，曰儿草。秦楚名玉延，郑越名土藷，齐名山芋。

《四声篇海·肉部》：脉：瘠也。齐人谓瘠腹为脉也。

《五音集韵·东韵》：柊：齐人谓椎为柊楑，一曰木名。通作终。

《五音集韵·鱼韵》卷二：蒩：草名。东人呼荏为蒩。或作菩。

《补注杜诗》卷二十七：洙曰："熟食日即寒食节也，秦人呼寒食为熟食日，言其不动烟火，预办熟食物过节也。齐人呼为冷节，又云禁烟。"

《齐东野语》卷八"庸峭"：而齐魏间以人有仪矩可喜者，则谓之庸峭。

第二节　宋代方言记载（中）

一、南方

《海药本草》（《本草纲目》卷三十"林檎"引）：珣曰："文林郎，南人呼为榅桲是矣。"

《龙龛手鉴·手部》引《川韵》：攃：方味反。《川韵》云："南人呼相扑也。"①

《广韵·江韵》：泷：南人名湍。亦州，在岭南。吕江切。又音双。

《广韵·侵韵》：鱏：大鱼曰鲊，小鱼曰鱏。一曰北方曰鲊，南方曰鱏。昨淫切。

《广韵·贿韵》：煨：南人呼火也。

《广韵·夬韵》：醶：南方呼酱。

《集韵·侵韵》：鱏：南方谓羞曰鱏。

《本草图经》（《证类本草》卷二十二引）：蛙，黑色者，南人呼为蛤子。食之至美，即今所谓之蛤，亦名水鸡是也。

《青箱杂记》卷一：南方谓押司录事为录公。

《青箱杂记》卷三：相国刘公沆，累举不第，天圣中，将办装赴省试。一夕，梦被人砍落头，心甚恶之。有乡人为解释曰："状元不到十二郎做（刘公第十二），只得第二人。"刘公因诘之，曰："虽砍却头，留沆在里。"盖南音谓项为沆，留刘同音，后果第二人及第。

《梦溪笔谈·补笔谈》卷一：梓榆，南人谓之朴，齐鲁间人谓之驳马。驳马即梓榆也。南人谓之朴，朴亦言驳也，但声之讹耳。

《梦溪笔谈·补笔谈》卷三"杜若即高良姜"：杜若即今之高良姜……高良姜花成穗，芳华可爱，土人用盐梅汁淹以为菹，南人亦谓之山姜花，又曰豆蔻花。

《碧溪诗话》卷五：江汉有浒，以扞制泛滥，大涨则溢于平陆，水退浒见，舟人谓之水落槽。又滩石激湍，其中深仅可容舟者，谓之洪。若大水则不复问洪矣。临川："万里寒江正复槽。""东江木落水分洪。"以此亦谓水黄帽，谓云炮车，非遐征远涉不能知也。

《猗觉寮杂记》卷下：南人以盐收鸭子，曰咸丸子。

《通志》卷七十六：柳之类亦多，柳曰天棘，南人呼为杨柳。

---

① 《川韵》不可考，此条材料暂放于此。

《通志》卷七十六：彭蜞，吴人语讹为彭越，南人谓之林禽，可食。

《瓮牖闲评》卷六：《西溪丛话》载："南人不善乘船，谓之苦船；北人不善乘车，谓之苦车。苦音库。"而浙人乃云注船注轿子，是亦苦船苦车也。然二字其义皆不可晓，以其音相近，故知其意则同。

《老学庵笔记》卷九：南朝呼北人曰伧父，或谓之虏父……今蜀人谓中原人为虏子。

《诗总闻》卷八：蚕月条桑：条桑，南人谓之梯桑、批桑，北人谓之穿桑、采桑，止取叶不伐条也。

《诗总闻》卷九：闻物曰："雏，鸩鸠也，南人呼为鸩雏，行役当在春时。"

《诗经集传》卷十九：良耜：蓼，水草。一物而有水陆之异也。今南方人犹谓蓼为辣茶，或用以毒溪取鱼，即所谓茶毒也。

《江湖小集》卷八十九：相黏成什伯，峰耸若山王。自注：史：南人呼明驼为山王。[①]

《东雅堂昌黎集注》卷九：唤起窗全曙，催归日未西。鲁直云："唤起，声如人络丝，员转清亮，偏于春晓鸣，江南谓之春唤。"

二、巴蜀

《鉴诫录》卷二：独沧州守御指挥使姜知古卓旗占得西南肖波块（苦凷反，蜀人呼老弱为波，坟冢为块）。其块即赵昚相公坟也。

《鉴诫录》卷十"蜀才妇"：大凡营妓比无校书之称。韦南康镇成都日，欲奏之而罢，至今呼之故进士，胡曾有诗曰："万里桥边女校书。"

《〈说文解字〉系传》卷十一引《字书》：蜀人以木偃为枋。

《佩觿》卷上：巴蜀谓北曰卜。

《太平寰宇记》卷七十三：李冰拥江作堋，蜀人谓堰为堋。

《太平寰宇记》卷七十四：夷郎川在县东三十里，与县相连，俗传云夷即平也，言土地平郎。土人语讹，故曰夷郎川。

《太平寰宇记》卷八十二：射洪县，东南六十里，旧十三乡，今四乡，本汉广汉郡郪县地，后魏恭帝于此分置射洪县。《益州记》："郪偻滩东六里有射江。"土人语讹，以江为洪。

《太平寰宇记》卷八十五：籍县西北一百里，元十乡，梁天监中于此立席郡，隋废郡为县，始曰席。后之语讹，今曰籍。

《太平寰宇记》卷一百三十五：（兴州）风俗：语带蜀音，然山高水峻，人居山上，种植甚微，惟以负贩为业，礼乐之道未之闻也。

---

① 张蕴的诗《食蛎次韵芸隐》。

《太平寰宇记》卷一百七十七：松外诸蕃：自云其先本汉人，有城郭、村邑、弓矢、矛鋋。言语虽小讹舛，大略与中夏同。

《益州名画录》卷下：姜道隐者，人皆呼为木猱头（蜀语谓其鬓发蓬松）。

《广韵·麻韵》：榇：春藏叶，可以为饮，巴南人曰葭榇。

《广韵·阳韵》：枋：蜀以木偃鱼为枋。

《广韵·铣韵》：鹼：蜀人呼盐。

《广韵·马韵》：姐：羌人呼母。

《广韵·养韵》：膔：肥。蜀人云。

《广韵·真韵》：黣：蜀汉人呼水洲曰黣。

《广韵·过韵》：锉：蜀呼钴鏂。

《广韵·祃韵》：坝：蜀人谓平川为坝。

《广韵·沁韵》：艞：蜀人呼舟。

《集韵·之韵》：鲝：蜀以鱼为酱曰鲝。

《集韵·鱼韵》：稌：蜀人谓黍曰穄稌。

《集韵·阳韵》：枋：蜀人以木偃鱼曰枋。

《集韵·唐韵》：穄：蜀人谓黍曰穄稌。

《集韵·阮韵》：菌：草名，蕈也。巴蜀语。

《集韵·卦韵》：壀：山谷陜也。蜀中谓山谷间田曰壀。

《集韵·嶝韵》：塎：蜀郡谓塘曰塎。

《集韵·沁韵》：艞、舲：蜀人谓舟，或从今。

《五音集韵·至韵》：黣：蜀汉人呼水洲曰黣。

《宋景文公笔记》（《能改斋漫录》卷十五引）：《宋景文公笔记》谓"蜀中有莲，大如雀壳，叶舒如钱，干亦有丝，其萼盛开则向日，朝则指东，亭午则遡南，夕则西指，随日所至，蜀人名曰朝日莲。"[1]

《宋景文公笔记》卷上"释俗"：蜀人谓老为皤（音波），取皤皤黄发义。

《宋景文公笔记》卷上"释俗"：蜀人见物惊异，辄曰噫嘻嚱。

《宋景文公笔记》卷中"考古"：蜀人谓柂师为长年三老，杜甫用之。

《益部方物略记》：红蕉花，于芭蕉盖自一种，叶小，其花鲜明可喜，蜀人语染深红者谓之蕉红，盖仿其殷丽云。

《江邻几杂志》卷上：楠树直竦，枝叶不相妨，蜀人谓之让木。

《江邻几杂志》卷下：川峡呼梢工篙手为长年三老。

《欧阳修集》卷三《论孙抃不可使契丹札子》：抃本蜀人，语音讹谬。

《东斋纪事》卷五：戎泸戎人谓扫地为窣没坤。坤，地也；窣没，扫也。

---

[1] 今本《宋景文公笔记》无此条。

《类篇·竹部》：籓、篰：一曰蜀人负物笼，上大下小而长，谓之籓篸。或作簬。

《本草图经》（《证类本草》卷三十引）：《图经》曰："水英，临汝人呼为牛荃草，河北信都人名水节，河内连内黄呼为水棘，剑南遂宁等郡名龙移草，蜀郡人采其花合面药，淮南诸郡名海荏。岭南亦有，土地尤宜，茎叶肥大，名海精木，亦名鱼津草。"

《青箱杂记》卷七：衍舅徐延琼造第，新成，衍幸之，见其华丽，乃于厅壁大书一孟字，盖蜀人谓孟为弱，以戏之也。

《东坡志林》卷五：眉州青神县，道侧有小佛屋，俗谓之猪母佛。云百年前有牝猪伏于此，化为泉，有二鲤鱼在泉中，云盖猪龙也。蜀人谓牝猪为母，而立佛堂其上，故以名之。

《仇池笔记》卷下"蒺草诗"：杜子美有《除蒺草》一篇，蜀中谓之毛蒺，毛芒可畏，触之如蜂虿。

《东坡全集》卷十二：毛空暗春泽。自注：蜀人以细雨为雨毛。

《古今诗话》（《说郛》卷十四上）"篙师"：海壖呼篙师为长年。按：杜诗"长年三老歌声里，白昼摊钱高浪中。"《古今诗话》谓"川陕以篙手为三长老"。盖推一船之最尊者言之。

《山谷别集》卷四：笼音汞，梦笼竹，蜀人名大竹云。

《山谷外集》卷六"论俗呼字"：偒（音塔）儓（音軷）：物不齐也，蜀人语。

《证类本草》卷十三：食茱萸，蜀人呼食其子为艾子。

《类说》卷十二引《纪异录》：庄宗召孟知祥镇成都。先是蜀人打毬，一棒便入湖子者为猛入，语讹为孟入，得荫一筹。

《道山清话》：东坡在雪堂，一日，读杜牧之《阿房宫赋》，凡数遍。每读彻一遍，即再三咨嗟叹息，至夜分犹不寐。有二老兵皆陕人，给事左右，坐久，甚苦之。一人长叹，操西音曰："知他有甚好处。夜久寒甚不肯睡，连作冤苦声。"其一曰："也有两句好（西人皆作吼音）。"

《猗觉寮杂记》卷上：蜀人谓立地为拒地。立地者，不容少休之意。

《猗觉寮杂记》卷下：附子、乌头、天雄，一种也。蜀人以小者为乌头，中者为附子，大者为天雄。

《墨庄漫录》卷七：川峡间有一种恶草，罗生于野，虽人家庭砌亦有之，如此间之蒿蓬也，土人呼为藜（音瑶）麻。

《罗湖野录》卷下：久而辞归蜀，演为小参曰："离乡四十余年，一时忘却蜀语。"

《东坡诗集注》卷九：泥深厌听鸡头鹘。自注：蜀人谓泥滑滑为鸡头鹘。

《东坡诗集注》卷十二：风来震泽帆初饱，雨入松江水渐肥。次公：帆饱、水肥，皆方言也。

《东坡诗集注》卷十八：俾：事有非素所谓习而谩为之。谚云"不是脚"，此语盖使方言耳。

《老学庵笔记》卷二：鲁直在戎州，作乐府曰："老子平生，江南江北，爱听临风笛。孙郎微笑，坐来声喷霜竹。"予在蜀见其稿，今俗本改"笛"为"曲"以协韵，非也。然亦疑"笛"字太不入韵。及居蜀久，习其语音，乃知泸、戎间谓"笛"为"独"。故鲁直得借用，亦因以戏之耳。

《老学庵笔记》卷三：初，蜀人谓病风者为云，画家所谓赵云子是也。

《老学庵笔记》卷八：乃知蜀语"鲜翠"，犹言鲜明也。

《老学庵笔记》卷八：蜀人谓糊窗曰泥窗。

《老学庵笔记》卷八：蜀人见人物之可夸者，则曰呜呼，可鄙者则曰噫嘻。

《剑南诗稿》卷三《阆中作》之二：挽住征衣为濯尘，阆州斋酿绝芳醇。莺花旧识非生客，山水曾游是故人。遨乐无时冠巴蜀，语音渐正带咸秦。平生剩有寻梅债，作意城南看小春。

《检放翁诗二首》（清人陈廷敬《午亭文编》卷十八引）：不识鲈鱼莼菜好，多因连展与黎祁。放翁自注："淮人谓麦饵为连展，蜀人呼豆腐为黎祁。"

《禹贡指南》卷二：蒙山，在蜀郡青衣县，其上出茶，俗呼蒙顶茶。

《吴船录》卷上：蜀中称尊老者为波，祖及外祖皆曰波。

《新安志》卷十：鲁直《八月十七夜张宽夫园待月》有词云："老子平生，江南江北，最爱临风笛。孙郎微笑，坐来声喷霜竹。"蜀人谓笛音如牍，故用之。尝书一本赠硕，今俗本改笛为曲，非也。

《淳熙三山志》卷四十一：盐麸子：叶如橘子，秋熟为穗，粒如小豆，上有盐似雪，食之酸咸，止渴，蜀人谓之酸桶，吴人谓之乌盐。

《淳熙三山志》卷四十一：葵：有数种，蜀葵出戎蜀。《尔雅》所谓菺荍。葵花白者主痎疟；黄者叶尖狭，夏间花浅黄色主疮痈；小花者名锦葵，俗呼为胡燕脂。

《九家集注杜诗》卷二十二：荆扉深蔓草，土锉冷疏烟。注：蜀人呼釜为锉。

《九家集注杜诗》卷二十六：梦弼曰："峡中以篙师为长年。拖工三老今俗谓之翁。"

《补注杜诗》卷九《奉赠射洪李四丈》：鹤曰："后魏置，射洪县娄缕滩东六里有射江，语讹为洪。"

《补注杜诗》卷十一《槐叶冷淘》：苏曰："蜀人呼鱼鲊为苞芦。"

《履斋示儿编》卷二十三：鲁直诗云："君家水茄白银色，殊胜坝里紫彭亨。"注云："坝，必驾切。蜀人谓平川曰坝。"

《鼠璞》卷上：篙师，海壖呼篙师为长年。

《黄氏日抄》卷六十七：蜀音难晓，反以京洛音为虏语，或是借伪时以中国自居也。既又讳之，改曰鲁语。

《癸辛杂识·前集》"葵"：今成都面店中呼萝卜为葵子。

三、荆楚

《清异录》卷上：香附子，湖湘人谓之回头青，言就地划去，转首已青。

《清异录》卷上：时戢为青阳丞，洁己勤民，肉味不给，日市豆腐数个，邑人呼豆腐为小宰羊。[①]

《太平寰宇记》卷一百二十六：王乔山，本名黄山，在县西南九十里。昔王子乔于此山采药，向紫微山学道，故曰王山。后人语讹，呼为黄山。其山出黄精之药，天宝六年敕改为黄山。

《太平寰宇记》卷一百二十七：雾露山在县南一百六十里，山顶与麻城分界。《图经》云："山在雺娄之境。"语讹呼为雾露。[②]

《太平寰宇记》卷一百二十七：《水经》云："灌水，源出庐江金兰县。褚先生论神龟出于江、灌水间，加林之中，谓此水也。"俗音讹，或为浍水。又有小浍水。

《广韵·冬韵》：厸：楚云深屋也。

《广韵·支韵》：稿：长沙人谓禾二把为稿。

《广韵·仙韵》：顅：江湘间人谓额也。

《广韵·宵韵》：鉊：淮南呼镰。

《广韵·歌韵》：何：江淮间音以韩为何。

《广韵·庚韵》：横：方舟也。一曰荆州人呼渡津舫为横。或作艎。

《广韵·盐韵》：飵：南楚呼食麦粥。

《广韵·尾韵》：豨：楚人呼猪。亦作狶，虚岂切。

《广韵·荠韵》：嬭：楚人呼母。

《广韵·贿韵》：煤：南人呼火也。

《广韵·隐韵》：螼：蚯蚓也。吴楚呼为寒螼。

《广韵·果韵》：瓽：长沙呼瓯也。

《广韵·未韵》：媦：楚人呼妹。《公羊传》曰："楚王之妻媦。"

《广韵·换韵》：煤：楚人云火。

《广韵·个韵》：些：楚语辞。苏个切。又音细。

---

① 青阳在今安徽省池州市青阳县。
② 雾露山在今河南省信阳市固始县。

《广韵·黠韵》：瞎：无耳。吴楚音也。

《广韵·薛韵》：枂：今江东呼为枥栗，楚呼为茅栗也。

《原本广韵·黠韵》：瞎：无耳。吴楚语也。

《集韵·钟韵》：瓽：《博雅》："瓶也。"长沙谓罂曰瓽。

《集韵·支韵》：穰：长沙人谓禾二杷为穰。

《集韵·脂韵》：秅、稓：长沙谓禾四把曰秅。或作稓。

《集韵·齐韵》：慊：楚人谓惭曰憪慊。

《集韵·佳韵》：脱：居佳切。音羒。楚人谓乳为脱乳。

《集韵·皆韵》：霡：宜皆切。南阳谓雨霖曰霡。

《集韵·皆韵》：蟹：虫名，将雨辄出。淮南呼为雨母。

《集韵·灰韵》：蹟：楚人谓颐仆为蹟。

《集韵·萧韵》：箾：竹名。似苦竹而细软，江汉间谓之苦箾。

《集韵·爻韵》：魈：疾貌。楚俗谓鬼剽轻为害者。

《集韵·登韵》：襠：楚人谓襦曰襠。

《集韵·咸韵》：詀：知咸切。南楚谓諵謱曰詀讘。

《集韵·肿韵》：惚、㤜：楚人谓辉曰惚。或作㤜。

《集韵·纸韵》：姼：美女，一曰南楚谓妻母曰姼。

《集韵·旨韵》：敧：齐楚谓棃曰敧。

《集韵·蟹韵》：女：奴解切。楚人谓女曰女。

《集韵·隐韵》：蟪、蚓：许谨切。虫名，蚯蚓也。吴楚呼为寒蟪。或作蚓。

《集韵·铣韵》：眠：楚谓欺为眠娗，一曰俒劣。

《集韵·马韵》：笝：炭笼。长沙语。

《集韵·梗韵》：瀴：差梗切。楚人谓冷曰瀴。

《集韵·寑韵》：扰：敂，楚谓搏曰扰。

《集韵·送韵》：梦：楚谓草泽曰梦，通作梦、瞢。

《集韵·至韵》：尗：楚人谓卜问吉凶曰尗。

《集韵·戈韵》：湆：浊也，沤也。楚人曰沤，齐人曰湆。

《集韵·未韵》：攅、拂：楚谓击搏曰攅，或省。

《集韵·暮韵》：姥：青州呼女曰姥。

《集韵·稕韵》：橉：门阈也。楚人曰橉。

《集韵·翰韵》：㣠：江湘间谓如是曰㣠。

《集韵·霰韵》：篨：楚谓筏上居曰篨。

《集韵·宕韵》：盲：凡使人不答曰盲，沅湘间语。

《集韵·映韵》：瀴、儬、淓：楚庆切。冷也。吴人谓之瀴。或从人，亦作淓。

《集韵·勘韵》：媷：辱绀切。淮南呼母。一曰媞也。

《集韵·屋韵》：嘿：楚人谓欺曰嘿尿。

《集韵·沃韵》：艒：南楚谓小船曰艒䑠。

《集韵·薛韵》：锐：楚宋谓棳曰铫锐。

《集韵·药韵》：趟：齐楚谓跛曰趟。

《集韵·陌韵》：憪：楚人谓惭曰憪愧。

《集韵·锡韵》：蜴：楚谓欺慢为睒蜴。

《集韵·锡韵》：睒：睒蜴，欺慢也。楚人语。

《集韵·锡韵》：繴：《博雅》："索也。"一说荆州谓帆索曰繴。

《集韵·锡韵》：櫂：楚宋谓桄曰櫂。

《集韵·洽韵》：疴：江淮之间谓病劣曰疴。

《宛陵集》卷十六《送临江军监酒李太博》：三江卑湿地，北客宦游稀。雾气多成雨，云蒸易损衣。白醪烧瓮美，黄雀下田肥。未辨殊方语，山歌半是非。

《类篇·竹部》：篙：作甸切。楚谓筏上居曰篙。

《类篇·竹部》：筌：又侧下切。炭笼。长沙语。

《类篇·皿部》：盬：陈楚谓盐池曰盬。

《类篇·禾部》：稄、稜：长沙谓禾四把曰稄。或作稜。

《类篇·广部》：疴：江淮之间谓病劣曰疴。

《类篇·广部》：瘌：落盖切。楚人谓药毒曰痛瘌。

《类篇·衣部》：襜：楚谓襦曰襜。

《类篇·鬼部》：魊：初交切。疾貌。楚俗谓鬼剽轻为害者。

《类篇·心部》：憁：陵之切。愁忧貌。楚颖间语。

《类篇·心部》：愧：楚人谓惭曰憪愧。

《类篇·心部》：憪：楚人谓惭曰憪愧。

《类篇·水部》：澬：楚人谓冷曰澬。

《类篇·水部》：淘：冷也。吴人谓之澬。

《类篇·手部》：揔：楚谓击为揔。

《本草图经》（《证类本草》卷八引）：白芷，楚人谓之药。

《本草图经》（《证类本草》卷十二引）：五加皮，《图经》曰："蕲州人呼为木骨……吴中亦多，俗名为追风使，亦曰刺通。"

《本草图经》（《本草纲目》卷二十六"紫堇"引）：颂曰："紫堇生江南吴兴郡。淮南名楚葵，宜春郡名蜀芹，豫章郡名苔菜，晋陵郡名水卜菜。"

《本草图经》（《本草纲目》卷三十九"土蜂"引）：颂曰："郭璞注《尔雅》云：'今江东呼大蜂在地中作房者为土蜂，即马蜂也。'荆、巴间呼为蟺蜂。"

《梦溪笔谈》卷三：今夔、峡、湖、湘，及南、北江獠人，凡禁咒句尾皆称些

（苏个反），此乃楚人旧俗，即梵语的萨嚩诃也（萨音桑葛反，嚩无可反，诃从去声），三字合言之即些字也。

《埤雅》卷一：鲦鱼，形狭而长，若条然，故曰鲦也，今江淮之间谓之鲹鱼。

《埤雅》卷十三：今江湘二浙四五月之间，梅欲黄落则水润土溽，础壁皆汗，蒸郁成雨，其霏如雾，谓之梅雨。沾衣服皆败黦，故自江以南三月雨谓之迎梅，五月雨谓之送梅。

《埤雅》卷十九：《说文》曰："霰，稷雪也。"闽俗谓之米雪，言其霰粒如米。

《明道杂志》：王黄州诗云："刺史好诗兼好酒，山民名醉又名吟。"而黄州呼醉为沮，呼吟为垠（逆斤切）。

《岩下放言》卷上：江湖间谓山连亘入水为矶。

《类说》卷六"胃索"：春节悬长绳于高木，士女盛服坐立其上，推引之，名秋千。楚俗谓之施钩。《涅盘经》谓之胃索。

《类说》卷三十五："缩醴"：楚人谓缩醴曰刍。

《舆地广记》卷二十七：恒山世以银为音。

《岳阳风土记》：阁子湖，本角子湖，语讹。以其在洞庭之角，故谓之角子湖。湓湖亦谓之阁子湖，杨行密以木笼锁舟之地；或谓濒湖地卑，岁苦水患，民多重屋以居，故谓之阁子湖。

《鸡肋编》卷上：荆土方言谓父为爹，乃音徒我切。又与世人所呼之音异也。

《绀珠集》卷十二"金樱蜂糖"：浙人以钱镠之故，呼石榴为金樱；江淮以杨行密之故，呼蜜为蜂糖。

《学林》卷四：东楚人谓之圯，此亦土语也。江左人称我汝皆加侬字，诗人亦或用之。

《学林》卷四：欸乃者，湘楚人节歌声。

《楚辞补注》卷九：楚谓草泽曰梦。

《碧溪诗话》卷十：荆峡以竹缆为百丈。

《碧溪诗话》卷十：楚人以草履为不借。

《猗觉寮杂记》卷上：淮人岁暮，家人宴集曰泼散。韦苏州云："田妇有嘉献，泼散新岁余。"

《韵补》卷四：龙，力定切。楚越谓竹树深者为龙。李华《寄怀》诗："玄猿啼深龙。"

《墨庄漫录》卷八：木犀花，江浙多有之，清芬沤郁，余花所不及也。一种色黄深而花大者，香尤烈；一种色白浅而花小者，香短，清晓朔风，香来鼻观，真天芬仙馥也，湖南呼九里香，江东曰岩桂，浙人曰木犀，以木纹理如犀也。

《苕溪渔隐丛话·前集》卷二十一：《蔡宽夫诗话》云："吴人以作为佐音，

淮楚之间以十为忱音，不通四方。"

《老学庵笔记》卷五：故都里巷间人言利之小者，曰"八文十二"，谓十为谌，盖语急，故以平声呼之。

《东坡诗集注》卷一：捍索桅竿立啸空。注：次公："桅竿两边索谓之捍索，此江湖间常语也。"

《东坡诗集注》卷二十八：繽曰："《摭遗》：'江南有两山，孤迥出于江中，古传为二孤之名。后人讹之，即以大者为大姑，小者为小姑，立祠，即以妇人之名配。洞庭之下，有洲，风涛激之，则隐隐有声，古传为猛浪矶。后人讹音，则曰彭郎矶，又以为小姑之婿也。'"潘曰："《同安志》：'小孤山在宿松县东南一百二十里，又江州有澎浪矶，语转为彭郎矶，遂有小姑嫁彭郎之语。'"

《东坡诗集注》卷三十：溪边布谷儿，劝我脱破袴。自注：土人谓布谷为脱却破袴。①

《老学庵笔记》卷七：湘湖间谓雷为笕。

《检放翁诗二首》（清人陈廷敬《午亭文编》卷十八引）：不识鲈鱼莼菜好，多因连展与黎祁。放翁自注："淮人谓麦饵为连展，蜀人呼豆腐为黎祁。"

《剑南诗稿》卷五十六《邻曲》：浊酒聚邻曲，偶来非宿期。拭盘堆连展（淮人以麦饵），洗釜煮黎祁（蜀人以名豆腐）。

《入蜀记》卷三：又有水禽，双浮江中，色白，楚人谓之天鹅。飞骞绝高，有弋得者，味甚美，或曰即鹄也。

《入蜀记》卷四：（夔）土人谓山涧之流通江者曰瀼。

《增修互注礼部韵略·尾韵》：煋：火也。吴楚之间谓火曰煋，亦作燬。《佩觿集》曰："木为柳，火为煋。"形声异而物同，其交相有如此者。

《附诗文互注礼部韵略·宵韵》：鉊：淮南人呼镰为鉊。

《增修互注礼部韵略·覃韵》：幨：楚谓无缘衣。

《增修互注礼部韵略·祭韵》：栵：《尔雅》："栵，栭。"今江东呼为栭栗，吴楚呼为茅栗。

《尔雅翼》卷二十五"青蛉"：蜻蜓，今鄱阳人呼江鸡。

《新安志》卷五：三国吴时尝徙太子和于新都郡，寻遣使赐死，今歙县有阶村，是其谪居处。此亦当是太子和，音转而为鸿，既不可考，因以勾践附会之耳。

《九家集注杜诗》卷十八：杜《正谬》："梦当作蔓。天门冬，荆湘间谓之天棘。《抱朴子》及《博物志》皆云：'天门冬一名巅棘，以其刺故也。'然不载天棘之名，岂非方言欤？"

《五百家注昌黎文集》卷八：郊韩曰："《本草》：'楚人谓白芷为药。'祝

---

① 此诗为《五禽言五首·其二》，乃苏轼谪居黄州时所作，"土人"当指黄州当地人。

曰："《楚辞》：'辛夷楣兮药房'，药音渥。"

《五百家注昌黎文集》卷十二：楚人呼猪为猕，猕苓，乃猪苓也。

《五音集韵》卷十四：揔：楚谓击为揔，一曰去尘也。

《补注杜诗》卷十一"渚秀芦笋绿"：洙曰："芦竹，笋也。楚人谓之荻芽。"

《补注杜诗》卷二十七"夷音迷咫尺"：洙曰："楚俗语多夷音"。

《集千家注杜工部诗集》卷五：梦弼曰："麝香，小鸟，陇蜀人谓之麝香鹩，或云鹿也。"

《六经正误》卷二：巢伯，仕交反。案巢国，今无为军巢县是也。《资治通鉴》音子小反。今巢县虽呼平声，然其地有湖，名巢湖，尚呼子小反，俗呼焦湖，声微轻耳。当从二音。

《鹤林玉露》卷九：今江湖间俗语，谓钱之薄恶者曰悭钱。按贾谊《疏》云："今法钱不立，农民释其耒耜，冶镕炊炭，奸钱日多。"俗音讹以奸为悭尔。

《景定建康志》卷三十八：马光祖筑宜城，以固上流。宜城者，雁汊对岸一要害处，吴魏相拒时，尝设疑城于此。其后方言讹疑为宜，字义宜善于疑，故袭称宜城。①

《南华真经义海纂微》卷一百零六：郢以建都，为有天下。犬羊，皆古人强名。以胎为卵，犹方言也。楚人呼虾蟆为丁子，有尾谓为科斗。时海山火兽不以火为热，山突出为口，犹云溪口、路口也。车轮所辗谓之辙，则不言地矣。

《溪蛮丛笑》"不阑带"：蛮女以织带束发，状如经带。不阑者，斑也，盖反切语。俚俗谓团为突栾，孔为窟笼，亦此意也。②

四、吴越

《蜀本草图经》（《证类本草》卷十"草蒿"引）：《蜀本图经》云："叶似茵陈蒿而背不白，高四尺许，四月五月采苗，日干。江东人呼为犼蒿，为其臭似犼，北人呼为青蒿。"

《玉堂闲话》卷一"尹用昌"：江南人呼轻薄之词为覆窠。

《兼明书》卷五：今人呼菘为蔓菁，云北地生者为蔓菁，江南生者为菘，其大同而小异耳。

《太平寰宇记》卷九十一：匠门，本名干将门，门外有干将墓，后语讹呼为匠门。其言剑匠，因名之。

《太平寰宇记》卷九十二：承太伯之高踪，由季子之遗烈，盖英贤之旧壤，杂

---

① 宜城在今安徽省安庆市迎江区。

② 溪蛮指五溪蛮。据《后汉书》章怀太子注，武陵有雄溪、橫溪、西溪、潕溪、辰溪，悉是蛮夷所居，故谓五溪蛮，在今湖南省怀化市北部。

吴、夏之语音。

《太平寰宇记》卷九十五：故由拳县在今县南五里，秦始皇见其山上有王气，出使诸囚合死者来凿此山。其囚倦并逃走，因号为囚倦山，因置囚倦县。后人语讹，便名为由拳山。①

《太平寰宇记》卷九十八：东海上有野人，名为庚定子。旧说云："昔从徐福入海逃避海滨，亡匿姓名，自号庚定子，土人谓之白水郎。脂泽悉用鱼膏，衣服兼资绢布，音讹亦谓之卢亭子也。"

《龙龛手鉴·虫部》：蚰蜒：上音由，下音延。江南大者蜈蚣，小者蚰蜒也。

《广韵·东韵》：䩺：吴人靴靿曰䩺。

《广韵·仙韵》：鱣：江东呼为黄鱼。

《广韵·仙韵》：悁：吴人语快。

《广韵·宵韵》：鉊：淮南呼镰。

《广韵·麻韵》：桠：吴人云刺木曰桠也。

《广韵·麻韵》：跨：吴人云坐。

《广韵·麻韵》：奢：吴人呼父。

《广韵·阳韵》：鹲：吴人呼水鸡为鹲渠。

《广韵·青韵》：冷：冷泽。吴人云冰凌。

《广韵·衔韵》：鑱：吴人云犁铁。

《广韵·纸韵》：媞：江淮呼母也。

《广韵·止韵》：苡：薏苡，莲实也。又芣苡，马舄也。又名车前，亦名当道，好生道间，故曰当道。江东呼为虾蟆衣，山东谓之牛舌。

《广韵·尾韵》：鬽：鬼俗。吴人曰鬼，越人曰鬽。

《广韵·语韵》：蕒：苦蕒。江东呼为苦荬。

《广韵·虞韵》：枸：木名，出蜀，子可食。江南谓之木蜜。其木近酒能薄酒味也。

《广韵·蟹韵》：荬：吴人呼苦蕒。

《广韵·隐韵》：螾：蚯蚓也。吴楚呼为寒螾。休谨切。又虚偃切。

《广韵·荡韵》：髈：髀，吴人云髈。

《广韵·梗韵》：埂：堤封。吴人云也。

《广韵·敢韵》：餤：吴人呼哺儿也。

《广韵·遇韵》：嗕：嗕嗕，吴人呼狗。方言也。

《广韵·祃韵》：擤：吴人云牵亦为擤也。

《广韵·漾韵》：鹴：自关以东谓桑飞为女鹴。郭璞云工雀，今谓之巧妇也。

---

① 由拳山在今浙江省嘉兴市。

《广韵·陷韵》：揯：吴人云抛也。

《广韵·黠韵》：瞎，无耳。吴楚语也。

《广韵·屑韵》：鐅：江南呼锹刃。

《广韵·铎韵》：鈼：鏉也。吴人云也。

《原本广韵·术韵》：趉：吴人呼短。侧律切。

《墨客挥犀》卷一：扬州芍药，名著天下，郡国最其盛处。仁宗朝韩魏公以副枢出镇维扬，初夏芍药盛开，忽于丛中得黄绿棱者四朵，土人呼为金腰带，云数十年间或有一二朵，不常见也。

《墨客挥犀》卷七：退之有诗赠同游者："唤起窗全曙，催归日未西。无心花里鸟，更与尽情啼。"……催归，子规也。唤起，声如络纬，圆转清亮，偏于春晚鸣，江南谓之春唤。

《附释文互注礼部韵略·佳韵》：鲑：吴人谓鱼菜总称。

《集韵·东韵》：瘲：吴俗谓恶气所伤为瘲病。

《集韵·东韵》：鞃：吴人谓靴鞠曰鞃。

《集韵·冬韵》：儂：我也。吴语。

《集韵·钟韵》：襱、襛：袜袽。吴俗语。或从邑。

《集韵·支韵》：嫛：齐人呼母曰嫛。

《集韵·脂韵》：鮧：鱼名，鲇也。江东语。

《集韵·微韵》：蘶：南方之鬼曰蘶。一说吴人曰鬼，越人曰蘶。

《集韵·鱼韵》：㦷：吴人呼彼称。通作渠。

《集韵·鱼韵》：姁：吴人谓女为姁。

《集韵·佳韵》：鲑：吴人谓鱼菜总称。

《集韵·佳韵》：膎：吴人谓腌鱼为膎脼。

《集韵·皆韵》：蝰：虫名，将雨辄出，淮南呼为雨母。

《集韵·灰韵》：譠：江南呼欺曰譠。

《集韵·侯韵》：篝：吴人谓育蚕竹器曰篝。

《集韵·寒韵》：鼾：卧息也。吴人谓鼻声为鼾。

《集韵·桓韵》：劗：吴人谓髡发为劗。

《集韵·桓韵》：褩：衣表也。吴俗语。

《集韵·删韵》：糫：饵也，粔粧。吴人谓之膏糫。或从麦。

《集韵·仙韵》：瓹：江东呼盆曰瓹。

《集韵·宵韵》：藻：萍也。江东语。

《集韵·爻韵》：詨：吴人谓叫呼为詨。或作謔、呼、謞、嚆、詻、唠。

《集韵·麻韵》：犽：吴人谓赤子曰婭犽。

《集韵·麻韵》：梌：吴人谓刺木曰梌。

《集韵·麻韵》：跨：吴人谓大坐曰跨。

《集韵·庚韵》：柠：吴俗作木桦曰柠头。

《集韵·清韵》：鸉：鸟名，白鹰也。江东语。

《集韵·青韵》：冷：吴人谓冰曰冷澤。

《集韵·青韵》：箐：吴人谓蚕曲为箐。

《集韵·蒸韵》：棱：吴人谓酢柚为棱。

《集韵·登韵》：膯：吴人谓饱曰膯。

《集韵·尤韵》：烋：吴俗谓灰为烋。

《集韵·侯韵》：貗、㲚：江东呼兔子为貗。或作㲚，亦书作㺘。

《集韵·侵韵》：鶙：江南呼鹪为鶙。或从隹。

《集韵·盐韵》：廬：吴人谓盛衣桱曰廬。

《集韵·尾韵》：蟞：南方之鬼曰蟞。一说吴人曰鬼，越人曰蟞。

《集韵·姥韵》：嚧：嚧嚧，吴俗呼猪声。

《集韵·蟹韵》：女：奴解切。楚人谓女曰女。

《集韵·海韵》：櫎：吴人谓逆刾木曰櫎。

《集韵·海韵》：诒：江南呼欺曰诒。通作绐。

《集韵·隐韵》：蟪：许谨切。虫名，蚯蚓也。吴楚呼为寒蟪。或作蚓。

《集韵·巧韵》：蔽：藕根也。江东谓之蔽。

《集韵·马韵》：掶：吴俗谓手爬物曰掶。

《集韵·马韵》：潲：𩅿、潲，不洁也。吴俗语。

《集韵·梗韵》：犕：于杏切。吴人谓犆曰犕。

《集韵·迥韵》：鐏：吴俗谓刀柄入处为鐏。

《集韵·敢韵》：餤：吴人谓哺子曰餤。

《集韵·送韵》：丛：江东谓草木丛生。

《集韵·送韵》：蕻：吴俗谓草木萌曰蕻。

《集韵·御韵》：齿：吴俗谓盛物于器曰齿。

《集韵·遇韵》：颶：越人谓具四方之风曰颶。

《集韵·莫韵》：瘰：江淮谓治病为瘰。

《集韵·莫韵》：鮕：杭越之间谓鱼胃为鮕。

《集韵·霁韵》：謕：諟也。吴越谓諟曰謕谛。

《集韵·霁韵》：摨：杭越之间谓换曰摨。或从系。

《集韵·霁韵》：稧：吴人谓秧稻为稧。

《集韵·齐韵》：媷：吴俗呼母曰媷。

《集韵·代韵》：㮨：吴俗谓蚕槌曰㮨。

《集韵·愿韵》：䭨：常山谓祭曰䭨。

《集韵·恨韵》：硍：吴俗谓石有痕曰硍。

《集韵·笑韵》：誺：轻也。江东语。

《集韵·号韵》：𦯡：吴俗以草木叶粪田曰𦯡。

《集韵·祃韵》：爸：吴人呼父曰爸。

《集韵·祃韵》：褉：吴人谓衣曰褉。

《集韵·祃韵》：搲、攨：吴人谓挽曰搲。或作攨。

《集韵·宕韵》：綃：吴俗谓纑絮曰綃。

《集韵·映韵》：蝗：江南谓食禾虫曰蝗。

《集韵·候韵》：绣：吴俗谓绵一片。

《集韵·沁韵》：彤：吴楚谓船行曰彤。

《集韵·屋韵》：籁：吴俗谓籅为籁。

《集韵·屋韵》：糗：吴俗谓熬米为饵曰糗。

《集韵·药韵》：嬳：作姿态也。江南谓之㖊，山东谓之嬳。

《集韵·职韵》：棘：木名，野枣酸者，江南山东曰棘子。

《集韵·洽韵》：痐：江淮之间谓病劣曰痐。

《集韵·叶韵》：喋：江南谓吃为喋。

《隆平集》卷一：晋天福中，两浙民间语必以赵字为助，如饮曰赵饮，食曰赵食之类。宋兴，钱俶独先恭顺，盖悟此也。

《类篇·草部》：菇：江南呼梗为菇。

《类篇·草部》：𦯡：吴俗以草木叶粪田曰𦯡。

《类篇·父部》：爸：吴人呼父曰爸。

《类篇·鸟部》：鸐：夷针切。江南呼鸥为鸐。又弋笑切。鸟名，负雀也。

《类篇·刀部》：劗：祖官切。吴人谓髡发为劗。又祖丸切。剃髪也。

《类篇·竹部》：筹：江南谓筐底方上圆曰筹。

《类篇·竹部》：籁：吴俗谓籅为籁。

《类篇·木部》：柠：吴俗谓木樿曰柠头。

《类篇·米部》：糗：吴俗谓熬米为饵曰糗。

《类篇·疒部》：瘝：吴俗谓恶气所伤为瘝病。

《类篇·石部》：硍：吴俗谓石有痕曰硍。

《类篇·水部》：淘：楚庆切。冷也。吴人谓之㵑，㵑亦作淘。

《类篇·鱼部》：鲡：神陵切。江东谓鱼子未成者曰鲡。

《类篇·鱼部》：鲴：古慕切。鱼肠。一曰杭越之间谓鱼胃为鲴。

《类篇·手部》：搲：乌化切。吴人谓挽曰搲。或作攨。

《类篇·糸部》：綃：吴俗谓纑絮曰綃。

《类篇·虫部》：蜡：居谐切。虫名，猥狗也。知雨则繁叶。又雄皆切。虫名，得雨辄出，淮南呼为雨母。

《类篇·金部》：铊：江淮南楚之间谓矛为铊。

《类篇·叕部》：⿰叕出：吴人呼短。

《类篇·子部》：孲：吴人谓赤子曰孲子。

《本草图经》（《证类本草》卷十二引）：五加皮：《图经》曰："蕲州人呼为木骨……吴中亦多，俗名为追风使，亦曰刺通。"

《本草图经》（《证类本草》卷十二引）：《图经》曰："杜仲，江南人谓之檰。"

《本草图经》（《证类本草》卷十四引）：《图经》曰："樗，北人呼为山椿，江东人呼为鬼目。"

《本草图经》（《本草纲目》卷二十一引）：蟹：颂曰："其最小者无毛者，名蟛蚏（音越），吴人讹为彭越。"

《青箱杂记》卷二：钱武肃王讳镠，至今吴越间谓石榴为金樱，刘家、留家为金家、田家，留住为驻住。又杨行密据江淮，至今民间犹谓蜜为蜂糖。滁人犹谓荇溪为菱溪，则俗语承讳久，未能顿易故也。

《梦溪笔谈》卷十九"藻井"：屋上覆橑，古人谓之绮井，亦曰藻井，又谓之覆海。今令文中谓之斗八，吴人谓之罳顶，唯宫室祠观为之。

《梦溪笔谈·补笔谈》卷二"立匮"：今吴人谓立匮为厨者，原起于此，以其贮食物也，故谓之厨。

《梦溪笔谈·补笔谈》卷三"河豚"：《本草》所载河豚，乃今之鮠鱼，亦谓之鮰鱼（五回反），非人所嗜者，江浙间谓之回鱼者是也。吴人所食河豚有毒，本名侯夷鱼。又为鮠鱼、吹肚鱼。此乃是侯夷鱼，或曰胡夷鱼，非《本草》所载河豚也。引以为注，大误矣。《日华子》称："又名鮠鱼。"此却非也，盖差互解之耳。规鱼，浙东人所呼；又有生海中者，腹上有刺，名海规。吹肚鱼，南人通言之，以其腹胀如吹也。

《东坡全集》卷七《自金山放船至焦山》诗：时有沙户祈春蚕。自注：吴人谓水中可田者为沙。

《东坡全集》卷十一《舶趠风》诗序：吴中梅雨既过，飒然清风弥旬，岁岁如此，湖人谓之舶趠风。是时海舶初回，云："此风自海上与舶俱至"云尔。

《栾城集》卷四《和子瞻画鱼歌》自注：吴人以长钉加杖头，以杖画水取鱼，谓之画鱼。

《埤雅》卷二"鼍"：今鼍象龙形，一名鳝。夜鸣应更，吴越谓之鳝更。盖如初更辄一鸣而止，二即再鸣也。

《杨公笔录》：江淮之间谓无赖曰墨𫸩，音眉痴。其字见《列子》。

《杨公笔录》：股外谓之髀，江南呼髀为髈，怖明切。吴会间谓人胫近足细处为骸，口交切。爹，父也，当杜可切。今人呼父为爹，皆不用此音，语转也。眵𥇦，目蔽垢也，俗皆用此语。眵，充支切，𥇦音兜。

《杨公笔录》：江北谓人好事多节目为薁裞。薁音卢结反，裞音枯结反。俗谓风痴者为𩚁㲯。𩚁音堆，㲯它惟切。江南谓黠而惰为卖讁，内国言讁嫩，音乖。

《杨公笔录》：浙谚云："病人畏腹胀，雨下畏天亮。"方言以明为亮，谓雨作，天色忽明即雨，卒不止。验之犹信。

《山谷题跋·杂书》：往时儒者不解黄独义，改为黄精，学者承之，以予考之，盖黄独是也。《本草》赭魁注："黄独，肉白皮黄，巴汉人蒸食之。"江东谓之土芋。余求之江西，江西谓之土卵，蒸煮食之，类芋魁。

《遁斋闲览》（《施注苏诗》卷十五引）：浙人呼螽斯之善鸣者为络纬织女。

《南唐书·李家明传》：自家官自家家，何用多拜耶。自注：江浙谓舅为官，姑为家。

《侯鲭录》卷四：细切曰鏖，全物曰菹，今中国皆言鏖，江南皆言菹。

《侯鲭录》卷八：金陵人谓中酒曰酒恶，则知李后主诗云"酒恶时拈花蕊嗅"，用乡人语也。

《冷斋夜话》（《读杜诗说》卷十九引）：又引《冷斋夜话》，韩退之诗："唤起窗前曙。"唤起，鸟名，江南人谓之唤春。[①]

《懒真子》卷二：友婿，江北人呼连袂，又呼连衿。

《懒真子》卷四：仆又见浙人呼海错为鰕菜，每食不可阙。

《证类本草》卷十一：陶隐居云："菰根，亦如芦根，冷利复甚也。"今按：别本注云："菰，蒋草也，江南人呼为茭草，秣马甚肥，味甘，无毒。"[②]

《证类本草》卷十一：鸭跖草，生江东、淮南平地。叶如竹，高一、二尺。花深碧，有角如鸟嘴。北人呼为鸡舌草，亦名鼻斫草，吴人呼为跖。跖、斫声相近也。一名碧竹子。

《证类本草》卷十三：紫藤，江东呼为招豆藤，皮著树，从心重重有皮。

《证类本草》卷十九：鹘嘲，味咸，平，无毒，助气益脾胃，主头风目眩。煮炙食之，顿尽一枚，至验。今江东俚人呼头风为肿头。先从两项边筋起，直上入头，目眩头闷者是，大都此疾是下俚所患。其鸟南北总有，似鹊，尾短，黄色，在深林间，飞翔不远，北人名鸦鹠。

《证类本草》卷十九：布谷脚脑骨，令人夫妻相爱。五月五日收带之各一，男左女右，云置水中，自能相随。又，江东呼为郭公，北人云拨谷。一名获谷，似

---

① 今本《冷斋夜话》无此条。

②《土风录·茭白》：《祥符图经》："菰，江南人呼为茭草，又谓之茭白。"疑《证类本草》所称"别本注云"为苏颂《本草图经》，故置于宋代材料中。

鹢，长尾。

《类说》卷四"避讳"：钱武肃王讳镠，至今吴越间谓石榴为金樱，刘家为金家，留住为驻住。杨行密据江淮，至今谓蜜为蜂糖。

《类说》卷四十四"荇菜"：江南谓之猪莼、苦菜，河北谓之龙葵、马兰，《广雅》谓之马薤。

《萍洲可谈》卷一：余表伯父袁应中……袁鸢肩，上短下陋，又广颡尖额，面多黑子，望之如洒墨，声嘎而吴音。

《鸡肋编》卷中：况吴人亦以甄音旃，则与真愈近矣。

《绀珠集》卷四：荇菜：江南谓之猪莼。

《绀珠集》卷十二"金樱蜂糖"：浙人以钱镠之故，呼石榴为金樱；江淮以杨行密之故，呼蜜为蜂糖。

《学林》卷八"改字"：杜子美《寓居同谷县》诗曰："黄独无苗山雪盛，短衣数挽不掩胫。"或改黄独为黄精。案：黄独即《神农本草》所谓赭魁是也。赭魁亦名黄独，江南人谓之土卵，形如芋，蒸食之，可充饥。

《学林》卷四"方俗声语"：徐广注曰："圮音怡，桥也。东楚人谓之圮。"此亦土语也。江左人称我汝皆加侬字，诗人亦或用之。

《枫窗小牍》卷上：武肃王还临安，与父老饮，有三节还乡之歌，父老多不解。王乃高揭吴音以歌曰："你辈见侬底欢喜，别是一般滋味子，长在我侬心子里。"至今狂童游女借为奔期问答之歌，呼其宴处为"欢喜地"。

《猗觉寮杂记》卷上：杨行密据扬州，州人以蜜为蜂糖；钱元瓘据浙，浙人以一贯为一千；石勒据长安，北人以罗勒为香菜，至今不改。

《猗觉寮杂记》卷上：京师以探刺者为觑步。

《猗觉寮杂记》卷上：黄王不分，江南之音也，岭外尤甚。

《韵补》卷四：龙，力定切。楚越谓竹树深者为龙。李华《寄怀》诗："玄猿啼深龙。"

《鲍氏战国策注》卷三十二：宋康王之时，有雀生鹨于城之陬。注：《集韵》音欺。今江东呼鸺鹠为鹨鸐。

《通志》卷七十五：莱服，一名雹葖，一名温菘，一名紫花菘。吴名楚菘，岭南名秦菘，河朔名芦菔。《尔雅》曰："葖，芦菔。"俗呼萝卜。

《通志》卷七十六：彭蜞，吴人语讹为彭越，南人谓之林禽。

《通志》卷七十六：杜仲曰思仙、曰思仲、曰木绵，其叶似辛夷，嫩时可食，江南人谓之绵芽。

《能改斋漫录》卷一"以物质钱为解库"：江北人谓以物质钱为解库，江南人谓为质库，然自南朝已如此。

《能改斋漫录》卷八"万年枝"：万年枝，江左谓之冬青。惟禁中则否。

《能改斋漫录》卷十五"楮子"：越州杨梅最佳，土人谓之楞梅。

《墨庄漫录》卷八：木犀花，江浙多有之，清芬沤郁，余花所不及也。一种色黄深而花大者，香尤烈；一种色白浅而花小者，香短，清晓朔风，香来鼻观，真天芬仙馥也。湖南呼九里香，江东曰岩桂，浙人曰木犀，以木纹理如犀也。

《尔雅注》卷下：鮬，鮥。注：鮬音咎。海中黄鱼也，似鳊而大鳞，肥美多鲠，江东呼其最大者为当鮥。音胡。

惠迪《婆饼焦》：梦破一声婆饼焦，吴音未稳带春娇。

《六朝事迹编类》卷下："长干寺"：《丹阳记》："长干是秣陵县东里巷名。江东谓山陇之间曰干。建康南五里有山冈，其间平地，庶民杂居，有大长干、小长干、东长干，并是地名。"

《老学庵笔记》卷二：《酉阳杂俎》云："茄子，一名落苏。"今吴人正谓之落苏。

《老学庵笔记》卷三：吴人谓杜宇为谢豹。杜宇初啼时，渔人得虾曰谢豹虾，市中卖笋曰谢豹笋。

《剑南诗稿》卷七：满箔蚕饥待叶归。自注：吴人直谓桑曰叶。

《剑南诗稿》卷七十七：釜中有䆃饭。自注：吴人谓饭不炊者曰䆃饭。䆃音劳。

《袖中锦》：京师妇人美者谓之搭子，陋者谓之七。盖搭子者，女傍著子为好字；七者谓其不成妇女也。七字不成女字。①

《石湖诗集》卷二十三：宝糖珍粔籹（餦拍，吴中谓之宝糖餦，特为脆美）。

《吴郡志》卷二：（吴中）俗重冬至，而略岁节。腊日并力春一岁粮，藏之土瓦㽅中，经岁不蛀坏，谓之冬春米。

《吴郡志》卷二：吴人谓中州人曰伧云。

《吴郡志》卷三：葑门，《续经》曰："当作封门，取封禺之山以为名。故属吴郡，今属吴兴。"今但曰葑门，葑门陆路尝塞，范文正公开之，今俗或讹呼富门。

《吴郡志》卷三：匠门，又曰干将门，《续经》止曰将门。吴王使干将铸剑于此，故曰将门。今谓之匠，音之讹。

《吴郡志》卷二十九：菰即葵也。菰首，吴谓之茭白。

《冬春行》（《通俗编》卷三十引）：冬春米，范成大《冬春行》："腊中储蓄百事利，第一先春年米计。"自注：江南人入腊春一岁粮，藏之稟囷，呼为冬春米。

---

① （汉）史游撰，（唐）颜师古注，（宋）王应麟补注，（清）钱保塘补音：《丛书集成初编》本，北京：中华书局，1985 年。此处京师当指临安。

《龙飞录》：越人以欲雪而日光穿漏为雪眼。

《柳河东集注》卷四十：潘云：夔，渠追切。《国语》："木石之怪曰夔、蝄蜽。"越人谓之山獟，人面猴身，能言独足。

《增修互注礼部韵略·东韵》：涷：暴雨。江东呼夏月暴雨为涷。

《增修互注礼部韵略·冬韵》：侬：吴人谓我为侬。韩愈《泷吏》诗："牙眼怖杀侬。"

《增修互注礼部韵略·萧韵》：饶：如招切。丰也，剩也，益也。又姓。案，饶字雅音与韶同。吴人呼饶近尧，呼如近鱼，故作如招切。若如吴音，则当与尧字同切，非也。从正音则当与韶字通为一切。恐俗以为疑，姑存之以俟知者。

《增修互注礼部韵略·萧韵》：桡：棹之短者。吴越人呼为桡。

《增修互注礼部韵略·尾韵》：燬：火也。吴楚之间谓火曰燬。亦作煋。《佩觿集》曰："木为柳，火为燬。"形声异而物同，其交相有如此者。

《增修互注礼部韵略·小韵》：巢：居巢，国名。《通鉴·魏纪》："居巢湖。"《释文》："祖了切。"巢湖在县东南，今俗呼为焦湖，声讹耳。

《增修互注礼部韵略·御韵》：轝：两手对举之车。又江南谓轿为肩轝。亦作舆、舁。

《增修互注礼部韵略·笑韵》：轿：汉淮南王安《谏击闽越书》："舆轿而隃领。"虽音桥，今闽浙语音实与去声同。

《增修互注礼部韵略·径韵》：庭：陆音敕定反，盖吴人呼敕为剔，与他定切同。

《增修互注礼部韵略·薛韵》：枊：《尔雅》："枊，栭。"今江东呼为栭栗，吴楚呼为茅栗。

《淳熙三山志》卷四十一：盐麸子：叶如橘子，秋熟为穗，粒如小豆，上有盐似雪，食之酸咸，止渴，蜀人谓之酸桶，吴人谓之乌盐。

《淳熙三山志》卷四十二：彭蜎：音滑，似蟹而小。吴人语讹呼为彭越。今海畔有，卢禽似之。

《淳熙三山志》卷四十二：鲽：沙鱼，形扁，性温。浙人呼为箬鱼，淮泗谓之鞋底鱼，以江中者为美。

《离骚草木疏》卷一：按：芡实可食，根亦可作蔬茹，吴中谓之离头菜。至菱，则可食者，实耳，非根也。

《离骚草木疏》卷一：唐本注云："席、荐一也。晋齐间人谓蒲荐为蒲席，亦曰蒲，盖谓藁作者为荐尔。山南、江左以机上织者为席，席下重厚者为荐。"

《离骚草木疏》卷二：按：蕰音温，自是一种水草，今浙西之人谓之蕰草，取以粪田者是也。

《离骚草木疏》卷四：（蔓椒）今吴中谓之臭椒，又谓之野椒是也。

《慈湖诗传》卷七：闲，《补音》："何甄切。"扬雄《太仆箴》闲与愆叶，曹植《瑟瑟歌》闲与然叶。简观今京语率如此，盖今京语之余音如轩，而《补音》遂何甄，则又过之矣。

《慈湖诗传》卷七：简观今京语，间之余音亦有肩，音儇，许全反。

《慈湖诗传》卷十一：闲，《补音》："应场《驰射赋》闲与仙叶。"今京语闲音之余有虚焉切之音。

《慈湖诗传》卷十二：孔疏曰："薦与荐，文异义同。"非文异义同也，今京语薦音荐，音是字非，亦犹截音节也。

《慈湖诗传》卷十二：《毛诗序》曰："《节南山》，家父刺幽王也。"言刺，大悖。《释文》："节，在切反。"知其本截字也。今京语谓截为节。此云节者，记其音，失其本字欤？

《〈诗经〉协韵考异》：《大雅·抑》"不报"，叶蒲救反，吴音敷救反。陈云："报与赴同，蒲字非是。"

《中吴纪闻》卷四：又吴人言罢则以休继之。

《中吴纪闻》卷四：吴人呼来为厘。

《中吴纪闻》卷四："黄姑织女"：按：《荆楚岁时记》："黄姑者，河鼓也。牵牛谓之河鼓，后人讹其声为黄姑。"潘子直云："亦犹桑落之语转呼为索郎耳，乡人因以名其地。"

《中吴纪闻》卷四：（《蟹志》）又曰："稻之登也，率执一穗以朝其魁，然后纵其所之，今吴人谓之输芒。"

《独醒杂志》卷一：江南呼蜜为蜂糖。

《五百家注昌黎文集》卷九：催归，子规也。唤起，声如人，络丝圆转清亮，偏于春晓鸣，江南谓之春唤。

《云谷杂记》卷四：而江南乡音又呼郑为场。

《补注杜诗》卷二十八：赵曰："反舌无声，在芒种后十日。今谓之欲无语则暮春之时也。"师曰："百舌，江东人谓之信鸟，逢春则效百鸟语，故名百舌。"

《野客丛书》卷十二：吴人称翁为官，称姑为家。

《厚斋易学》卷四十五：尺蠖：在桑间伸立，宛如桑枝无辨，江东俗呼为桑蒴虫。

《王荆公集注》卷十六：长干是秣陵县东里巷名。江东谓山陇之间曰干。金陵五里有山冈，其间平地，民庶杂居，有大长干、小长干、东长干，并是地名。

《舆地纪胜》卷十七：江东谓山陇之间曰干。金陵南五里有山冈，其间平地，庶民杂居，有大长干、小长干、东长干，并是地名。

《会稽志》卷九：夏盖山在县北五十里。《旧经》云："山形如盖，因以为名。"引《舆地志》云："上虞县北有夏驾山在湖中。湖即名……盖一作驾，盖驾音近传之讹耳。"

《会稽志》卷十：干溪在县东北六十二里，以吴干吉故居于此，故名。俗呼干溪，非也。

《会稽志》卷十七：菰菜：菰，蒋草也。江南呼为茭草，秣马甚肥。

《会稽志》卷十七：脊令：《释鸟》曰："鹡鸰，雝渠。"盖雀之属。飞则鸣，行则摇，大如鷃，长脚，尾腹下白，颈下黑，如连钱，故杜阳人谓之连钱。会稽人呼为雪姑。其色苍白似雪，鸣则天当大雪，极验。

《会稽志》卷十七：杜鹃：《尔雅》曰"嶲周"，即此鸟也。越人谓之谢豹，顾况诗云："绿树阴中谢豹啼。"又名射豹。

《会稽志》卷十九：越人俚语，谓久不得见者曰恰，似菖蒲花难见面。按：施肩吾诗有《古相思词》云："十访九不见，甚于菖蒲花。"则俚语亦久矣。

《云麓漫抄》卷二：永嘉人呼柑之大而可留过岁者曰海红。按：《古今注》："甘实形如石榴者，谓之壶柑。"

《云麓漫抄》卷六：太宗，开国之文君，不应赚脱一僧而取玩好，其谬七也。观其词有"赚取""睨秀才"，皆浙人语，必是会稽人撰此以神其事，不可不知也。

《集韵·阳韵》：㲶：扬州谓杯为㲶。

《五音集韵·术韵》：㲜：吴人呼短物。

《六经正误》卷一：比：有它，策多反。案：敕多反，则与初字声相近，无此音也。盖吴人呼敕为惕故反，成它字，当作惕多反。

《六经正误》卷一：颐，悖也。布内反。布当作步，吴音呼布如步。

《六经正误》卷一：大过灭顶。徐都冷反，吴音呼冷如领，故都冷反成顶字，要当作都领反。

《六经正误》卷一：夬：惕，敕历反，吴音呼敕为逖，当作逖历反。若从正音呼敕如尺，则敕历反乃是斥字，非惕字也。

《六经正误》卷四：《曲礼下》：句芒，下音亡，当音茫，《月令》同。吴人呼亡为茫，不知正音亡与房同也。

《江湖后集》卷二十二《谢友人惠簟兼简储文卿》：风簟秋波细织成，展来堂上眼增明。若因古制当为席，或用方言强作笙。①

《宝庆四明志》卷十五：降渚（降下之降）昔有星陨于海滨，化为石，其形圆而光洁，转徙不常，故名其地曰降渚，今俗呼为降（平声呼之）阻，非也。②

《全芳备祖·前集》卷六：狗俗讹柊作郑，而江南乡音又呼郑为场。

① 仁和（杭州）方言把席叫笙。
② 降渚在今浙江省宁波市奉化市境内。

《方舆胜览》卷十四：建康府：郡南五里有大长干、小长干、东长干，并是地名。江东谓山陇之间曰干。

《景定建康志》卷十六：金陵驿，亦名蛇盘驿，在上元县长乐乡蛇盘市。俗呼佘婆，音之讹也。

《景定建康志》卷十七：大岯山，一名大巫山，一名浮山，在溧阳县东北四十五里洮湖中，周回三百五十步，高八丈，与宜兴金坛二县接界。山形孤秀，颙颙居水中，望之若浮。周处《风土记》云："洮湖中有大岯山。"唐《地里志》云："溧阳有湖山。"皆指此也，唐史巕撰《史宪神道碑》云："坏山右转，洮水前临。"坏字，乃为岯，今从之。坏岯二字，土人皆音浮，字书未见。

《黄氏日抄》卷六十七：《会散夜步》诗："贪看雪样满街月，不上篮舆步砌归。"自注云："步砌，吴语也。"

《癸辛杂识·续集》卷下"黄王不辨"：浙之东言语黄王不辨，自昔而然。

五、闽粤

《旧唐书·乐志二》：岭南有鸟，似鸲鹆而稍大，乍视之不相分辨，笼养久则能言，无不通，南人谓之吉了。

《晋安海物异名记》（《履斋示儿编》卷十五引）：龙眼，岭南人呼为荔支奴。

《晋安海物异名记》（《履斋示儿编》卷十五引）：蟹曰蛎奴。《海物异名记》："岭南人呼为蛎奴，蛎壳中有小蟹，时出取食而又入。"

《太平寰宇记》卷三十六：贺兰山在县西九十三里，山上多有白草，遥望青白如驳马，北人呼驳马为贺兰。

《太平寰宇记》卷一百五十九：奢山在县南九十里。上有砂，夷人语讹为奢。

《太平寰宇记》卷一百五十九：有厨榆子，江东谓之山枣。叶似梅，九月熟，有果子如荔枝，及似胡桃。

《太平寰宇记》卷一百六十九：乌蛇山在县北百里，出乌药，俚人呼药为蛇。

《南部新书》辛：端州以南三日一市，谓之趁虚。

《南部新书》己：今南人之谚，谓小末之事曰：尔大除改也。

《南部新书》庚：南中红蕉花，色红，有蝙蝠集花中，南人呼为红蝠。

《广韵·尤韵》：獀：獀獀。南越人名犬。

《集韵·旨韵》：氺：之诔切。闽人谓水曰氺。

《集韵·鹖韵》：鮰：鲶也。南越曰鮰。

《集韵·焌韵》：鸠：交、广人谓鸠曰鸠，一曰雄鸠。

《集韵·狝韵》：囝：闽人呼儿曰囝。

《类篇·犬部》：獶：南越谓犬为獶獀。

《本草图经》（《证类本草》卷二十引）：蛎房，晋安人呼为蚝莆。

《青箱杂记》卷六：闽人谓子为囝，谓父为郎罢。

《青箱杂记》卷三：盖岭南谓水津为步，言步之所及，故有罾步，即渔者施罾者；有船步，即人渡船处。然今亦谓之步，故扬州有瓜步，洪州有观步，闽中谓水涯为溪步。

《青箱杂记》卷三：岭南谓村市为虚。

《梦溪笔谈》卷二十四"蟓"：闽人谓大蝇为胡蟓。

《梦溪笔谈》卷二十六"赭魁"：有汁赤如赭，南人以染皮制靴，闽、岭人谓之余粮。

《梦溪笔谈·补笔谈》卷三"钩吻辨"：闽人呼为吻莽，亦谓之野葛，岭南人谓之胡蔓，俗谓断肠草。

《孙公谈圃》卷上：汀州地多香茸，闽人呼为香菰……但淮南为香茸，闽中呼为香菰。

《侯鲭录》卷一：广南呼食为头（梁元帝赐功德净馔一头），鱼为斟（梁科律，生鱼若干斟），茗为薄为荚（温贡茗二百大薄，梁科律，茗薄若干荚），笔为双、为床、为枚。（南朝呼笔四管为一床，梁简文《答徐摛书》："时设书幌中，置笔床。"《梁令》云："写书笔一枚一万字。"）

《萍洲可谈》卷二：南海庙前有大树，生子如冬瓜，熟时解之，其房如芭蕉，土人呼为波罗蜜，渍之可食。

《萍洲可谈》卷二：广州市舶亭枕水有海山楼……其樯植定而帆侧挂，以一头就樯柱如门扇。帆席谓之加突，方言也。

《萍洲可谈》卷二：乐府有《菩萨蛮》，不知何物，在广中见呼蕃妇为菩萨蛮，因识之。

《绀珠集》卷十引《茶录》"茗战"：建人谓斗茶为茗战。

《绀珠集》卷十二：闽人谓子为囝（音蹇），谓父为郎罢。唐多取闽奴为宦者。顾况有《囝，哀闽》一篇，云："囝生闽方，闽吏得之，乃绝其阳。为臧为获，致金满屋。"又有"囝别郎罢，郎罢别囝"之语以讽谏。

《绀珠集》卷十二：岭南人食鼠，谓之家鹿。

《绀珠集》卷十三《投荒录》：雷州阴晦之夕，土人谓之雷耕田，田必有开垦之迹。

《海录碎事》卷六《倦游录》：广南人食鼠，谓之家鹿。

《邵氏闻见录》卷十八：时天下应诏者二十八人，同见宰执于政事堂。至河南，黄景以闽音自通姓名，文忠不乐。

《猗觉寮杂记》卷下：岭表有竹，俗谓司马竹，又曰私麻竹。《南越志》曰："河麻竹可为弓，似弩，谓之溪子弩，或曰苏麻竹。"今记为司马竹。

《斐然集》卷二十一《新州竹城记》：方言刺竹曰芳竹。其音罗德反，盖岭南谓刺竹云然也。

《通志》卷七十五：莱服，一名雹葖，一名温菘，一名紫花菘。吴名楚菘，岭南名秦菘，河朔名芦菔。《尔雅》曰："葖，芦菔。"俗呼萝卜。

《通志》卷七十五：赣曰屋菱，曰起实，交州曰韓珠、薏苡也。

《东坡全集》卷十二：学道未逢潘盎，草书犹似杨风。自注：南海谓狂为盎，潘近世得道者也。

《桂海虞衡志·志果》：五棱子，形甚诡异，瓣五出，如田家碌碡状，味酸，久嚼微甘，闽中谓之羊桃。

《桂海虞衡志·志果》：柚子，南州名臭柚，大如瓜，人亦食之。

《禹贡指南》卷一：岛夷，南海岛夷，织草木为服，如今棘贝、蕉葛之属。棘贝，闽俗呼为木棉。

《增修互注礼部韵略·蟹韵》：罢：部买切。遗，因也，休也，止也。闽人呼父为郎罢。唐《顾况》诗："儿馁嗔郎罢。"

《岭外代答》卷一"牂牁江"：西融州①城外江水，即牂牁江之下流也……今静江府桑江寨，其水亦合于融江之上流。或云桑江，亦牂牁音之讹也。

《岭外代答》卷九"鹦鹉"：钦州富有鹦哥，颇慧易教，土人不复雅好，唯福建人在钦者，时或教之歌，乃真成闽音。

《岭外代答》卷九"蜼"：深广山中有兽似豹，常仰视，天雨则以尾窒鼻，南人呼为倒鼻鳖。

《麈史》卷二：安石《送元厚之知福州》诗曰："长鱼俎上通三印，新茗斋中试一旗。"闽人谓茶芽未展为枪，展则为旗，至二旗则老矣。

《淳熙三山志》卷四：至子城西南隅发苗桥。夹注：髦也，俗呼苗为尧。昔有妪于此卖发髦，因名。

《淳熙三山志》卷六：廉湾：俗呼林为廉，中多林姓。

《淳熙三山志》卷四十一：茨菰：叶如剪刀，草根，实大如钱而差长，方言谓之苏。

《淳熙三山志》卷四十一：菊：紫茎而香，叶厚嫩，可食者，花微小，味甘，为真菊。又或茎青、根细、花白、蕊黄，其叶似同蒿，花蕊并黄者，俗传为广菊。状似婴儿者，俗呼为孩儿菊。

《淳熙三山志》卷四十一：岩桂：其叶两两相向，粟结其间。及开，清馥断续而远闻，俗呼为九里香。木纹如犀，可以为器，亦号木犀。数种有四时开者，紫者、鞓红者、深红者曰丹桂，凡色胜则香薄。

---

① 融州在今广西壮族自治区柳州市融水苗族自治县。

《淳熙三山志》卷四十一：莱菔：俗呼为萝卜。

《淳熙三山志》卷四十一：薯蓣：根如姜芋，土人单呼为诸，生于山间石罅者良。

《淳熙三山志》卷四十一：车前子：《尔雅》云："茉苣，马苋；马舄，车前。"郭璞："江东人呼为虾蟆衣。"今闽中亦然。

《淳熙三山志》卷四十二：火杴：春生苗，叶似紫苏，大而尖长，白花，州人呼其叶为火杴草。

《淳熙三山志》卷四十二：蜘蛛：空中结网，取蚊蝱食之，小者南人呼为喜子。

《淳熙三山志》卷四十二：鳢肠：即莲子草也。一种叶似柳而光泽，茎似马齿苋，花细而白，其实如小莲房；一种苗梗，颇似莲花而黄色，实亦作房而圆，可以止血，方言谓之断血草。

《淳熙三山志》卷四十二：豺：季秋之月，攫兽以祭天，方言呼为豺犬。

《淳熙三山志》卷四十二：鸠：方言谓之鹘。

《淳熙三山志》卷四十二：鹥：水鸟，苍色，方言谓之卢鹚。

《淳熙三山志》卷四十二：鶗鴂：方言谓之孤鸡，鸣则草衰。

《淳熙三山志》卷四十二：鹪鹩：方言为扛鼓，于小枝间以草为窠，尤纤巧，又名巧妇。

《淳熙三山志》卷四十二：慈鸦：孝鸟也，能反哺，方言呼为射鸟。

《淳熙三山志》卷四十二：鵙：《诗》曰："七月鸣鵙。"方言谓之伯劳。

《淳熙三山志》卷四十二：鲇鱼：《尔雅》谓之鳀，大者长尺余，无鳞，方言呼为池鱼。

《淳熙三山志》卷四十二：蚬：方言谓之蟧。

《淳熙三山志》卷四十二：石华：方言谓之石鼋。《选》曰："挂席拾海月，扬帆采石华。"

《淳熙三山志》卷四十二：蛙：背青绿色，方言谓之青蟆，其声嘤嘤然。然亦有背作黄文者，名金线蛙。

《淳熙三山志》卷四十二：蜌：方言谓之石蜌。《尔雅》曰庐蜌。

《淳熙三山志》卷四十二：鸮：似鹏而小，一名枭，一名鸺鹠，夜飞昼伏。又名夜游女，又名鬼车，遇阴晦则飞鸣，恶声鸟也。《周礼》"覆夭鸟之巢。"注："谓鸮鸺也。"方言谓之孤猿。

《淳熙三山志》卷四十二：黄鹂：亦谓之仓庚，俗呼为黄莺。

《淳熙三山志》卷四十二：柔鱼：似乌贼而小，色紫，俗呼为锁管。

《淳熙三山志》卷四十二：蝤蛑：俗呼为蟳，扁而大，后两足薄阔谓之拨棹，饱膏者曰赤蟹。

《淳熙三山志》卷四十二：沙蛤：出长乐，壳黑而薄，中有沙焉，故名。俗呼西施舌。

《淳熙三山志》卷四十二：鼋：名虾蟆。《尔雅》曰："在水为鼋。"腹大脊青，俗名土鸭，其鸣甚壮，色黑者呼为蛤子，亦名水鸡。

《淳熙三山志》卷四十二：蜻蜓：一曰绛驺，一曰赤衣使者，又曰赤弁丈人，俗呼青鸦娘。

《离骚草木疏》卷三：拘橼，闽广、江西有之，谓之香橼。

《五百家注昌黎文集》卷五：籍乃岭头泷。注：樊曰："泷，音双，水名，在岭南。又闾江切，奔湍也。南人谓湍为泷。"

《云麓漫抄》卷三：唐之东都连虔州，多猛兽，人习射猎而不耕蚕，迁徙无常，俗呼为山棚。今人谓锡宴所结彩山为山棚。

《诸蕃志》卷下：黎，海南四郡岛上蛮也。岛有黎母山，因祥光夜见，旁照四郡。按《晋书》分野属婺女分，谓黎牛婺女星降现，故名曰黎婺，音讹为黎母。

《耆旧续闻》卷十：刘昌言，太宗时为起居郎，善捭阖以迎主意。未几，以谏议知密院。一旦，上眷忽解，曰："刘某奏对，皆操南音，朕理会一字不得。"虽是君臣隆替有限，亦是捭阖之术穷矣。

《考工记解》卷下：必者以组约玉圭之中，欲执时不至失坠也。郑云："俗呼约为鳖。"今闽人结索亦有此语，其音如宽鳖也。

《方舆胜览》卷四十二：呼迁客相公。夹注：折彦质《记》："陈莹中云：'岭南人见逐客，不问官之尊卑，尽呼相公，岂非相公爱游此乎？'"

《东雅堂昌黎集注》卷十：龙户，采珠户也，南海亦谓之蜑户。

《齐东野语》卷四：蔡经国闻京闽音，称京为经。

第三节　宋代方言记载（下）

（其他地区）

《清异录》卷上"唾十三"：《厌胜章》言："枭乃天毒所产，见闻者必罹殃祸，急向枭连唾十三口，然后静坐，存北斗，一时许可禳。"伪汉蒙州刺判史龙骁，武人，极讳己名。又父名碏，子名蚩，亦讳之。郡人呼枭曰唾十三，鹊曰喜奈何，蚩曰秋风。部属私相告云："若使君祖讳饭，吾辈亦当称甑家粥耶？"

《佩觿》卷上：河朔谓无曰毛。

《太平寰宇记》卷七十四：罗蒙山在旧县北三里，俗语讹呼为罗目山。

《太平寰宇记》卷一百七十七：松外诸蛮：自云其先本汉人，有城郭、村邑、弓矢、矛铤。言语虽小讹舛，大略与中夏同。

《广韵·东韵》：簵：篋。簵，戎人呼之。

《广韵·冬韵》：幏：戎云幡也。

《广韵·麻韵》：爹：羌人呼父也。

《广韵·侯韵》：䤋：南夷名盐。

《广韵·麌韵》：宇：鲜卑呼草为俟汾。

《广韵·马韵》：姐：羌人呼母。

《集韵·东韵》：簵：戎人呼篋曰簵。

《集韵·支韵》：銚：凉州呼甀为銚。

《集韵·虞韵》：《字林》："轁，鞿也。"胡人谓之轁。

《集韵·模韵》：膜：胡人拜称南膜。

《集韵·先韵》：阏：匈奴谓妻曰阏氏。

《集韵·讲韵》：饢：河朔谓强食不已曰饢。

《集韵·未韵》：妭：羌人谓妇曰妭。

《集韵·泰韵》：簅：海隅谓篮浅而长者曰簅。

《集韵·夬韵》：呗：西域谓诵曰呗。

《集韵·候韵》：䤋：南夷谓盐曰䤋。

《集韵·陌韵》：舶：蛮夷泛海舟曰舶。或从帛。

《集韵·锡韵》：煪：夷人聚落谓之煪。

《集韵·缉韵》：䌑：新罗谓绢曰䌑。

《类篇·卤部》：䤋：南夷谓盐曰䤋。

《梦溪笔谈·补笔谈》卷一"南北音"：今河朔人谓肉为猱，谓赎为树。

《侯鲭录》卷八：江州村民呼父曰大老。

《明道杂志》卷二：东北人谓斫伐为坎。

《证类本草》卷十一：骨碎补，味苦，温，无毒。主破血止血，补伤折，生江南，根着树石上，有毛，叶如庵菌。江西人呼为胡孙姜。一名石庵菌，一名骨碎布。

《证类本草》卷十二：璺，今西州南三百里碛中得者，大则方尺，黑润而轻，烧之腥臭，高昌人名为木璺，谓玄玉为石璺。

《舆地广记》卷十七：姑臧县，本匈奴盖藏城，后人语讹，遂曰姑臧。

《退斋雅闻录》（《说郛》卷四八引）"时令谚语"：河朔人谓清明雨为泼火雨，立夏为隔辙雨。

《通志》卷七十五：莱服，一名薗葵，一名温菘，一名紫花菘。吴名楚菘，岭南名秦菘，河朔名芦菔。《尔雅》曰："葵，芦菔。"俗呼萝卜。

《能改斋漫录》卷二"俗骂客作"：江西俚俗骂人，有曰客作儿。

《老学庵笔记》卷一：西陲俚俗谓父曰老子。

《宋名臣言行录》卷七引《名臣传》：戎人呼知州为老子。

《江湖长翁集》卷十一：宁堪再揽减，又抱两呕鸦。自注：淮人以岁饥为年岁揽减，越人以婴儿为呕鸦。

《离骚草木疏》卷三：拘橼，闽广、江西有之，谓之香橼。

《四声篇海·毛部》引《俗字背篇》：毛字，蛮人呼参为毛。其毛郎神，元本三郎神也。蛮人乡谈，转声为珊故也。

《履斋示儿编》卷十五：般若汤：《酒谱》："北僧谓酒为般若汤。"

《补注杜诗》卷十三：近者抉眼去其夫，河东女儿身姓柳。赵曰："不喜其夫如抉眼中之物而去之，东北人方言不喜见者每曰抉眼。"

《王荆公诗注》卷四十二"山陂"：注：《刘晏传》："时大兵之后，京师斗米千钱，禁膳不兼味，匄农授种以输。"江西方言：授种谓以足授之。又云："凡打禾取谷，以两木相穿击之。至取谷为种则不然，以足授之，至今谓之授种。以两木击之，则谷多绽破，种不生也。"

《方舆胜览》卷四十二：（普宁）呼市为虚。

《方舆胜览》卷六十引《黔中记》：施之地虽杂夷落，犹近华风，故乡音则蛮夷巴汉言语相混。

《黄氏日抄》卷六"必有余庆"：今江西人皆呼庆字作羌音，今庆与爽二字，《礼部韵》平声十阳皆有之。

《困学纪闻》卷十八：滴水李氏云："老杜读书多，不曾尽见其所读之书，则不能尽注。其间又用方言，如岸溉、土锉，乃黔蜀人语，须是博学多问。"

《癸辛杂识·别集》卷下"一骉"：虏中谓一聚马为骉，或三百匹，或五百匹。

第一节 南北朝隋唐宋方言学史料的
局限和共时性判断

本书所辑南北朝隋唐宋方言学史料还存在一些局限，尤其是方言记载共时性问题仍未得到很好的解决。因此，研究者在使用本书材料时须全面覆核和考校，并对个别方言记载的共时性进行深入分析和准确判断。

一、南北朝隋唐宋方言学史料的局限

本书最大的不足就是收集到的方言学史料尚不够全面、不够理想，主要表现在以下三个方面。

（一）材料难以穷尽

《四库全书》《续修四库全书》收录南北朝隋唐宋文献逾千部，要在这么多古籍中搜采方言学史料，的确如披沙拣金，遗漏在所难免。元明清文献中的南北朝隋唐宋佚书佚文、敦煌文献和海外汉籍等亦难以考察殆尽。

本书若有修订机会，在材料收集方面，拟做以下工作：

1. 稽考方言专书材料

《玄应音义》所引《方言》，今本《方言》所无者，或为刘歆《方言》佚文；顾震福《方言佚文》（一卷）所收隋唐诸书称引之《方言》，其不见于今本《方言》者，抑或为刘歆《方言》佚文。王仁俊《方言佚文》（一卷）亦值得深入探究。

周成《杂字解诂》（四卷）、颜之推《证俗音字略》（六卷）、邹里《要用杂字》（三卷）、王邵《俗语难字》（一卷）、李虔《续通俗文》（二卷）、颜憨楚《证俗音略》（一卷）、李少通《杂字要》（一卷）、梁元帝《纂要》（六卷）和《诂幼文》（三卷）、王延《杂文字音》（七卷）等俗语字书，需联系内容文字、作者里籍、史志杂纂等考证其是否为方言专书。

2. 挖掘方言语法材料

作为语言系统，方言包括语音、词汇和语法三要素。先秦两汉时期，学者主要关注方言词汇；魏晋南北朝时期，音韵学产生并发展，学者开始重视方言语音；唐宋以后，方言词汇和方言语音都得到了关注。

纵观我国古代方言学史，几乎没有人研究方言语法。究其原因，一方面，古代的方言语法差异不大，不影响理解和交流，没能引起学者的注意；另一方面，我国古代方言研究和经学、科举密切相关，学者只关注方言词汇和方言语音。

现代的方言研究，功利性不强，更注重系统研究，因此，方言语法得到了一定程度的重视。在这种学术背景下，挖掘南北朝隋唐宋方言语法材料，弥补本书的缺憾，将是笔者下一步的重要研究工作。

3. 收集方言佐证材料

有些不属于方言学史料范畴，但能间接反映历史方言的材料，我们也要收集，并作为本书修订版的附录，以备相关研究者参考之用。

《文苑英华》卷二百九十一："《晓行巴峡》：'际晓投巴峡，余春忆帝京。晴江一女浣，朝日众鸡鸣。水国舟中市，山桥树杪行。登高万井出，眺迥二流明。人作殊方语，莺为旧国声。'"此诗为王维作。王维山西人而居于秦，他认为巴地"人作殊方语"，说明当时重庆一带的方言和北方话差距较大。

《资治通鉴》卷一百九十九："其地有杨、李、赵、董等数十姓，各据一州，大者六百，小者二三百户，无大君长，不相统一。语虽小讹，其生业、风俗，大略与内地同。自云本皆华人，其所异者以十二月为岁首。"据史实，此段记载唐代云南西洱河一带汉族流寓者的情况。唐代南诏常侵扰今四川、贵州一带，掳掠大量汉人，所以当时的云南、贵州、四川的人员来往和语言接触较多，所谓"语虽小讹"当指云南的方言与四川一带的方言差异不大。

（二）有些方言记载难以勘实

古书经过抄刻流传，错讹异文数不胜数，有些方言记载的真实面貌很难勘实。如：

①《集韵·宥韵》："镏、磂：梁州呼釜曰镏，或从石。"

《九家集注杜诗》卷二十二："蜀人呼釜为铑。"

《广韵·戈韵》："铑：蜀呼钴鏻。"

《困学纪闻》卷十八："土锉乃黔蜀人语。"

按：上面材料互相矛盾。有两种可能：一是文献反映的不是同一时期的方言现象，二是作者记载方言带有片面性。

②《康熙字典·亥集中·鸟部》引《本草》："鹘鸼一名鹘嘲，北人呼为鸜鹅鸟。"

《证类本草》卷十九："鹘嘲：其鸟南北总有，似鹊，尾短，黄色，在深林间，飞翔不远，北人名鸜鹅。"

按：两条材料所提到的方言词有出入。

③《古今合璧事类备要》别集卷五十九："江浙间以大缸贮米泔，投生菜酿其中作虀羹。《杂志》。"

《全芳备祖·后集》卷二十四："今江浙间以大缸贮米泔，投生菜酿其中作虀羹。《杂志》。"

按：原始出处相同，内容几乎全同，但一无"今"，一有"今"，前者的共时性就不甚明确。

④《山谷集·别集》卷四："黄独，状如芋子，肉白皮黄，苗蔓延生，叶似萝摩，梁汉人蒸食之，江东谓之土芋。"

《学林》卷八："蹲鸱，亦名黄独，江南人谓之土卵，形如芋，蒸食之，可充饥。"

按：同地域却同物异称。

有些古书已亡佚，其佚文起讫无法核对。下面这条方言学史料，清人的辑佚书认为出自佚书，但这种看法似在两可之间。

⑤《慧琳音义》卷三十四："粔籹：《苍颉篇》：'粔籹，饼饵者也。'江南呼为膏糯。音还。"

按：孙星衍认为此条方言材料出《仓颉篇》卷上[①]。

（三）方言记载不具有排他性

古人谈方言时，只考虑自己的方言和所熟悉地区的方言，不考虑其他地区的情况。所以古文献中的多数方言记载不具有排他性，即此地之方言未必不是彼地之方言。《说文解字·心部》："楚人谓惭曰恓。"又："青徐谓惭曰恓。"南北朝隋唐宋时期的有些方言记载也是如此，这一点可以从同期的文献中得到证明。

⑥《鸡肋编》卷上："爹字虽见于《南史》梁始兴王憺，云：'始

---

① 孙星衍辑：《仓颉篇》（《续修四库全书》本），上海：上海古籍出版社，2002年。

兴王，人之爹。救人急，如水火，何时复来乳哺我！'荆土方言谓父为爹，乃音徒我切，又与世人所呼之音异也。"

《广韵·哿韵》："爹：北方人呼父，徒可切。"

按：荆土方言与北方异地同词，"徒我切"与"徒可切"同音，说明这些方言学史料不具有排他性。

⑦《集韵·支韵》："齐人呼母曰婆。"霁韵："吴俗呼母曰媞。"

《方舆胜览》卷五十九："父罢母婆：杨晨云：'齐人呼母为婆，今巴俗亦然，呼父为罢，山中人亦呼为罢。'故诗云：'结网婆教女，采舟罢诟男。'"

按：婆和媞应该是异体字，这种异地同词的现象表明方言学史料无排他性。

清人段玉裁早就意识到这种现象。《说文解字注》七篇上："夥，齐谓多也。"注："《方言》曰：'大物盛多，齐宋之郊，楚魏之际曰夥。'许'痐'字下曰：'读若楚人名多夥。'此云齐语，皆本《方言》也。《史记·陈胜世家》曰：'楚人谓多为夥。'陈胜楚人，在楚言楚也。"段氏的"在楚言楚"揭示了方言不具有排他性的原因。《能改斋漫录》卷八："万年枝，江左谓之冬青。惟禁中则否。""惟禁中则否"意味着除禁中外，把"万年枝"谓"冬青"的地方不止一处。

南北朝隋唐宋方言记载不具有排他性，我们要这样认识：一是同一语言现象并存于几种方言中；二是看似相同的方言现象也许不在共时平面。

（四）有些方言记载的共时性尚需判断

本书把南北朝隋唐宋小学书和经籍注疏中未注明出处的方言记载都视为共时材料，这种做法只是权宜之计。有些材料的共时性仍不确定，如：

⑧《慧琳音义》卷九十八："《古今正字》云：'楚人谓寡妇为孀。'"

按：《古今正字》虽为唐人著，但方言材料与《说文解字》同。

⑨《慧琳音义》卷七十七："《古今正字》云：'长沙人谓堤为隄。'"

按：《慧琳音义》卷六十七："隄：《埤苍》云：'长沙人谓堤曰隄也。'"《埤苍》为三国时人张揖著。

⑩《集韵·盐韵》："燅：吴楚谓火灭为燅。"

按：《左传·昭公二十三年》："注：'吴楚之间谓火灭为燅。'"《集韵》和《左传》注中的材料是否有关尚不明确。

⑪《毛诗指说》卷一："关雎，一名王雎，亦鹗类也。江东谓之鹗，

幽燕谓之鹭，好在水渚汀洲食鱼。"

　　按：此条材料由《尔雅注疏》和陆玑《诗疏》拼接而成。《尔雅注疏》卷十："鸤鸠，王鸤。注：'雕类，今江东呼之为鹗，好在江渚山边食鱼。'"《诗疏》卷下："鸤鸠大小如鹗，深目，目上骨露，幽州谓之鹭。"由此可见，一条方言记载，有可能来源于不同的文献，故其共时性不能一概而论。

二、南北朝隋唐宋方言记载的共时性判断

　　判断小学书、经籍注疏中未标注出处的方言记载的共时性是本书的难点，需今后深入研究。现提出一些尝试性的做法，与同人们商榷。

（一）小学书中的方言记载

　　小学书中未标注出处的方言记载有三种情况：只反映今方言，既反映古方言又反映今方言，只反映古方言。

1. 只反映今方言

　　（1）有"今"字作标识。《尔雅翼》卷二十七："蟓，今北人亦谓之蟓。又闽人谓大蝇为胡蟓，亦蟓之类。"《梦溪笔谈》卷二十四："蟭蟟之小而绿色者，北人谓之蟓，即《诗》所谓'蟓首蛾眉'者也，取其顶深且方也。又闽人谓大蝇为胡蟓，亦蟓之类也。"罗愿以"今"标明今方言。沈括早于罗愿，或为罗愿材料来源。

　　（2）有同期（或时期相近的）文献佐证。《慧琳音义》卷二十七："蚰蜒，音由延，江南谓大者即蜈蚣。"《龙龛手鉴·虫部》："蚰蜒，上音由，下音延。江南大者蜈蚣，小者蚰蜒也。"又如《集韵·范韵》："胲，补范切。河东谓肿为胲。"《广韵·凡韵》："胲，今河东谓淫肿为胲，府范切。"《广韵》中的"今"表明此条材料是今方言，同时证明《集韵》中的材料为今方言。

　　（3）后世文献有称引。材料如果被后世文献称引，且所注出处为某书，则可认定首见于某书。《尔雅翼》卷六："芡，鸡头也，幽州人谓之雁头。叶如荷而大，叶上蹙衄如沸，有芒刺，兼有觜，若鸡雁之头。"《广雅疏证》卷十上："高注云：'鸡头，水中芡。''幽州谓之雁头。'罗愿。"据此，此条材料当首出罗愿，为宋代共时材料。

　　（4）与《方言》及郭注等不同者。《集韵·德韵》："焦：赵魏谓熬曰焦。"《方言》卷七："自山而东，齐楚以往谓之熬；关西陇冀以往谓之焦，秦晋之间

或谓之聚，凡有汁而干谓之煎，东齐谓之巩。"此条材料《集韵》与《方言》不同，郭璞亦无注，如果《玉篇》《经典释文》《广韵》等书无载，则可认定为首出《集韵》。

2. 既反映古方言又反映今方言

反映古方言，是因为它们有历史来源；反映今方言，是因为它们当世仍在行用。考察此类材料，最好找同期或后期的文献作旁证。如《广韵·仙韵》："悁：吴人语快。"方以智《通雅·谚原》："快谓之悁。《方言》：'逞、苦、了，快也。'郭曰：'今江东人呼快为悁。'相缘反。考今江东语，惟以风快为风悁，行路快者谓之悁燥。悁音上声，燥如扫去声。"依郭注，"悁"意为"吴人语快"大致出现于汉魏之际（《说文解字·心部》："悁，宽娴心腹貌。"）；依《谚原》，"悁"明代仍是吴方言词。既如此，《广韵》此条材料既是古方言，又是今方言。

3. 只反映古方言

此类材料一般有历史来源。《方言》郭注去扬雄不远，但与《方言》相合者已寡。六朝以后小学书中的材料如与《方言》完全吻合，可能是承袭《方言》的缘故。判断此类材料，还有以下两个角度：

第一，据地名分析。如果地名在材料出现的年代不再使用，则此条材料可以认定为古方言。《集韵·屑韵》："甈：器受一斗，北燕谓瓶为甈。"《慧琳音义》卷十一："《埤苍》：'甈：受一斗，北燕谓瓶为甈，大瓶也。'"唐代"北燕"称幽州或范阳，宋时为金所占，故此条材料当始见《埤苍》。

第二，据旁证分析。《集韵·纸韵》："舣：南方人谓整舟向岸曰舣。"《史记·项羽本纪》："乌江亭长舣船待。"集解："徐广曰：'舣音仪，一音俄。'骃按：'应劭曰：仪，正也。孟康曰：舣音蚁，附也，附船着岸也。如淳曰：南方人谓整船向岸曰舣。'"如淳针对《史记》释义，旨在揭示古方言。六朝以后，"舣"不再是方言词。《重修玉篇·舟部》："舣：整舟向岸。"《康熙字典·未集下·舟部》："舣：《广韵》《集韵》《韵会》并语绮切，音蚁，与檥同。整舟向岸。左思《蜀都赋》：'试水客舣轻舟。'梁简文帝诗：'征舻舣汤堑，归骑息金隍。'"

（二）经籍注疏中的方言记载

方言记载如属文献首见，可初步确定为共时材料；如有历史来源，则要围绕上下文语境等来分析，具体方法有：

1. 注疏者标"今"的为共时材料

《汉书·皇后传》注："今关东俗，器物一再着漆者谓之捎漆。捎即髤声之转重耳。髤字或作髹，音义亦与髤同。今关西俗云黑髤盘、朱髤盘。"其他类似情形如《左传·定公六年》正义曰："上云'舟师，水战'，此言'陵师，陆军'，南人谓陆为陵，此时犹然。""南人谓陆为陵"指古方言①，但"此时犹然"转入今语。

2. 注疏中所举地名与原文及作者无关者可视为共时材料。

《史记·高祖本纪》："其先刘媪尝息大泽之陂，梦与神遇。是时雷电晦冥，太公往视，则见蛟龙于其上，已而有身，遂产高祖。高祖为人隆准而龙颜，美须髯，左股有七十二黑子。"正义："许北人呼为魇子，而吴楚谓之志。志，记也。"张守节所言地域与主人公刘邦（沛人）和作者司马迁（关中人）的籍贯均不一致，说明他旨在揭示该词当时在其他地域的使用状况，可视为共时材料。

3. 注疏附会原文则可能不是共时材料

《史记·孝武帝本纪》索隐："脽丘，音谁，《汉旧仪》作葵丘者，盖河东人呼谁与葵同，故耳。"《汉书·武帝纪》注："二说皆是也。脽者，以其形高起，如人尻脽，故以名云。一说此临汾水之上，地本名郩，音与葵同，彼乡人呼葵音如谁，故转而为脽字耳，故《汉旧仪》云葵上。"综上，"葵丘"读"脽丘"在汉时已然，司马贞附会原文而释义，并置"盖"于句首表明是推测，故此条材料至少反映古方言。

4. 根据相关文献判断

《周礼·太宰》贾公彦疏："东齐人物立地中为傳。"《史记·张耳传》："莫敢傳刃公之腹中。"集解引李奇："东方人以物画地中为事。"可见，贾疏此条材料源于李奇，而李注附会原文，故为古方言。

方言记载一般是作者直接或间接调查所得，所以还可联系作者生平经历对其共时性进行考察。如果材料中提到的地名，恰好是作者家乡或游宦之地，那这条材料就可能是共时材料。另外，方言记载的共时性还可用现代方言倒推，如果方言记载反映的方言现象至今仍存，我们就有理由认为它是南北朝隋唐宋共时材料，因为语言具有继承性，不会跳跃式发展。

---

① 此处"古方言"是一个相对概念，没有历史时期的限定。

第二节 南北朝隋唐宋方言学史研究策略

撰写南北朝隋唐宋方言学断代史，能为汉语方言学通史研究提供重要参考，还能修订和补充前人关于南北朝隋唐宋方言学的一些观点。结合前人经验，笔者拟定了几条研究南北朝隋唐宋方言学史的策略，兹详述如下。

一、把方言记载纳入方言学史料

前人研究古代方言学史时，一直把方言记载包括在内。《论方言学遗产的整理和研究》提及古籍注解和文人笔记等文献中的方言记载①；《汉语方言研究小史》王力序云："现在何耿镛同志把汉代经师的笺注和汉代语文著作所反映的方言现象、中古时期的方言记载等方言材料加进去，内容就丰富了……其所搜集得的材料是很可宝贵的，我们可以由此窥见汉语方言（学）发展的轮廓。"②《周秦汉晋方言研究史》在摘要中把辞书和经注征引方言称为"文献方言学"，认为中国方言研究的古典传统是"口语方言学和文献方言学"并行。③《汉语方言学史及其研究论略》认为："（汉语方言学史）更大量的工作则是从各个时代的辞书、类书、注疏、文集笔记中把关于方言语音、词汇、语法的零散研究搜罗爬梳出来，并按一定的组织方法进行科学整理。"《周秦汉晋方言研究史》"系统清理周秦汉晋时期的方言学史料，并兼及这一阶段的方言史料"④。鲁国尧序该书云："它就得囊括这一长时间内的有关方言记载、研究的各种史料，予以甄别、熔炼、分析，作出论断，前人的观点正确者阐发之，错误者驳正之，不足者补充之，还要能提出自己的新见，这新见还要有分量，如果是高见，就更难能可贵了。"⑤

《中国方言学概论》第七部分"中国学者的方言研究"把《慧琳音义》《切韵》系韵书视为方言学史料⑥；《汉语方言研究小史》南北朝隋唐宋段重点介绍了唐代汉藏对音材料和宋代方音材料⑦；《唐代的方言研究及其方言观念》主要依据玄应《玄应音义》、窥基《法华音训》《妙法莲华经玄赞》、慧琳《慧琳音义》、可洪《新集藏经音义随函录》等音义书中的方言记载。

---

① 张永绵：《论方言学遗产的整理和研究》，《浙江师范学院学报（社会科学版）》1963 年第 1 期，第 97-105 页。

② 何耿镛：《汉语方言研究小史》，太原：山西人民出版社，1994 年，"序"，第 1 页。

③ 华学诚：《周秦汉晋方言研究史》（修订本），上海：复旦大学出版社，2007 年，"本书摘要"，第 2 页。

④ 华学诚：《周秦汉晋方言研究史》（修订本），上海：复旦大学出版社，2007 年，第 17 页。

⑤ 华学诚：《周秦汉晋方言研究史》（修订本），上海：复旦大学出版社，2007 年，"鲁国尧序"，第 2 页。

⑥ 何仲英：《中国方言学概论》，《东方杂志》1924 年第 21 卷第 2 号，第 31-63 页。

⑦ 何耿镛：《汉语方言研究小史》，太原：山西人民出版社，1994 年，第 37-44 页。

方言记载体现作者对方言的了解和认识，其数量多寡和文献分布反映当时学者对方言的关注程度和关注方式，将其视为方言研究成果并无不妥。

二、全面概述和重点讨论相结合

一部完整的南北朝隋唐宋方言学史，既要全面概述其整体面貌和具体特点，又要重点讨论代表性成果。

南北朝隋唐宋方言学史全面概述的内容应包括方言专书概况、方言论述概况和方言记载概况。并综合上述三点，对该时期方言研究给予总体认识和评价。重点讨论的内容应包括南北朝隋唐宋方言专书和方言论述。兹分述如下。

（一）方言专书

南北朝隋唐宋出现过一些方言专书，虽已亡佚，然史志均有记载。如《文献通考·经籍考》卷十六："《蜀尔雅》三卷，陈氏曰：'不著撰人名氏，《馆阁书目》。按：李邯郸云：唐李商隐采蜀语为之。当必有据。'"针对这种情况，方言学史需详举每一部方言专书的史志著录情况和他人评述，尽可能地勾勒全书整体面貌。该时期的方言专书可考的有北魏王长孙《河洛语音》、北魏刘昞《方言》、北齐颜之推《证俗音》、隋释智骞《方言注》、唐李商隐《蜀尔雅》以及北宋王浩《方言》、王资深《方言》、吴良辅《方言释音》、佚名《北中方言》等。

（二）方言论述

南北朝隋唐宋论述方言的主要文献有《世说新语》《颜氏家训》《经典释文》《切韵》《匡谬正俗》《史通》《封氏闻见记》《大唐新语》《唐国史补》《酉阳杂俎》《资暇集》《北户录》《刊误》《蛮书》《岭表录异》《苏氏演义》《北梦琐言》《兼明书》《宋景文公笔记》《贡父诗话》《梦溪笔谈》《青箱杂记》《侯鲭录》《遁斋闲览》《冷斋夜话》《避暑录话》《鸡肋编》《萍洲可谈》《学林》《猗觉寮杂记》《能改斋漫录》《容斋随笔》《老学庵笔记》《岭外代答》《慈湖诗传》《云麓漫抄》《野客丛书》《耆旧续闻》《鹤林玉露》《方舆胜览》《困学纪闻》《癸辛杂识》等。方言学史除对上述文献中的材料分类讨论外，还要对《世说新语》《颜氏家训》《匡谬正俗》《史通》《资暇集》《刊误》《学林》《梦溪笔谈》《容斋随笔》《老学庵笔记》《野客丛书》等重要著作做详细分析，归纳其方言研究的成就，并指出对前代方言学的继承和对后世方言学的影响。

在全面概述和重点讨论、宏观归纳和微观分析的基础上，总结南北朝隋唐宋学者研究方言的历史条件、理论、方法及经验，探讨南北朝隋唐宋方言学的发展路径及内在规律，构建符合客观实际的南北朝隋唐宋方言学史的史学框架。

三、参考吸收前人成果

罗常培《中国方音研究小史》[①]是汉语方言学史学科的草创之作。何耿镛《汉语方言研究小史》是迄今为止唯一的汉语方言学史通论性专著，列专章（第四章"魏晋南北朝隋唐两宋的方言记载"）对南北朝隋唐宋的方言学进行了简述[②]。游汝杰《汉语方言学导论》第十章"方言学史概要"和《汉语方言学的传统、现代化和发展趋势》勾勒了汉语方言学史的大致脉络，《周秦汉晋方言研究史》则是唯一的断代研究。目前可资借鉴的其他成果还有张永绵《论方言学遗产的整理和研究》、许宝华和汤珍珠《略说汉语方言研究的历史发展》、张玉来《方言音韵研究小史》、华学诚《汉语方言学史及其研究论略》、柳玉宏《六朝唐宋方言研究综述》、汪启明《汉语文献方言学及研究》[③]、储泰松《唐代的方言研究及其方言观念》等。这些成果给我们提供了方言学史的写作范式。

南北朝隋唐宋方言学史的研究，根据学者研究的自觉程度和取得的成就，可分为三个阶段：

第一阶段为 20 世纪 20 至 80 年代。这个阶段的研究多为印象性的简述或少量的材料辑录，学者们还没有把自己的研究提到学术史的高度。主要成果有何仲英《中国方言学概论》、崔骥《方言考》、周法高《中国方言学发凡》、周祖谟《问学集》、丁介民《方言考》和张永绵《论方言学遗产的整理和研究》等。

第二阶段为 20 世纪 80 年代至 2010 年。这个阶段学者研究方言学史的自觉性加强，出现了方言学简史和断代方言学史。宏观论述方言学史及其方法论的成果主要有许宝华和汤珍珠《略说汉语方言研究的历史发展》、何耿镛《汉语方言研究小史》、华学诚《汉语方言学史及其研究论略》等；专门探讨南北朝隋唐宋方言学的论文有李恕豪《论颜之推的方言研究》、徐时仪《北宋王浩、王资深曾著有〈方言〉》[④]、柳玉宏《六朝唐宋方言研究综述》、时永乐和门凤超《唐代的方言著作》等[⑤]。相关成果还有汪寿明《〈广韵〉与方言》、马重奇《〈类篇〉方言

---

① 罗常培：《中国方音研究小史》，《东方杂志》1934 年第 31 卷第 7 号，第 141-154 页。

② 何耿镛：《汉语方言研究小史》，太原：山西人民出版社，1994 年，第 37-44 页。

③ 汪启明：《汉语文献方言学及研究》，载郭锡良、鲁国尧等主编：《中国语言学》（第四辑），北京：北京大学出版社，2010 年，第 196-209 页。

④ 徐时仪：《北宋王浩、王资深曾著有〈方言〉》，《文献》2005 年第 2 期，第 279 页。

⑤ 时永乐、门凤超：《唐代的方言著作》，《文献》2007 年第 2 期，第 66 页。

考——兼评张慎仪〈方言别录〉所辑唐宋方言》、刘晓南《从历史文献的记述看早期闽语》、冯庆莉《〈广韵〉和〈集韵〉方言词比较研究》[①]、刘晓南《从历史文献看宋代四川方言》、刘晓南《朱熹与闽方言》、钱毅《从笔记、文集等历史文献看唐宋吴方言》[②]等。

第三阶段为2010年以后。这个阶段人们开始全面探讨南北朝隋唐宋方言学或方言学史料。《唐代的方言研究及其方言观念》首开风气，谈及如下内容：唐代文献方言记录概览，唐人对方言的记录和描写，唐人对方言现象的认知等。其后，王耀东博士学位论文《唐宋方言学材料考论》首次对唐宋方言学史料进行了大范围的搜集和系统讨论[③]，汪启明《魏晋南北朝方言及研究》从理论到文献各个角度探讨了魏晋南北朝方言学，游帅《古注中的魏晋南北朝俗语词辑证》重点讨论了385条古注中的材料，涉及南北朝的材料不多。[④]

四、辩证对待前人观点

在吸收前人成果的同时，也要对前人的某些观点进行辨正，试举数例。

何仲英《中国方言学概论》、陈钝《旧籍中关于方言之著作》[⑤]、何耿镛《汉语方言研究小史》、许宝华和汤珍珠《略说汉语方言研究的历史发展》、陈炳迢《辞书概要》[⑥]、周振鹤和游汝杰《方言与中国文化》[⑦]等均认为南北朝隋唐宋时期未出现过方言专书。《中国方言学概论》：“总之，唐宋之间方言，没有专书记载。”[⑧]《辞书概要》：“从扬雄《方言》到明中叶魏濬《方言据》的一千六百年，是方言词典史上的暗淡时期，辞书大树上早发的这一枝杈几频枯萎。见于记载的，仅有《文献通考》所录的唐诗人李商隐的《蜀尔雅》三卷。”[⑨]《汉语方言研究小史》：“这一时期关于方言研究的专门著作几乎没有，我们只能从研究音韵的著作或者其他文献资料中找到这一时期方言差别的零星记载。”[⑩]其实，这一阶段出现过王长孙《河洛语音》、刘昞《方言》、智骞《方言注》、李商隐《蜀尔雅》、

① 冯庆莉：《〈广韵〉和〈集韵〉方言词比较研究》，首都师范大学2008年硕士学位论文。

② 钱毅：《从笔记、文集等历史文献看唐宋吴方言》，《社会科学家》2010年第1期，第150-153页。

③ 王耀东：《唐宋方言学材料考论》，北京语言大学2011年博士学位论文。

④ 游帅：《古注中的魏晋南北朝俗语词辑证》，北京语言大学2017年博士学位论文。

⑤ 陈钝：《旧籍中关于方言之著作》，《国立中山大学语言历史学研究所周刊》1929年第8卷，第112-114页。

⑥ 陈炳迢：《辞书概要》，福州：福建人民出版社，1985年，第200页。

⑦ 周振鹤、游汝杰：《方言与中国文化》，上海：上海人民出版社，1986年，第11页。

⑧ 何仲英：《中国方言学概论》，《东方杂志》1924年第21卷第2号，第61页。

⑨ 陈炳迢：《辞书概要》，福州：福建人民出版社，1985年，第200页。

⑩ 何耿镛：《汉语方言研究小史》，太原：山西人民出版社，1994年，第28页。

王浩《方言》、王资深《方言》等数部方言专书，史志杂著均有记载。

许多学者在谈及唐宋方言研究时总把王应麟的《困学纪闻》（该书卷十九有"俗语有所本"一条）作为代表。《论方言学遗产的整理和研究》只提了《困学纪闻》和《齐东野语》；《略说汉语方言研究的历史发展》只提了《匡谬正俗》和《困学纪闻》，《汉语方言学导论》也只提到了这两部著作。《辞书概要》说："这段时期，兼录方俗词语的书有唐颜师古的《匡谬正俗》、宋赵叔向的《肯綮录》、王应麟的《困学纪闻》、明陶宗仪的《辍耕录》等。但它们都不是方言词典专著，收录也很少。"①其实，《困学纪闻》"俗语有所本"条没有出现一个地名，王氏只在古文献中找到了这些俗语的原始出处，与方言研究有很大距离。

关于蕴含方言学史料的南北朝隋唐宋文献问题，有人认为，唐宋类书和清代的一些重要的辑佚著作如《小学钩沉》《邃雅斋丛书》《汉学堂丛书》《玉函山房辑佚书》《小方壶斋丛书》《小学钩沉续编》等都有六朝唐宋方言学史料。②这一提法适用于六朝，但未必适用于唐宋。因为唐宋类书中的方言学史料极少，即使有几条，也因类书的抄撮性质，未必有共时价值；清代辑佚书所收佚书基本上是唐以前的，鲜有唐宋方言学史料。就唐宋文献而言，方言学史料主要集中在小学书、佛经音义、经籍注疏、笔记杂纂、地志、医药书、诗文等文献中。

五、在汉语方言学史上合理定位

举凡学术史，必是横向分析和纵向比较相结合的。在对南北朝隋唐宋方言学史料进行大范围搜集和系统讨论的基础上，还须考察周秦汉魏晋以及元明清的方言研究，并结合当时的社会情况和语言政策，在古代文化史、语言学史、方言学史的大背景下对南北朝隋唐宋方言学在学术史上定位。

从历代方言学来看，南北朝以前的主要成果有扬雄《方言》和郭璞《方言注》《尔雅注》，还有《尔雅》《说文解字》《小尔雅》《通俗文》《毛诗草木鸟兽虫鱼疏》等文献中的方言记载，以及王逸、何休、郑玄、高诱等人经籍传注中的方言记载等。南北朝方言学史料，只有王长孙《河洛语音》、刘昉《方言》、颜之推《证俗音》等方言专书（已佚）和少量的方言论述与方言记载。出现这种情况，除文献散佚的原因外，这个时期方言研究处于低谷是主要原因。较之南北朝，隋唐方言研究有了一定的发展，出现了智骞《方言注》、李商隐《蜀尔雅》等方言专书，陆德明、颜师古和刘知几等一批学者都有方言研究成果，但从整体上看，这个时期方言研究仍处于低谷。宋代出现了王浩《方言》等四部方言专

① 陈炳迢：《辞书概要》，福州：福建人民出版社，1985年，第2页。

② 柳玉宏：《六朝唐宋方言研究综述》，《宁夏大学学报（人文社会科学版）》2006年第6期，第46-49页。

书，沈括、王观国、陆游、王楙、王应麟等一大批学者参与了方言研究，民间可能还印行关于方言的小册子。这种情况是前所未有的，可能与当时杂剧、话本等俗文学的繁荣有关。元代出现了反映北方方言的名著《中原音韵》。明代既有孙楼《吴音奇字》（陆镒补遗）、魏濬《方言据》和李实《蜀语》等方言专书，也有张位《问奇字》、陆容《菽园杂记》、袁子让《字学元元》等论述方言的笔记杂著。至清代，方言研究达到全盛，学者们编纂了一批续补扬雄《方言》的辑本，撰写了许多调查、辑录和考证方言俗语的著作，如钱大昕《恒言录》、孙锦标《通俗常言疏证》、钱坫《异语》、翟灏《通俗编》、梁同书《直语补证》、钱大昭《迩言》等，也出现了数部校勘疏证扬雄《方言》之作，如戴震《方言疏证》、卢文弨《重校方言》、刘台拱《方言补校》、钱绎《方言笺疏》、王念孙《方言疏证补》等。还有一些研究方言音韵的著作，如胡垣《古今中外音韵通例》、陈澧《广州音说》等。此外，戏曲声律的著作和方志也涉及方言材料，如王德辉和徐沅编的《顾误录》、段玉裁参编的《富顺县志》、俞樾参编的《续天津县志》和《上海县志》、钱大昕参编的《长兴县志》和《鄞县志》、杭世骏参编的《乌程县志》和《平阳县志》等。

纵观古代方言学史，我们就可以给南北朝隋唐宋方言学史作出比较合理的定位。《汉语方言学导论》认为："如果说汉代是传统方言学的勃兴期，那么隋唐宋元应该是衰微期。"①此说稍嫌笼统。根据方言学史料，把南北朝隋唐定为古代方言学史的低谷期，宋代是古代方言研究承前启后的时期，应该没有太大问题。

---

① 游汝杰：《汉语方言学导论》（修订本），上海：上海教育出版社，2018年，第199页。

主要引用与参考文献

一、古籍

（汉）史游撰，（唐）颜师古注，（宋）王应麟补注，（清）钱保塘补音：《急就篇》（《丛书集成初编》），北京：中华书局，1985 年。

（汉）许慎：《说文解字》，北京：中华书局，1963 年。

（南朝宋）刘义庆撰，徐震堮校笺：《〈世说新语〉校笺》，北京：中华书局，1984 年。

（南朝宋）刘义庆撰，钱振民点校：《世说新语》，长沙：岳麓书社，2015 年。

（北齐）颜之推撰，（宋）赵敬夫注，颜敏翔校点：《颜氏家训》，上海：上海古籍出版社，2017 年。

（梁）顾野王撰，（唐）孙强增字，（宋）陈彭年等重修：《重修玉篇》，台北：台湾商务印书馆，1986 年。

（唐）段成式撰，曹中孚校点：《历代笔记小说大观 酉阳杂俎》，上海：上海古籍出版社，2012 年。

（唐）段公路：《北户录》（附校勘记），北京：中华书局，1985 年。

（唐）封演撰，张耕注评：《封氏闻见记》，北京：学苑出版社，2001 年。

（唐）慧琳：《一切经音义》（影印日本狮谷白莲社刻本），上海：上海古籍出版社，1986 年。

（唐）慧苑撰，黄仁瑄校注：《〈新译大方广佛华严经音义〉校注》，北京：中华书局，2019 年。

（唐）李匡乂：《资暇集》，北京：中华书局，1985 年。

（唐）李涪：《刊误》，北京：中华书局，1991 年。

（唐）李延寿：《北史》，北京：中华书局，1974 年。

（唐）李延寿：《南史》，北京：中华书局，1975 年。

（唐）李肇：《唐国史补 因话录》，上海：上海古籍出版社，1979 年。

（唐）刘恂撰，鲁迅校勘：《岭表录异》，广州：广东人民出版社，1983 年。

（唐）刘知几撰，张振珮笺注：《〈史通〉笺注》，贵阳：贵州人民出版社，1985 年。

（唐）陆德明撰，张一弓点校：《经典释文》，上海：上海古籍出版社，2012 年。

（唐）魏徵等：《隋书》，北京：中华书局，1973 年。

（唐）玄应撰，（清）庄炘等校：《一切经音义》（《丛书集成初编》），上海：商务印书馆，1936 年。

（唐）玄应、（唐）惠琳、（宋）希麟撰，徐时仪校注：《〈一切经音义〉三种校本合刊》，上海：上海古籍出版社，2008 年。

（唐）颜师古撰，刘晓东平议：《〈匡谬正俗〉平议》，济南：山东大学出版社，1999 年。

（唐）佚名编，周勋初辑：《唐钞文选集注汇存》，上海：上海古籍出版社，2000 年。

（宋）毕仲游撰，陈斌校点；（宋）张端义撰，梁玉玮校点：《西台 贵耳集》，郑州：中州古籍出版社，2005 年。

（宋）陈彭年等：《宋本广韵 永禄本韵镜》（第二版），南京：江苏教育出版社，2005 年。

（宋）戴侗：《六书故》，上海：上海社会科学院出版社，2006 年。

（宋）丁度等：《宋刻集韵》，北京：中华书局，2015 年。

（宋）范成大撰，孔凡礼点校：《唐宋史料笔记丛刊·范成大笔记六种》，北京：中华书局，2003 年。

（宋）郭知达：《九家集注杜诗》，上海：上海古籍出版社，1985 年。

（宋）洪迈：《容斋随笔》，上海：上海古籍出版社，1978 年。

（宋）洪迈撰，穆公校点：《容斋随笔》，上海：上海古籍出版社，2015 年。

（宋）黄希、黄鹤：《补注杜诗》（《景印文渊阁四库全书》本），台北：台湾商务印书馆，2008 年。

（宋）惠洪、费衮撰，李保民、金圆校点：《冷斋夜话 梁溪漫志》，上海：上海古籍出版社，2012 年。

（宋）李心传撰，徐规点校：《唐宋史料笔记丛刊·建炎以来朝野杂记（下）》，北京：中华书局，2000 年。

（宋）李廌、朱弁、陈鹄撰，孔凡礼点校：《师友谈记 曲洧旧闻 西塘集 耆旧续闻》，北京：中华书局，2002 年。

（宋）梁克家：《淳熙三山志》（《景印文渊阁四库全书》本），台北：台湾商务印书馆，2008 年。

（宋）刘攽：《贡父诗话》，北京：中华书局，1985 年。

（宋）陆游撰，王欣点评：《老学庵笔记》，青岛：青岛出版社，2002 年。

（宋）罗大经撰，王瑞来点校：《鹤林玉露》，北京：中华书局，1983 年。

（宋）彭乘：《〈墨客挥犀〉及其他三种》，北京：中华书局，1991 年。

（宋）钱易撰，黄寿成点校：《南部新书》，北京：中华书局，2002 年。

（宋）邵伯温撰，李剑雄、刘德权点校：《邵氏闻见录》，北京：中华书局，1983 年。

（宋）沈括撰，侯真平校点：《梦溪笔谈》，长沙：岳麓书社，1988 年。

（宋）司马光等：《类篇》，上海：上海古籍出版社，1988 年。

（宋）苏轼撰，王松龄点校：《东坡志林》，北京：中华书局，1981 年。

（宋）孙光宪撰，贾二强点校：《北梦琐言》，北京：中华书局，2002 年。

（宋）孙奕撰，唐子恒点校：《履斋示儿编》，南京：凤凰出版社，2017 年。

（宋）唐慎微撰，尚志钧等校点：《证类本草 重修政和经史证类备急本草》，北京：华夏出版社，1993 年。

（宋）王辟之、欧阳修撰，吕友仁、李伟国点校：《渑水燕谈录 归田录》，北京：中华书局，1981 年。

（宋）王观国撰，田瑞娟点校：《学林》，北京：中华书局，1988 年。

（宋）王楙撰，郑明、王义耀校点：《野客丛书》，上海：上海古籍出版社，1991 年。

（宋）王应麟撰，孙通海校点：《困学纪闻》，沈阳：辽宁教育出版社，1998 年。

（宋）文莹撰，郑世刚、杨立扬点校：《湘山野录 玉壶清话续录》，北京：中华书局，1984 年。

（宋）吴处厚撰，李裕民点校：《青箱杂记》，北京：中华书局，1985 年。

（宋）吴曾：《能改斋漫录》，上海：商务印书馆，1941 年。

（宋）杨简：《慈湖诗传》（《四明丛书》本），扬州：广陵书社，2006 年。

（宋）杨亿口述，（宋）黄鉴笔录；（宋）宋庠整理，（宋）张师正撰：《杨文公谈苑 倦游杂录》，上海：上海古籍出版社，1993 年。

（宋）姚宽、陆游撰，孔凡礼点校：《西溪丛语 家世旧闻》，北京：中华书局，1993 年。

（宋）岳珂撰，吴企明点校：《历代史料笔记丛刊·桯史》，北京：中华书局，1981 年。

（宋）乐史：《太平寰宇记》，上海：商务印书馆，1936 年。

（宋）曾慥：《类说》，上海：上海古籍出版社，1993 年。

（宋）张邦基、范公偁、张知甫撰，孔凡礼点校：《墨庄漫录 过庭录 可书》，北京：中华书局，2002 年。

（宋）张世南撰，张茂鹏点校；（宋）李心传撰，崔文印点校：《游宦纪闻 旧闻证误》，北京：中华书局，1981 年。

（宋）赵令畤撰，孔凡礼点校：《侯鲭录 墨客挥犀 续墨客挥犀》，北京：中华书局，2002 年。

（宋）赵彦卫撰，傅根清点校：《唐宋史料笔记丛刊：云麓漫抄》，北京：中华书局，1996 年。

（宋）周密撰，王根林校点：《癸辛杂识》，上海：上海古籍出版社，2012 年。

（宋）周去非撰，杨武泉校注：《〈岭外代答〉校注》，北京：中华书局，1999 年。

（宋）朱翌：《猗觉寮杂记》，北京：中华书局，1985 年。

（宋）庄绰撰，萧鲁阳点校：《鸡肋编》，北京：中华书局，1983 年。

（清）程先甲：《广续方言〈广续方言〉拾遗》（《续修四库全书》本），上海：上海古籍出版社，2002 年。

（清）杭世骏纂，（清）程际盛补正：《续方言（附补正）》（《万有文库》本），上海：商务印书馆，1937 年。

（清）纪昀：《四库全书总目》，石家庄：河北人民出版社，2000 年。

（清）纪昀等：《影印文渊阁四库全书》，北京：北京出版社，2012 年。

（清）任大椿：《〈字林〉考逸》，南京：江苏广陵古籍刻印社，1987 年。

（清）王念孙撰，钟宇讯点校：《广雅疏证》，北京：中华书局，1983 年。

（清）谢启昆著，李文泽、霞绍晖、刘芳池校点：《小学考》，成都：四川大学出版社，2015 年。

（清）徐乃昌：《〈续方言〉又补》（《续修四库全书》本），上海：上海古籍出版社，2002 年。

（清）张慎仪撰，张永言点校：《〈续方言〉新校补 方言别录 蜀方言》，成都：四川人民出版社，1987 年。

二、专著

北京大学中国语言文学系语言学教研室编：《汉语方音字汇》（第二版），北京：文字改革出版社，1989 年。

储泰松：《唐五代关中方音研究》，合肥：安徽大学出版社，2005 年。

丁介民：《方言考》，台北：台湾中华书局，1969 年。

董达武：《周秦两汉魏晋南北朝方言共同语初探》，天津：天津古籍出版社，1992 年。

高尚榘：《汉语言文字文献学》，北京：社会科学文献出版社，2007 年。

高小方：《中国语言文字学史料学》（第二版），南京：南京大学出版社，2005 年。

何耿镛：《汉语方言研究小史》，太原：山西人民出版社，1994 年。

胡朴安：《中国训诂学史》，上海：上海书店，1984 年。

胡奇光：《中国小学史》，上海：上海人民出版社，1987 年。

华学诚：《扬雄方言校释汇证》，北京：中华书局，2006 年。

华学诚：《周秦汉晋方言研究史》（修订本），上海：复旦大学出版社，2007 年。

黄伯荣：《汉语方言语法类编》，青岛：青岛出版社，1996 年。

黄景洪：《汉语方言学》，厦门：厦门大学出版社，1987 年。

吉常宏、王佩增：《中国古代语言学家评传》，济南：山东教育出版社，1992 年。

李范文：《宋代西北方音——〈番汉合时掌中珠〉对音研究》，北京：中国社会科学出版社，
    1994 年。

李开：《汉语语言研究史》，南京：江苏教育出版社，1993 年。

李如龙：《方言与音韵论集》，香港：香港中文大学中国文化研究所吴多泰中国语文研究中心，
    1996 年。

李如龙：《汉语方言的比较研究》，北京：商务印书馆，2001 年。

李如龙：《汉语方言学》，北京：高等教育出版社，2001 年。

李如龙：《汉语方言特征词研究》，厦门：厦门大学出版社，2002 年。

林语堂等：《方言专号》，台北：文海出版社有限公司，1985 年。

刘坚：《20 世纪的中国语言学》，北京：北京大学出版社，1998 年。

刘君惠等：《扬雄〈方言〉研究》，成都：巴蜀书社，1992 年。

刘晓南：《宋代闽音考》，长沙：岳麓书社，1999 年。

刘晓南：《汉语历史方言研究》，上海：上海人民出版社，2008 年。

鲁国尧：《鲁国尧自选集》，郑州：河南教育出版社，1994 年。

鲁国尧：《鲁国尧语言学论文集》，南京：江苏教育出版社，2003 年。

罗常培：《唐五代西北方音》，北京：科学出版社，1961 年。

罗常培：《罗常培语言学论文集》，北京：商务印书馆，2004 年。

吕叔湘等：《语言文字学术论文集》，北京：知识出版社，1989 年。

马伯乐：《唐代长安方言考》，北京：中华书局，2005 年。

聂建民、李琦：《汉语方言研究文献目录》，南京：江苏教育出版社，1994 年。

濮之珍：《中国语言学史》，上海：上海古籍出版社，1987 年。

四川大学汉语史研究所编：《汉语史研究集刊》第二辑，成都：巴蜀书社，2000 年。

四川大学汉语史研究所编：《汉语史研究集刊》第三辑，成都：巴蜀书社，2000 年。

汪启明：《先秦两汉齐语研究》，成都：巴蜀书社，1998 年。

王福堂：《汉语方言语音的演变和层次》，北京：语文出版社，1999 年。

王力：《中国语言学史》，太原：山西人民出版社，1981 年。

王力：《汉语语音史》，北京：科学出版社，1985 年。

吴文祺、张世禄：《中国历代语言学论文选注》，上海：上海教育出版社，1986 年。

游汝杰：《汉语方言学导论》，上海：上海教育出版社，1992 年。

袁家骅：《汉语方言概要》（第二版），北京：语文出版社，2006 年。

詹伯慧：《汉语方言及方言调查》，武汉：湖北教育出版社，1991 年。

张亮采：《中国风俗史》，北京：东方出版社，1996 年。

张清常：《音韵学讲义、唐代长安方言》（《张清常文集》第四卷），北京：北京语言文化大
　　学出版社，2006 年。

赵振铎：《中国语言学史》，石家庄：河北教育出版社，2000 年。

周法高：《中国语文研究》（第三版），台北：台湾中华文化出版事业委员会，1955 年。

周振鹤、游汝杰：《方言与中国文化》，上海：上海人民出版社，1986 年。

周祖谟：《问学集》，北京：中华书局，1966 年。

周祖谟：《周祖谟学术论著自选集》，北京：北京师范学院出版社，1993 年。

三、期刊、文集和会议论文

储泰松：《唐代的秦音与吴音》，《古汉语研究》2001 年第 2 期，第 12-15 页。

陈大为：《〈皇极经世书声音倡和图〉中的北宋汴洛方音》，《宿州学院学报》2008 年第 2 期，
　　第 51-53 页。

陈钝：《旧籍中关于方言之著作》，《国立中山大学语言历史学研究所周刊》1929 年第 8 卷，
　　第 112-114 页。

陈柱尊：《古代方言学概说》，《大夏月刊》1929 年第 1 期，第 65-71 页。

储泰松：《唐代音义所见方音考》，《语言研究》2004 年第 2 期，第 73-83 页。

崔骥：《方言考》，《图书馆学季刊》1931 年第 2 期，第 143-254 页。

崔荣昌：《四川方言的形成》，《方言》1985 年第 1 期，第 6-14 页。

邓少君：《从方言词论〈切韵〉的性质》，《上海师范大学学报（哲学社会科学版）》1988 年
　　第 3 期，第 1117-158 页。

丁邦新：《方言词汇的时代性》，《北京大学学报（哲学社会科学版）》2005 年第 5 期，第
　　137-138 页。

丁兴潇：《文字学上中国古代方言勾沉（上）》，《学风》1935 年第 5 卷第 3 期，第 61-95 页。

丁兴潇：《文字学上中国古代方言勾沉（下）》，《学风》1935 年第 5 卷第 4 期，第 17-45 页。

丁治民、赵金文：《敦煌诗中的别字异文研究——论五代西北方音的精见二系合流》，《温州
　　大学学报（社会科学版）》2009 年第 3 期，第 55-59 页。

方青：《古人谈方言与普通话的几个例子》，《文字改革》1963 年第 9 期，第 8-9 页。

方孝岳：《略论汉语历史上共同语语音与方音的关系——附谈对戴震的音韵学的评价》，《中
　　山大学学报（社会科学版）》1960 年第 3 期，第 36-47 页。

冯蒸：《唐代方音分区考略》，载《龙宇纯先生七秩晋五寿庆文集》，台北：学生书局，2002 年，
　　第 301-382 页。

何大安：《六朝吴语的层次》，《"中研院"史语所集刊》1993 年第 64 本 4 分册，第 867-875 页。

何仲英：《中国方言学概论》，《东方杂志》1924 年第 21 卷第 2 号，第 31-63 页。

洪惠畴：《明代以前之中国方言考略》，《学风》1936 年第 6 卷第 2 期，第 1-10 页。

胡竹安：《略论方言、方俗对训诂的作用》，《人文杂志》1981 年第 1 期，第 106-110 页。

华学诚：《汉语方言学史及其研究论略》，《扬州大学学报（人文社会科学版）》，2002 年第 1 期，第 60-66 页。

黄易青：《〈守温韵学残卷〉反映的晚唐等韵学及西北方音》，《北京师范大学学报（社会科学版）》2007 年第 3 期，第 60-69 页。

金德平：《唐代长安方音声调状况试探》，《陕西师范大学学报（哲学社会科学版）》1989 年第 4 期，第 75-79 页。

李丽静：《〈慧琳音义〉引〈声类〉佚文考》，《南阳师范学院学报》2010 年第 1 期，第 37-41 页。

李如龙：《论汉语方言的词汇差异》，《语文研究》1982 年第 2 期，第 133-141 页。

李恕豪：《论颜之推的方言研究》，《天府新论》1998 年第 3 期，第 60-63 页。

李文泽：《史炤〈资治通鉴释文〉与宋代四川方音》，《四川大学学报（哲学社会科学版）》2000 年第 4 期，第 75-79 页。

廖名春：《从吐鲁番出土文书的别字异文看五至八世纪初西北方音的韵母》，《古汉语研究》1992 年第 1 期，第 11-18 页，第 26 页。

刘红花：《〈广韵〉所记"方言词"》，《古汉语研究》2003 年第 2 期，第 19-24 页。

刘晓南：《宋代文士用韵与宋代通语及方言》，《古汉语研究》2001 年第 1 期，第 25-32 页。

刘晓南：《从历史文献的记述看早期闽语》，《语言研究》2003 年第 1 期，第 61-69 页。

刘晓南：《中古以来的南北方言试说》，《湖南师范大学社会科学学报》2003 年第 4 期，第 109-115 页。

刘晓南：《从历史文献看宋代四川方言》，《四川大学学报（哲学社会科学版）》2008 年第 2 期，第 36-45 页。

刘晓南：《宋代四川方音概貌及"闽蜀相近"现象》，《语文研究》2008 年第 2 期，第 23-28 页。

柳玉宏：《六朝唐宋方言研究综述》，《宁夏大学学报（人文社会科学版）》2006 年第 6 期，第 46-49 页。

龙晦：《唐代西北方音与卜天寿论语写本》，《考古》1972 年第 6 期，第 59-64 页。

龙晦：《唐五代西北方音与敦煌文献研究》，《西南师范大学学报（人文社会科学版）》1983 年第 3 期，第 114-121 页。

鲁国尧：《"颜之推谜题"及其半解（上、下）》，《中国语文》2002 年第 6 期，第 536-549 页，第 575-576 页；2003 年第 2 期，第 137-147 页。

罗常培：《中国方音研究小史》，《东方杂志》1934 年第 31 卷第 7 号，第 141-154 页。

马重奇：《〈类篇〉方言考——兼评张慎仪〈方言别录〉所辑唐宋方言》，《语言研究》1993 年第 1 期，第 136-143 页。

聂鸿音：《近古汉语北方话的内部语音差异》，《北京师范大学学报》增刊《学术之声》1990 年第 3 辑，第 195-208 页。

时永乐、门凤超：《唐代的方言著作》，《文献》2007 年第 2 期，第 66 页。

孙伯君：《西夏译经的梵汉对音与汉语西北方音》，《语言研究》2007 年第 1 期，第 12-19 页。

孙其芳：《敦煌词中的方音释例》，《甘肃社会科学》1982 年第 3 期，第 88-90 页。

孙其芳：《敦煌词中的方言释例——敦煌词校勘丛谈之二》，《甘肃社会科学》1982 年第 4 期，第 91-93 页。

王东：《颜师古〈汉书注〉中的汉语语音现象》，《怀化学院学报》2002 年第 6 期，第 71-73 页。

王福堂：《二十世纪的汉语方言学》，载刘坚主编《二十世纪的中国语言学》，北京：北京大学出版社，1998 年，第 507-536 页。

王智群：《〈急就篇〉颜注引方俗语研究》，《长江大学学报（社会科学版）》2008 年第 5 期，第 102-104 页。

汪启明：《魏晋南北朝方言及研究》，载南京大学汉语言文字学学科《南大语言学》编委会编：《南大语言学》第四编，北京：商务印书馆，2012 年，第 111-133 页。

汪启明、史维生、郑源：《20 世纪以来魏晋南北朝方言研究的回顾与前瞻》，《汉语史研究集刊》2015 年第 1 期，第 422-441 页。

汪少华：《从〈周秦汉晋方言研究史〉看汉语史研究方法》，《语言研究》2003 年第 4 期，第 125-126 页。

汪寿明：《〈广韵〉与〈方言〉》，《华东师范大学学报（哲学社会版）》1991 年第 1 期，第 33-38 页。

夏廷棫：《本所所藏地方志中关于方言之记载》，《国立中山大学语言历史研究所周刊》1929 年第 8 卷，第 118-120 页。

谢荣娥：《20 世纪以来南北朝汉语方言研究述评》，载罗漫主编《学术一甲子——中南民族大学文学与新闻传播学院 60 年论文选》，广州：世界图书出版广东有限公司，2011 年，第 319-325 页。

徐时仪：《慧琳〈一切经音义〉的学术文献价值》，《文献》1990 年第 1 期，第 3-18 页。

徐时仪：《北宋王浩、王资深曾著有〈方言〉》，《文献》2005 年第 2 期，第 279 页。

许宝华：《方言研究 40 年》，《语文建设》1989 年第 4 期，第 3-10 页。

许宝华、汤珍珠：《略说汉语方言研究的历史发展》，《语文研究》1982 年第 2 期，第 122-132 页。

殷孟伦：《〈方言〉与汉语方言研究的古典传统》，《文史哲》1983 年第 5 期，第 30-37 页。

殷正林：《李登〈声类〉性质管窥》，《辞书研究》1983 年第 6 期，第 152-160 页，第 48 页。

尉迟治平：《论隋唐长安音和洛阳音的声母系统——兼答刘广和同志》，《语言研究》1985 年第 2 期，第 38-48 页。

张光宇：《论闽方言的形成》，《中国语文》1996 年第 1 期，第 16-26 页。

张启焕：《略论汴洛语音的历史地位》，《古汉语研究》1991 年第 1 期，第 24-29 页。

张永绵：《论方言学遗产的整理和研究》，《浙江师范学院学报（社会科学版）》1963 年第 1 期，第 97-105 页。

张永言：《〈水经注〉中语音史料点滴》，《中国语文》1983 年第 2 期，第 131-133 页。

张涌泉：《从语言文字的角度看敦煌文献的价值》，《中国社会科学》2001 年第 2 期，第 155-165 页，第 207-208 页。

张玉来：《方言音韵学研究小史》，《山东师范大学学报（社会科学版）》1993 年第 1 期，第 97-100 页。

张子才：《章炳麟的〈新方言〉》，《辞书研究》1987 年第 4 期，第 130-137 页。

章璪：《中古方音差别问题》，《中国语文》1957 年第 10 期，封底。

赵振铎：《唐人笔记里面的方俗读音（一）》，四川大学汉语史研究所编：《汉语史研究集刊》第二辑，成都：巴蜀书社，2000 年，第 346-359 页。

赵振铎：《唐人笔记里面的方俗读音（二）》，四川大学汉语史研究所编：《汉语史研究集刊》
　　第三辑，成都：巴蜀书社，2000 年，第 268-283 页。
朱芳圃：《晋代方言考》，《东方杂志》1931 年第 28 卷第 3 号，第 63-74 页。

四、学位论文

冯庆莉：《〈广韵〉和〈集韵〉方言词比较研究》，首都师范大学 2008 年硕士学位论文。
李小婧：《〈水经注〉方俗语词研究》，西南交通大学 2012 年硕士学位论文。
刘红花：《〈广韵〉方言词研究》，湖南师范大学 2002 年硕士学位论文。
王智群：《颜师古注引方俗语研究》，华东师范大学 2004 年硕士学位论文。
王耀东：《唐宋方言学材料考论》，北京语言大学 2011 年博士学位论文。
汪大明：《论明代的方言研究》，北京语言大学 2013 年博士学位论文。
游帅：《古注中的魏晋南北朝俗语词辑证》，北京语言大学 2017 年博士学位论文。
朱翠霞：《〈经典释文〉方言词研究》，西南交通大学 2014 年硕士学位论文。

南北朝隋唐宋方言学史料相关文献

一、 南北朝隋唐方言论述相关文献

文献名称	作者	作者生卒年或成书年代①	文献名称	作者	作者生卒年或成书年代
世说新语	刘义庆	403～444	北史 南史	李延寿	成书于659年
赤鹦鹉赋	谢庄	421～466	史通	刘知几	661～721
梵汉译经音义同异记	僧佑	445～518	外台秘要方	王焘	670～755
述异记	任昉	460～508	本草拾遗	陈藏器	约687～757
文心雕龙	刘勰	约465～520	史记正义	张守节	序写于736年
论语集解义疏	皇侃	488～545	法华玄义释签	湛然	711～782
魏书	魏收	507～572	封氏闻见记	封演	756年中进士
洛阳伽蓝记	杨炫之	成书于547年	慧琳音义	慧琳	737～820
颜氏家训	颜之推	531～约597	大方广佛华严经随疏演义钞	澄观	738～839
经典释文	陆德明	约550～630	春秋集传纂例	陆淳	?～806
切韵	陆法言	562～?	元和郡县志	李吉甫	758～814
匡谬正俗	颜师古	581～645	嘲陆畅	宋若华	?～820
《汉书注》	颜师古	581～645	大唐新语	刘肃	自序作于807年
大唐西域记	玄奘	602～664	唐国史补	李肇	成书于大和初年

① 生卒年和成书年代均无可考者，就以其他相关资料证明其生活年代。

续表

文献名称	作者	作者生卒年或成书年代	文献名称	作者	作者生卒年或成书年代
大唐传载	佚名	成书于约834年	刊误	李涪	唐昭宗时人
酉阳杂俎	段成式	803～863	蛮书	樊绰	成书于862年
资暇集	李匡乂	806～?	悉昙藏	安然	841～?
刘宾客嘉话录	韦绚	约840年前后	苏氏演义	苏鹗	886年中进士
北户录	段公路	唐懿宗时人	岭表录异	刘恂	889～903在职
云溪友议	范摅	唐僖宗时人	资治通鉴	司马光	1019～1086

二、南北朝隋唐方言记载相关文献

文献名称	作者	作者生卒年或成书年代	文献名称	作者	作者生卒年或成书年代
纂文	何承天	370～447	益州记	李膺	成书于509年前
姓苑	何承天	370～447	齐民要术	贾思勰	477～538
三国志注	裴松之	372～451	论语集解义疏	皇侃	488～545
晋中兴书	何法盛	南朝宋人	南齐书	萧子显	489～537
后汉书	范晔	398～445	毛诗义疏	沈重	500～583
世说新语	刘义庆	403～444	荆楚岁时记	宗懔	501～565
荆州记	盛弘之	成书于437年	洛阳伽蓝记	杨炫之	成书于547年
异苑	刘敬叔	?～468	魏书	魏收	507～572
南越志	沈怀远	宋废帝时人	纂要	梁元帝	508～555
赤鹦鹉赋	谢庄	421～466	重修玉篇①	顾野王	519～581
宋书	沈约	441～513	颜氏家训	颜之推	531～约597
梵汉译经音义同异记	僧佑	445～518	证俗音	颜之推	531～约597
本草经集注	陶弘景	456～536	经典释文	陆德明	约550～630
名医别录	陶弘景	456～536	切韵	陆法言	562～?
续通俗文	李虔	457～530	梁书	姚思廉	557～637
述异记	任昉	460～508	北齐书	李百药	564～648
世说新语注	刘孝标	463～521	五经正义	孔颖达	574～648
文心雕龙	刘勰	约465～520	晋书	房玄龄	579～648
水经注	郦道元	466～527	隋书	魏徵	580～643

---

① 一名《大广益会玉篇》。

续表

文献名称	作者	作者生卒年或成书年代	文献名称	作者	作者生卒年或成书年代
匡谬正俗	颜师古	581～645	杜少陵诗集	杜甫	712～770
汉书注	颜师古	581～645	封氏闻见记	封演	756 年中进士
急就篇注	颜师古	581～645	通典	杜佑	735～813
大业拾遗记	颜师古	581～645	慧琳音义	慧琳	737～820
周书	令狐德棻	583～666	大方广佛华严经随疏演义钞	澄观	738～839
唐本草	苏恭	599～674	春秋集传纂例	陆淳	?～806
大唐西域记	玄奘	602～664	元和郡县志	李吉甫	758～814
南华真经注疏	成玄英	608～669	论语笔解	韩愈	768～824
玄应音义	玄应	成书于贞观年间	白氏长庆集	白居易	772～846
周礼注疏	贾公彦	唐永徽时人	柳河东集	柳宗元	773～819
文选注	李善	630～689	嘲陆畅	宋若华	?～820
北史 南史	李延寿	成书于 659 年	丁卯诗集	许浑	约 791～约 858
文选音决	公孙罗	唐高宗时人	大唐新语	刘肃	自序作于 807 年
古今正字	张戬	成书于 660～755	荀子注	杨倞	成书于 818 年
后汉书注	李贤	655～684	唐国史补	李肇	成书于大和初年
刊谬补缺切韵	王仁煦	成书于 706 年	大唐传载	佚名	成书于约 834 年
朝野佥载	张鷟	660～740	酉阳杂俎	段成式	803～863
史通	刘知几	661～721	资暇集	李匡乂	806～?
外台秘要方	王焘	670～755	刘宾客嘉话录	韦绚	约 840 年前后
史记索隐	司马贞	679～732	蛮书	樊绰	成书于 862 年
本草拾遗	陈藏器	约 687～757	吴地记	陆广微	成书于约 876 年
考声切韵	张戬	武周时期人	北户录	段公路	唐懿宗时人
史记正义	张守节	成书于 736 年	甫里集	陆龟蒙	?～881
韵诠	武玄之	成书于开元、天宝间	岭表录异	刘恂	889～903 在职
天宝单方药图	李隆基	685～762	刊误	李涪	唐昭宗时人
唐韵	孙愐	成书于 751 年	苏氏演义	苏鹗	886 年中进士
韵海	颜真卿	709～784	中华古今注	马缟	?～936
法华玄义释签	湛然	711～782	云仙杂记	冯贽	成书于 926 年

三、宋代方言论述相关文献

文献名称	作者	作者生卒年或成书年代	文献名称	作者	作者生卒年或成书年代
可洪音义	可洪	成书于 940 年	麈史	王得臣	1036～1116
北梦琐言	孙光宪	901～968	东坡诗话	苏轼	1037～1101
清异录	陶谷	903～970	仇池笔记	苏轼	1037～1101
兼明书	丘光庭	907～960	青箱杂记	吴处厚	成书于 1087 年
佩觿	郭忠恕	?～977	埤雅	陆佃	1042～1102
文苑英华	李昉	925～996	山谷外集	黄庭坚	1045～1105
太平广记	李昉	925～996	临汉隐居诗话	魏泰	与黄庭坚同时期
涅盘玄义发源机要	智圆	976～1022	潏水集	李复	1052～?
墨客挥犀	彭乘	985～1049	后山诗注	陈师道	1053～1102
续墨客挥犀	彭乘	985～1049	明道杂志	张耒	1054～1114
近事会元	李上交	1051 年前后在世	邵氏闻见录	邵伯温	1055～1134
分门集注杜工部诗	王洙	997～1057	靖康缃素杂记	黄朝英	1101 年前后在世
宋景文公笔记	宋祁	998～1061	懒真子	马永卿	?～1136
崇文总目	王尧臣	1003～1058	儒言	晁说之	1059～1129
江邻几杂志	江休复	1005～1060	景迂生集	晁说之	1059～1129
新唐书	欧阳修	1007～1072	侯鲭录	赵令畤	1061～1134
归田录	欧阳修	1007～1072	语林	王谠	宋徽宗时人
欧阳文忠公集	欧阳修	1007～1072	乐书	陈旸	1068～1128
皇极经世书	邵雍	1011～1077	遁斋闲览	范正敏	成书于 1102～1110
倦游杂录	张师正	1016～?	冷斋夜话	惠洪	1071～1128
资治通鉴	司马光	1019～1086	舆地广记	欧阳忞	成书于 1111～1117
切韵指掌图	司马光	1019～1086	珊瑚钩诗话	张表臣	1126 年前后在世
长安志	宋敏求	1019～1079	岩下放言	叶梦得	1077～1148
苏魏公集	苏颂	1020～1101	石林燕语	叶梦得	1077～1148
贡父诗话	刘攽	1023～1089	避暑录话	叶梦得	1077～1148
湘山野录	文莹	成书于 1068～1077	校定楚辞	黄伯思	1079～1118
长兴集	沈括	1031～1095	漫叟诗话	李公彦	1079～1131
梦溪笔谈	沈括	1031～1095	鸡肋编	庄绰	约 1079～?
渑水燕谈录	王辟之	1031～?	内简尺牍	孙觌	1081～1169

续表

文献名称	作者	作者生卒年或成书年代	文献名称	作者	作者生卒年或成书年代
萍洲可谈	朱彧	成书于1119年	朱子大全	朱熹	1130～1200
曲洧旧闻	朱弁	1085～1144	孟子集注	朱熹	1130～1200
筠溪集	李弥逊	1085～1153	朱子语类	黎靖德	成书于1270年
类说	曾慥	？～1155	诗补传	范处义	1154年中进士
学林	王观国	1140年前后在世	岭外代答	周去非	1134～1189
观林诗话	吴聿	1147年前后在世	诗总闻	王质	1135～1189
中吴纪闻	龚明之	1091～1182	止斋集	陈傅良	1137～1203
芦川归来集	张元干	1091～约1161	攻媿集	楼钥	1137～1213
碧溪诗话	黄彻	1093～1168	淳熙三山志	陈傅良	1137～1203
猗觉寮杂记	朱翌	1097～1167	九家集注杜诗	郭知达	成书于1181年
通志	郑樵	1104～1162	五百家播芳大全文粹	魏齐贤、叶棻	成书于1190年
六经奥论	郑樵	1104～1162	梁溪漫志	费衮	成书于1192年
尔雅注	郑樵	1104～1162	成都文类	袁说友	1140～1204
能改斋漫录	吴曾	成书于1154～1157	义丰集	王阮	？～1208
苕溪渔隐丛话	胡仔	1110～1170	慈湖诗传	杨简	1141～1226
瓮牖闲评	袁文	1119～1190	先圣大训	杨简	1141～1226
容斋随笔	洪迈	1123～1202	缘都集	曾丰	1142～1224
演繁露	程大昌	1123～1195	淳熙稿	赵蕃	1143～1229
禹贡论	程大昌	1123～1195	龙川集	陈亮	1143～1194
老学庵笔记	陆游	1125～1210	絜斋集	袁燮	1144～1224
文忠集	周必大	1126～1204	离骚草木疏	吴仁杰	1178年中进士
石湖诗集	范成大	1126～1193	云麓漫抄	赵彦卫	1195年前后在世
吴郡志	范成大	1126～1193	诗童子问	辅广	1200年前后在世
吴船录	范成大	1126～1193	野客丛书	王楙	1152～1213
桂海虞衡志	范成大	1126～1193	群书考索	章如愚	1196年中进士
项氏家说	项安世	1129～1208	履斋示儿编	孙奕	成书于1205年
晦庵集	朱熹	1130～1200	补注杜诗	黄希、黄鹤	成书于1216年
楚辞集注	朱熹	1130～1200	集千家注杜工部诗集	黄鹤	1197年以后在世
原本韩集考异	朱熹	1130～1200	会稽志	施宿	1164～1222

续表

文献名称	作者	作者生卒年或成书年代	文献名称	作者	作者生卒年或成书年代
北磵集	释居简	1164～1246	四朝闻见录	叶绍翁	1194～1269
云谷杂记	张淏	成书于1212年	鹤林玉露	罗大经	1196～1252？
耆旧续闻	陈鹄	淳熙、嘉定间人	六经正误	毛居正	1223年始作此书
滹南集	王若虚	1174～1243	方舆胜览	祝穆	成书于1225～1264
段氏毛诗集解	段昌武	1208年中进士	诗人玉屑	魏庆之	成书于1244年
鹤山渠阳经外杂抄	魏了翁	1178～1237	爱日斋丛抄	叶寘	成书于南宋末
鹤山集	魏了翁	1178～1237	黄氏日抄	黄震	1213～1280
贵耳集	张端义	1179～1248后	四书纂疏	赵顺孙	1215～1277
迩言	刘炎	1189年师从朱熹	阆风集	舒岳祥	1219～1298
娱书堂诗话	赵与虤	1231年前后在世	困学纪闻	王应麟	1223～1296
桯史	岳珂	1183～1243	齐东野语	周密	1232～1298
诗传遗说	朱鉴	1190～1258	浩然斋杂抄	周密	1232～1298
竹溪鬳斋十一稿续集	林希逸	1193～1271	癸辛杂识	周密	1232～1298
考工记解	林希逸	1193～1271	《论语集注》考证	金履祥	1232～1303

四、宋代方言记载相关文献

文献名称	作者	作者生卒年或成书年代	文献名称	作者	作者生卒年或成书年代
海药本草	李珣	855～930	文苑英华	李昉	925～996
玉堂闲话	王仁裕	880～956	后史补	高若拙	五代宋初人
旧唐书	刘昫	887～946	太平寰宇记	乐史	930～1007
北梦琐言	孙光宪	901～968	食性本草	陈仕良	约937～957
清异录	陶谷	903～970	龙龛手鉴	行均	成书于997年
兼明书	丘光庭	907～960	广韵（重修《广韵》）	陈彭年等	961～1017
蜀本草图经	韩保升	成书于935～960	原本《广韵》	佚名	不详
鉴诫录	何光远	936年前后	益州名画录	黄休复	成书于1006年
晋安海物异名记	陈致雍	南唐人	南部新书	钱易	968～1026
说文系传	徐锴	920～974	墨客挥犀	彭乘	985～1049
佩觿	郭忠恕	？～977	集韵	丁度等	成书于1039年

续表

文献名称	作者	作者生卒年或成书年代	文献名称	作者	作者生卒年或成书年代
宋景文公笔记	宋祁	998～1061	东轩笔录	魏泰	成书于1094年
益部方物略记	宋祁	998～1061	明道杂志	张耒	1054～1114
宛陵集	梅尧臣	1002～1060	遁斋闲览	范正敏	成书于1102～1110
江邻几杂志	江休复	1005～1060	南唐书	马令	成书于1105年
欧阳修集	欧阳修	1007～1072	侯鲭录	赵令畤	1064～1134
东斋纪事	范镇	1007～1088	冷斋夜话	惠洪	1071～1128
长安志	宋敏求	1019～1079	岩下放言	叶梦得	1077～1148
隆平集	曾巩	1019～1083	鸡肋编	庄绰	约1079～?
类篇	司马光等	1019～1086	绀珠集	朱胜非	1082～1114
本草图经	苏颂	1020～1101	懒真子	马永卿	?～1136
青箱杂记	吴处厚	成书于1087年	证类本草	唐慎微	1097～1108
贡父诗话	刘攽	1023～1089	本草衍义	寇宗奭	成书于1116年
玉壶野史	文莹	1060年前后在世	类说	曾慥	?～1155
梦溪笔谈	沈括	1031～1095	道山清话	佚名	成书于1106～1127
画墁录	张舜民	1065年中进士	舆地广记	欧阳忞	成书于1111～1117
麈史	王得臣	1036～1116	萍洲可谈	朱彧	成书于1119年
书传	苏轼	1037～1101	岳阳风土记	范致明	1100年中进士
东坡志林	苏轼	1037～1101	学林	王观国	1140年前后在世
仇池笔记	苏轼	1037～1101	退斋雅闻录	侯延庆	1115年中进士
东坡全集	苏轼	1037～1101	海录碎事	叶廷珪	1115年中进士
孙公谈圃	孙升	1038～1099	曲洧旧闻	朱弁	1085～1144
栾城集	苏辙	1039～1112	枫窗小牍	袁褧、袁颐	成书于北宋南渡后
古今诗话	李颀	北宋后期人	松漠纪闻	洪皓	1088～1155
埤雅	陆佃	1042～1102	中吴纪闻	龚明之	1091～1182
孔氏谈苑	孔平仲	1044～1111	碧溪诗话	黄彻	1093～1168
杨公笔录	杨延龄	1082年前后	猗觉寮杂记	朱翌	1097～1167
山谷外集	黄庭坚	1045～1105	鲍氏战国策注	鲍彪	1128年中进士
山谷题跋	黄庭坚	1045～1105	斐然集	胡寅	1098～1156
游城南记	张礼	成书于1087～1094	韵补	吴棫	1100～1154

续表

文献名称	作者	作者生卒年或成书年代	文献名称	作者	作者生卒年或成书年代
罗湖野录	晓莹	成书于 1155 年	尔雅翼	罗愿	1136～1184
能改斋漫录	吴曾	成书于 1154～1157	新安志	罗愿	1136～1184
墨庄漫录	张邦基	1131 前后在世	靖康缃素杂记	黄朝英	1101 年前后在世
通志	郑樵	1104～1162	淳熙三山志	陈傅良	1137～1203
尔雅注	郑樵	1104～1162	离骚草木疏	吴仁杰	1178 年中进士
西溪丛语	姚宽	1105～1162	慈湖诗传	杨简	1141～1226
苕溪渔隐丛话	胡仔	1110～1170	诗童子问	辅广	1200 年前后在世
东坡诗集注	王十朋	1112～1171	九家集注杜诗	郭知达	成书于 1181 年
婆饼焦	惠迪	1114～1167	独醒杂志	曾敏行	成书于 1186 年
六朝事迹编类	张敦颐	成书于 1160 年	梁溪漫志	费衮	成书于 1192 年
瓮牖闲评	袁文	1119～1190	四声篇海	韩孝彦	成书于 1196 年
袖中锦	太平老人	生活于南宋中叶	五百家注昌黎文集	魏仲举	成书于 1200 年
老学庵笔记	陆游	1125～1210	履斋示儿编	孙奕	成书于 1205 年
入蜀记	陆游	1125～1210	五音集韵	韩道昭	成书于 1212 年
剑南诗稿	陆游	1125～1210	云谷杂记	张淏	成书于 1212 年
桂海虞衡志	范成大	1126～1193	补注杜诗	黄希、黄鹤	成书于 1216 年
吴郡志	范成大	1126～1193	云麓漫抄	赵彦卫	1195 年前后在世
吴船录	范成大	1126～1193	野客丛书	王楙	1152～1213
范石湖集	范成大	1126～1193	厚斋易学	冯椅	1193 年中进士
龙飞录	周必大	1126～1204	舆地纪胜	王象之	1163～1230
柳河东集注	童宗说	1151 年中进士	会稽志	施宿	1164～1222
禹贡指南	毛晃	1151 年中进士	诸蕃志	赵汝适	1170～1231
增修互注礼部韵略	毛晃	1151 年中进士	耆旧续闻	陈鹄	1174～1224 在世
宋名臣言行录	朱熹、李幼武	成书于 1172 年	考工记解	林希逸	1193～1271
诗经集传	朱熹	1130～1200	四朝闻见录	叶绍翁	1194～1269
江湖长翁集	陈造	1133～1203	游宦纪闻	张世南	1225 年前后在世
岭外代答	周去非	1134～1189	鼠璞	戴埴	1238 年中进士
诗总闻	王质	1135～1189	六经正误	毛居正	1223 年始作此书

续表

文献名称	作者	作者生卒年或成书年代	文献名称	作者	作者生卒年或成书年代
江湖小集	陈起	成书于1225~1227	东雅堂昌黎集注	廖莹中	？~1275
江湖后集	陈起	成书于1225~1227	黄氏日抄	黄震	1213~1280
宝庆四明志	罗濬	成书于1228年	南华真经义海纂微	褚伯秀	成书于1270年
鹤林玉露	罗大经	1196~1252？	朱子语类	黎靖德	成书于1270年
方舆胜览	祝穆	成书于1225~1264	困学纪闻	王应麟	1223~1296
全芳备祖	陈景沂	成书于1256年	齐东野语	周密	1232~1298
古今合璧事类备要	谢维新	成书于1257年	溪蛮丛笑	朱辅	南宋末人
景定建康志	周应合	成书于1261年